AF210402

Bibliografische Information der Deutschen Nationalbibliothek: Die Deutsche Nationalbibliothek verzeichnet diese Publikation in der Deutschen Nationalbibliografie; detaillierte bibliografische Daten sind im Internet über dnb.dnb.de abrufbar.

Die automatisierte Analyse des Werkes, um daraus Informationen insbesondere über Muster, Trends und Korrelationen gemäß §44b UrhG („Text und Data Mining") zu gewinnen, ist untersagt.

© 2024 Magdalena Walas

Verlag: BoD · Books on Demand GmbH, In de Tarpen 42, 22848 Norderstedt

Druck: Libri Plureos GmbH, Friedensallee 273, 22763 Hamburg

ISBN: 978-3-7597-6960-2

Folge der Zeichnung von Box zu Box.

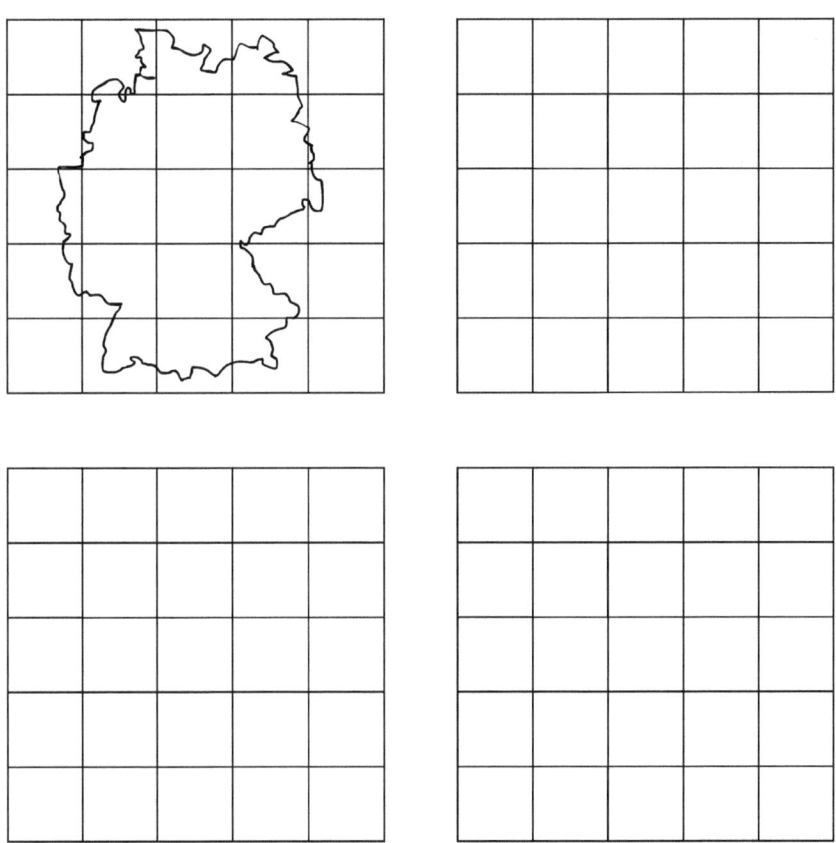

Folge der Zeichnung von Box zu Box.

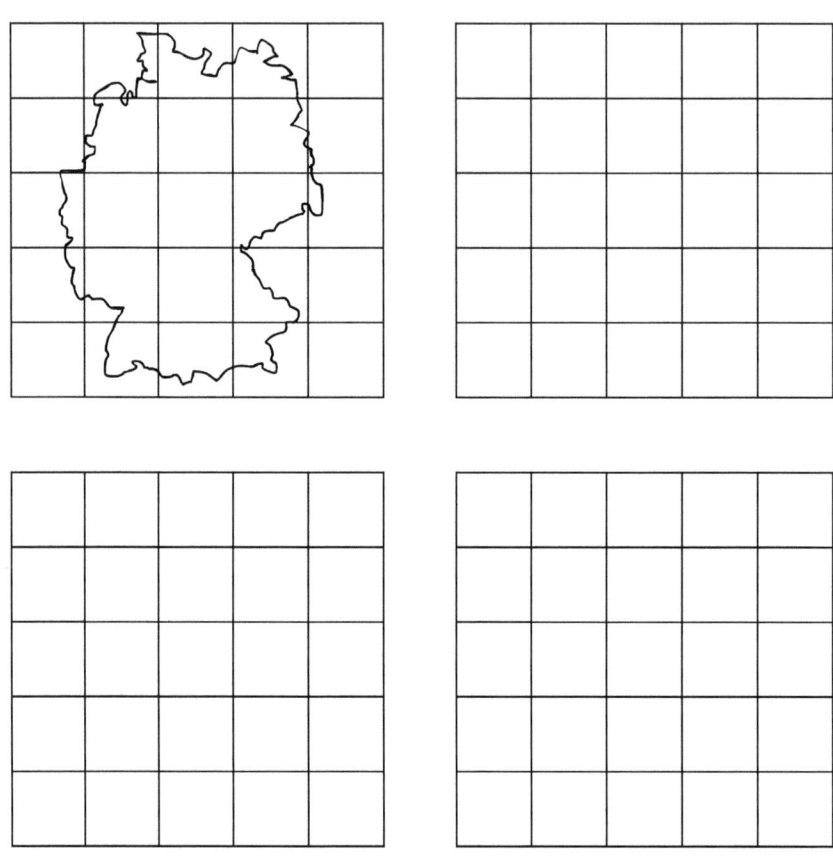

Male den südwestlichen Teil Deutschlands aus.

N (NORDEN)

W (WESTEN)

W (OSTEN)

S (SÜDEN)

Male den nordöstlichen Teil Deutschlands aus.

N (NORDEN)

W (WESTEN)

W (OSTEN)

S (SÜDEN)

Male den nordwestlichen Teil Deutschlands aus.

N (NORDEN)

W (WESTEN)

W (OSTEN)

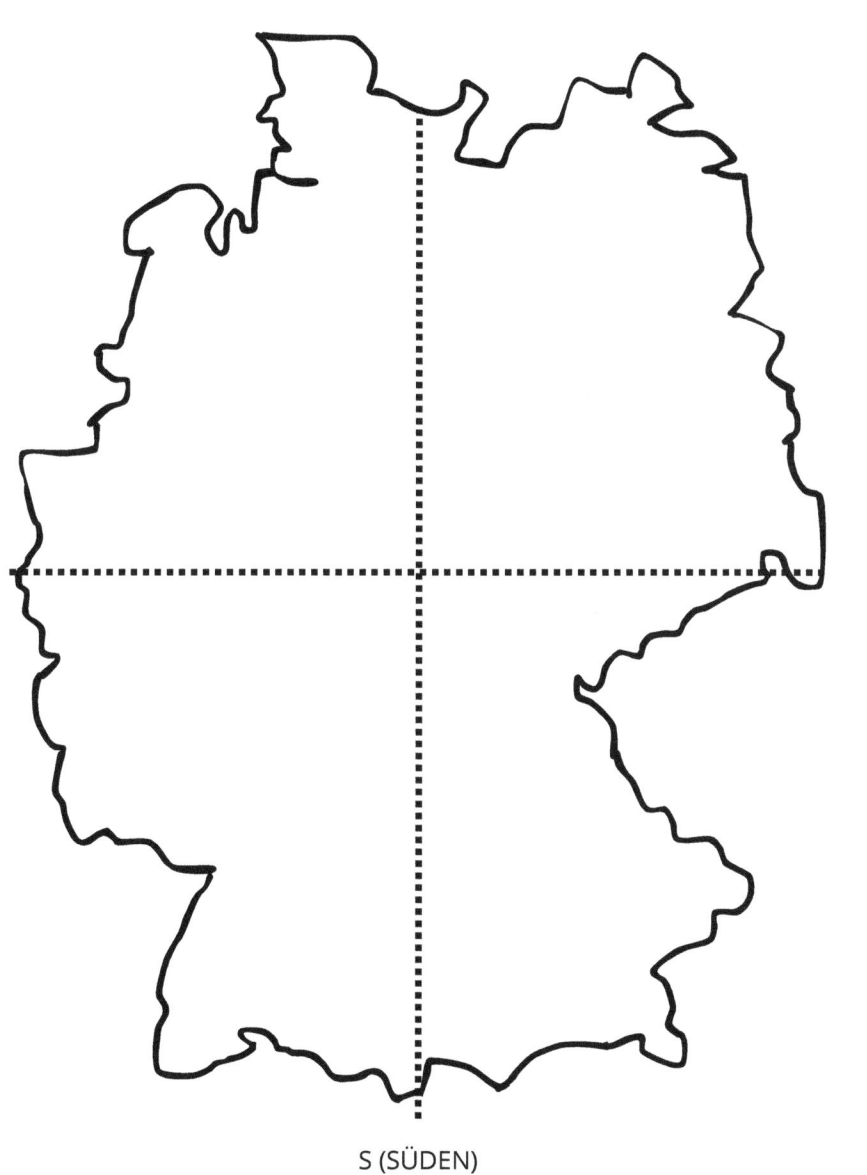

S (SÜDEN)

Male den südöstlichen Teil Deutschlands aus.

N (NORDEN)

W (WESTEN)

W (OSTEN)

S (SÜDEN)

Du fährst von Hamburg über Essen nach Nürnberg.
Zeichne den Weg.

Kiel

Lübeck

Hamburg

Schwerin

Neubrandenburg

Bremen

Hannover

Berlin

Potsdam

Münster

Magdeburg

Dortmund

Essen
Duisburg
Düsseldorf

Leipzig

Köln

Erfurt

Dresden

Bonn

Frankfurt am Main

Würzburg

Mainz

Mannheim

Nürnberg

Saarbrücken

Karlsruhe

Regensburg

Stuttgart

München

Freiburg im
Breisgau

Du fährst von Kiel über Erfurt nach Stuttgart. Zeichne den Weg.

Du fährst von Neubrandenburg über Hannover nach Saarbrücken. Zeichne den Weg.

Du fährst von Hamburg über Dresden nach Nürnberg.
Zeichne den Weg.

Kiel

Lübeck

Hamburg

Schwerin

Neubrandenburg

Bremen

Hannover

Berlin

Potsdam

Magdeburg

Münster

Dortmund

Essen
Duisburg
Düsseldorf

Leipzig

Köln

Erfurt

Dresden

Bonn

Frankfurt am Main

Mainz

Würzburg

Mannheim

Nürnberg

Saarbrücken

Karlsruhe

Regensburg

Stuttgart

München

Freiburg im
Breisgau

Du fährst von Bremen über Mannheim nach München.
Zeichne den Weg.

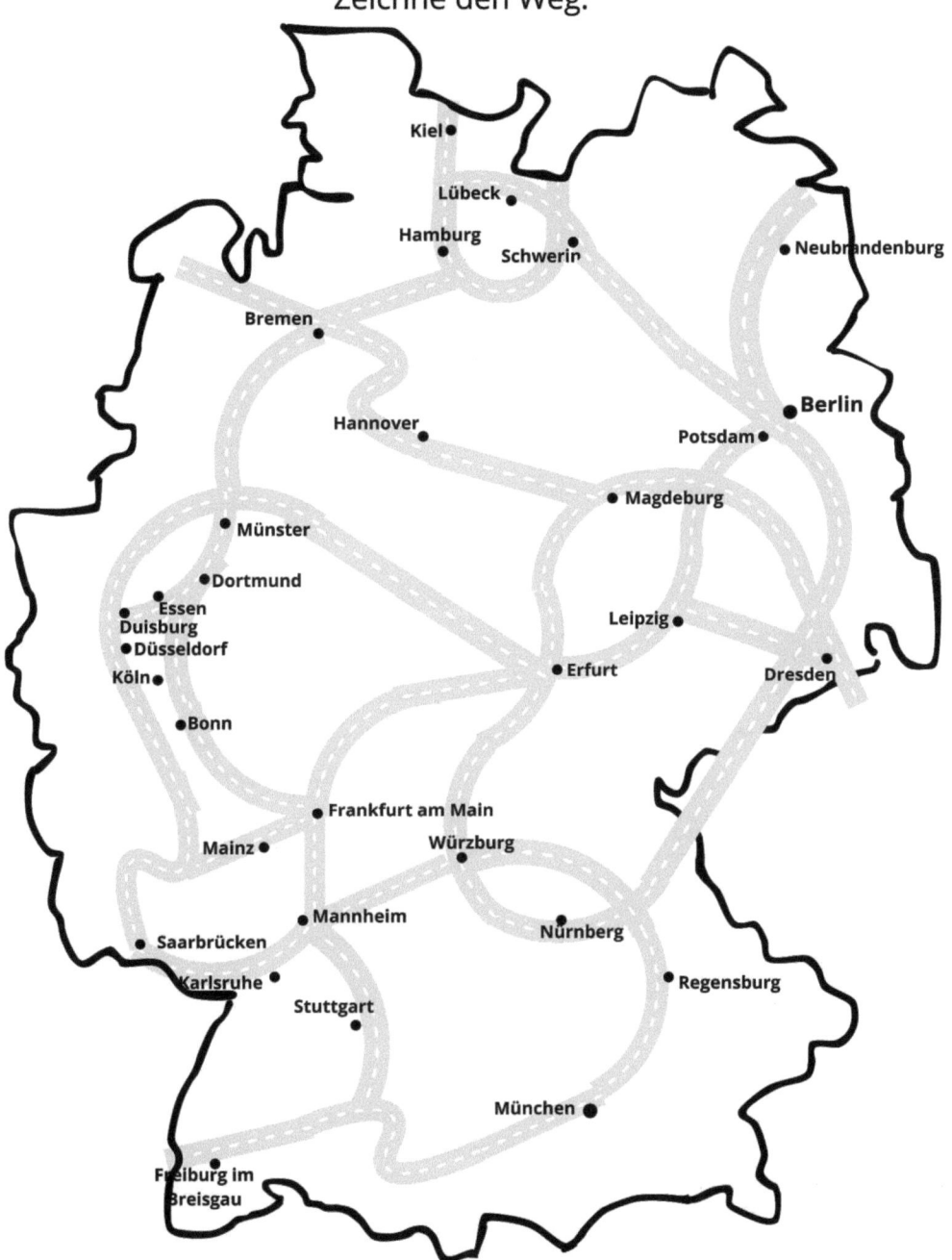

Du fährst von Lübeck über Dortmund und Frankfurt am Main nach Stuttgart. Zeichne den Weg.

Du fährst von Karlsruhe über Magdeburg nach Dresden. Zeichne den Weg.

Du fährst von Magdeburg über Würzburg und München nach Freiburg im Breisgau. Zeichne den Weg.

Du fährst von Duisburg über Mannheim und Magdeburg nach Berlin. Zeichne den Weg.

Du fährst von Dortmund über Frankfurt am Main nach München.
Zeichne den Weg.

Du fährst von Lübeck über Berlin und Dortmund nach Karlsruhe. Zeichne den Weg.

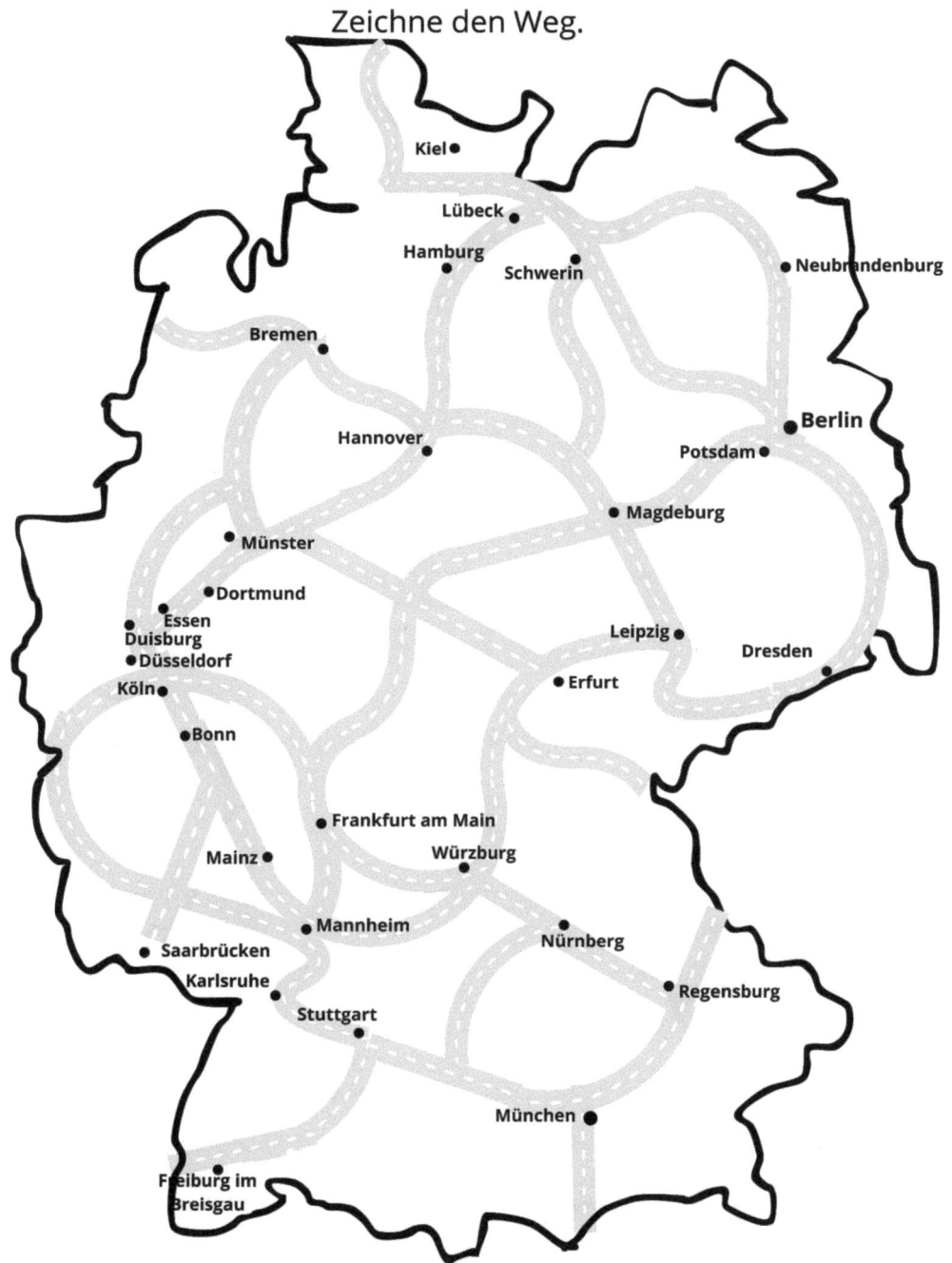

Unterstreiche alle Städte die mit „M" anfangen.

Kiel

Lübeck

Hamburg
Schwerin
Neubrandenburg

Bremen

Berlin
Potsdam

Hannover

Magdeburg

Münster

Dortmund
Essen
Duisburg
Düsseldorf
Köln

Leipzig

Dresden

Erfurt

Bonn

Frankfurt am Main
Mainz
Würzburg

Mannheim
Nürnberg

Saarbrücken

Karlsruhe
Regensburg

Stuttgart

München

Freiburg im
Breisgau

Ein Zug von Düsseldorf nach Berlin hat seine Anhänger verloren. Male sie.

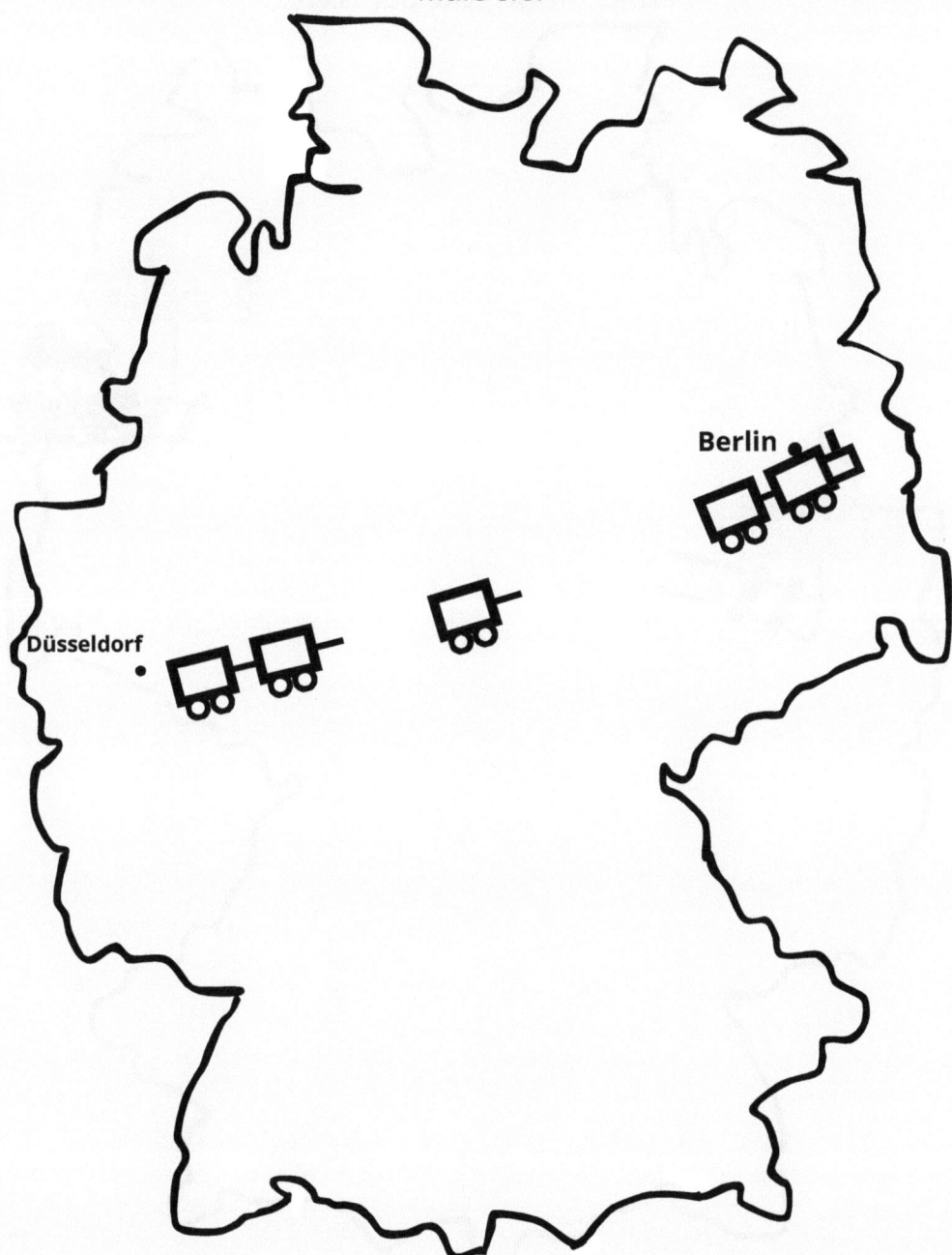

Ein Zug soll von Berlin nach Düsseldorf fahren.
Fertige die Strecke der Gleise.

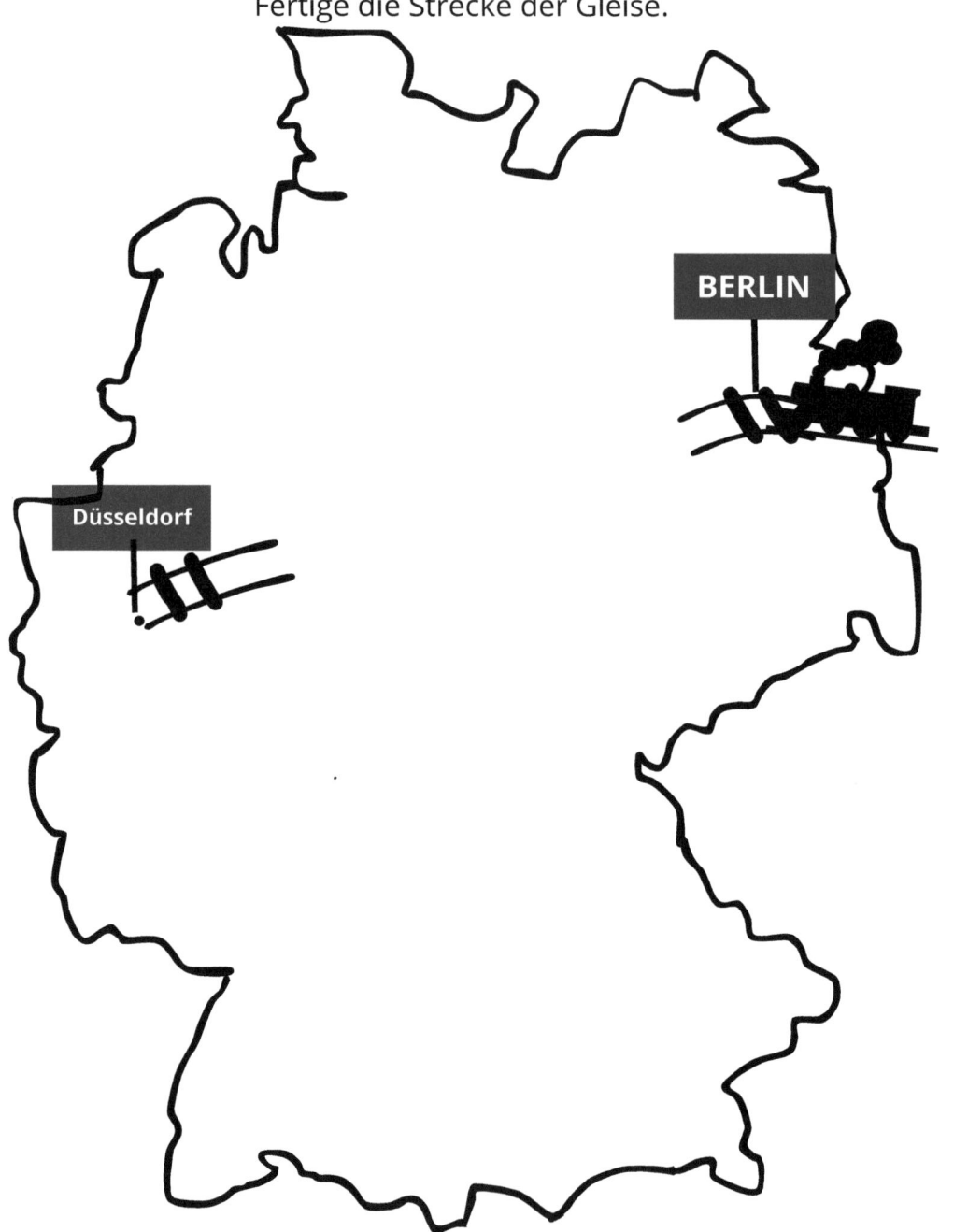

Ein Zug soll von Hamburg über Düsseldorf nach München fahren.
Fertige die Strecke der Gleise.

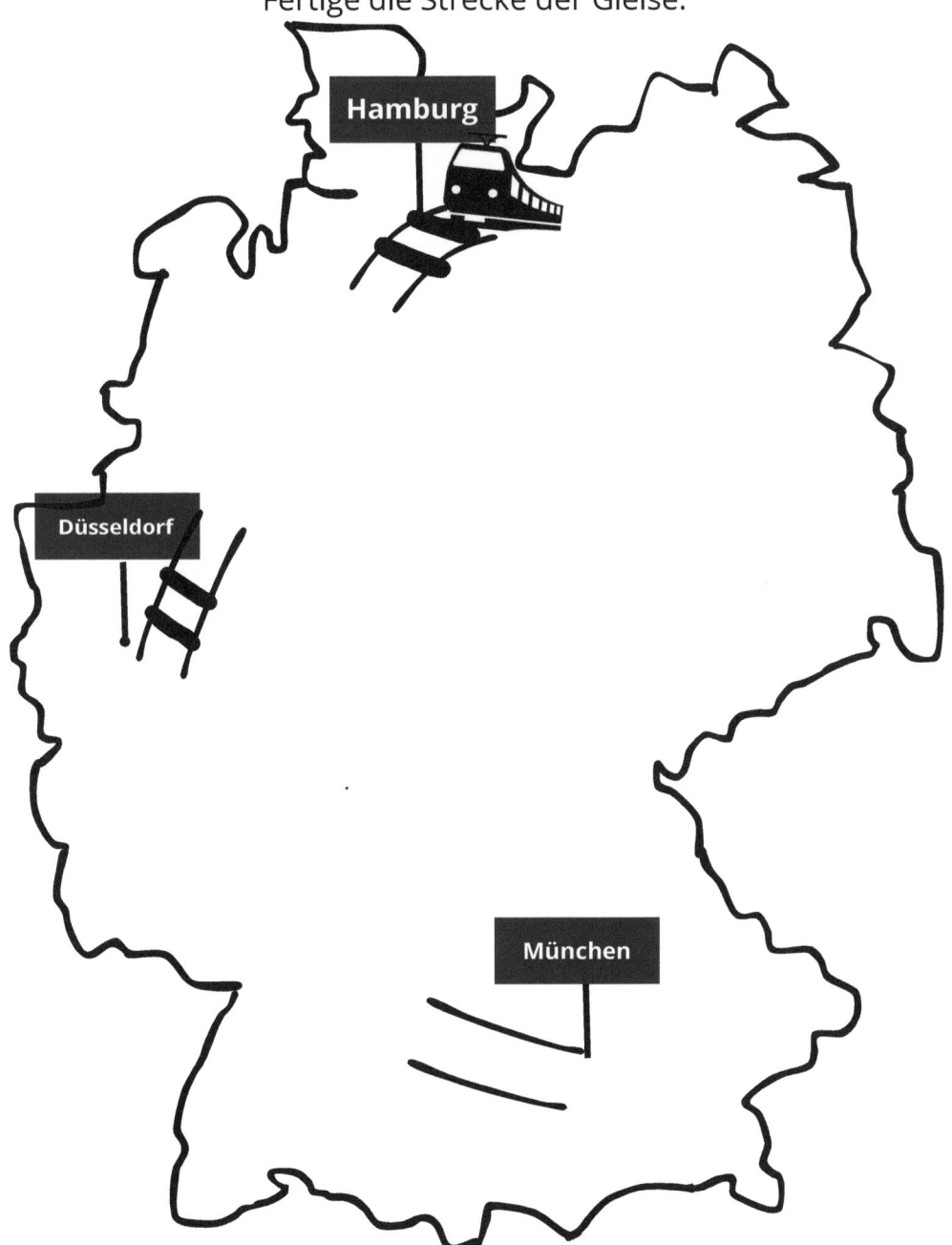

Ein Zug soll von München über Frankfurt am Main nach Berlin fahren. Fertige die Strecke der Gleise.

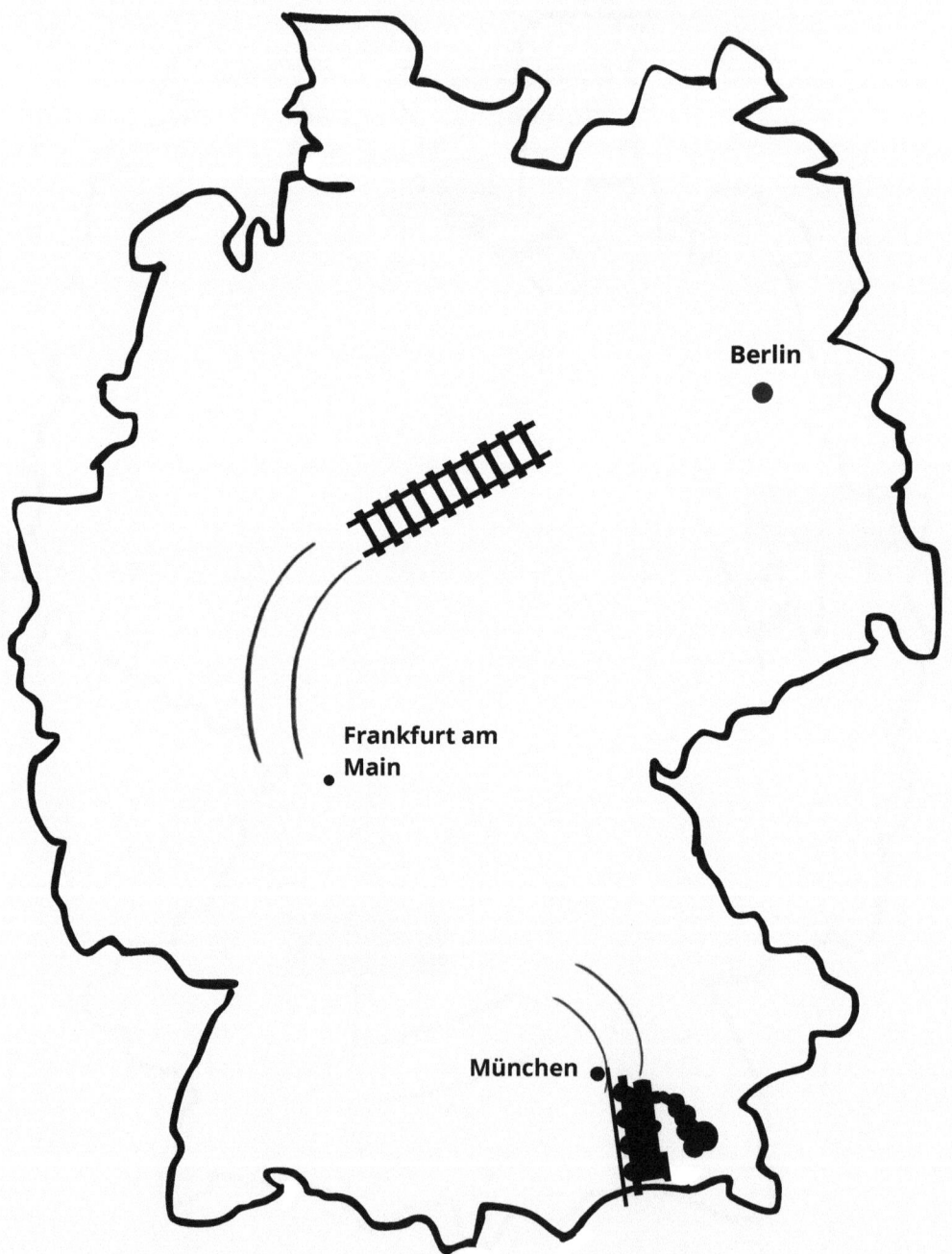

Welchen Weg muss der Bär gehen, um nach Berlin zu kommen?

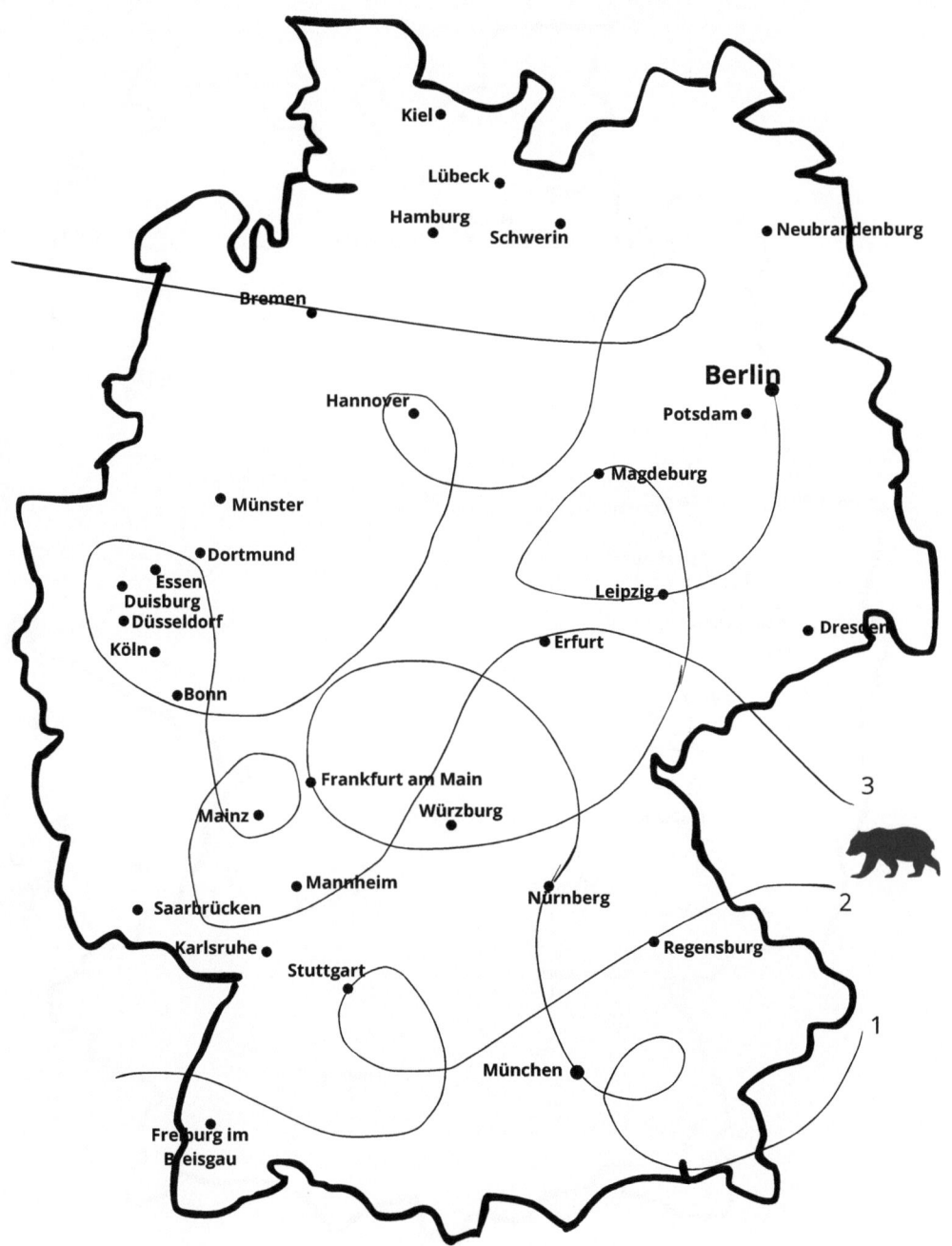

Hilf den Tieren, einen Weg nach Bremen zu finden.

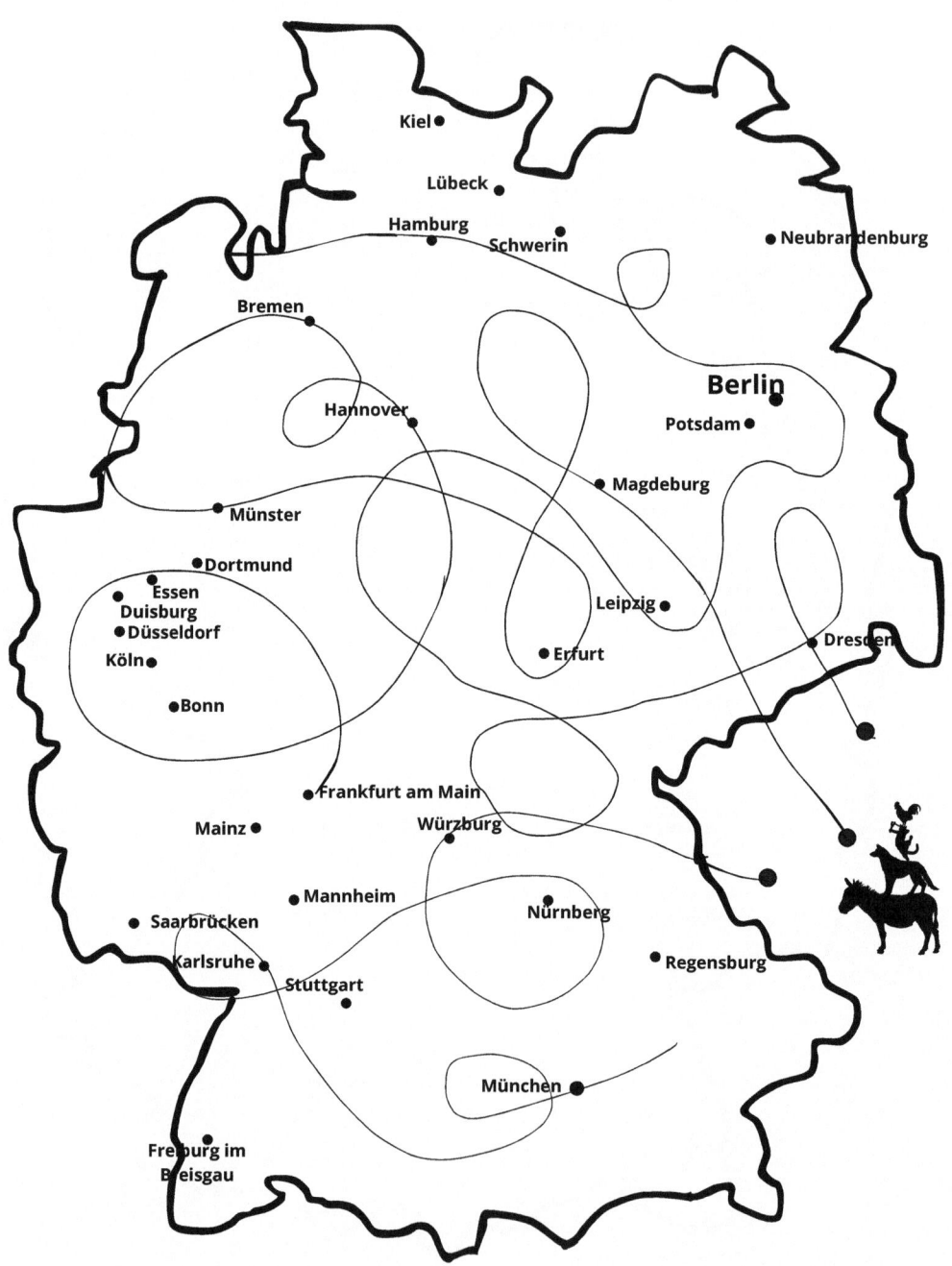

Welchen Weg muss der Löwe gehen, um München zu erreichen?

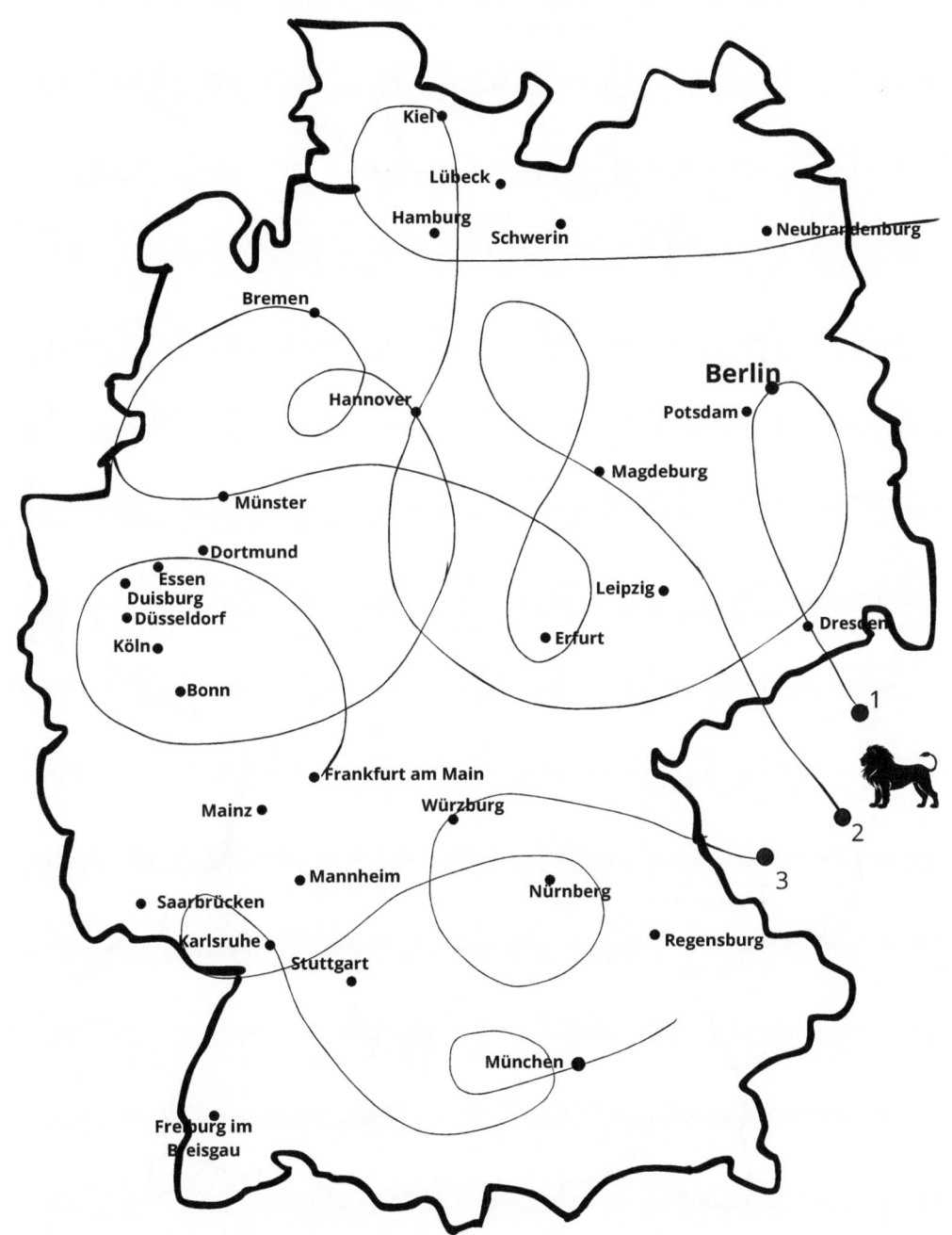

Welches Flugzeug wird Hamburg erreichen?

Finde das Bild, indem du die Punkte verbindest, und male es aus.

Folge der Zeichnung von Box zu Box.

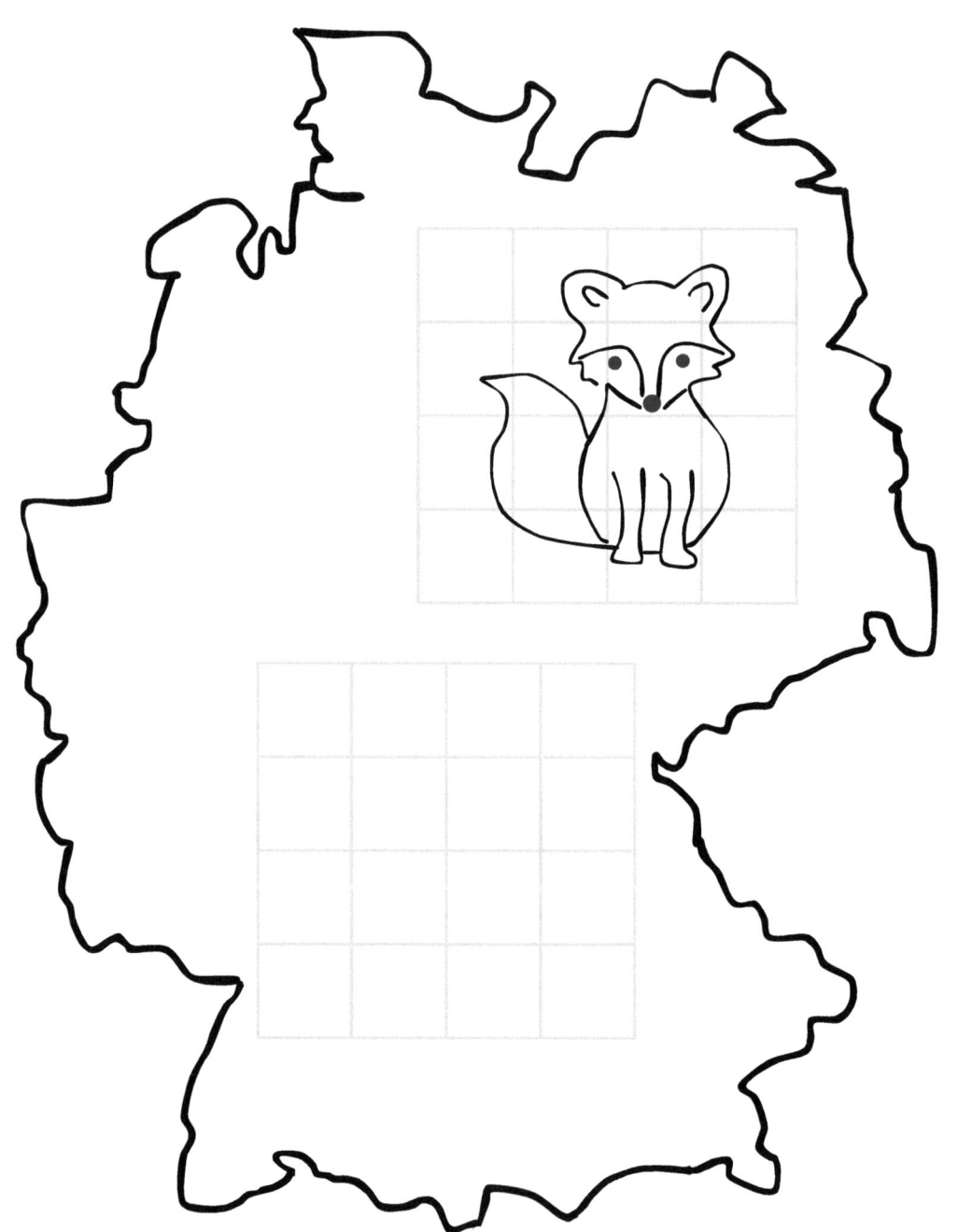

Finde das Bild, indem du die Punkte verbindest, und male es aus.

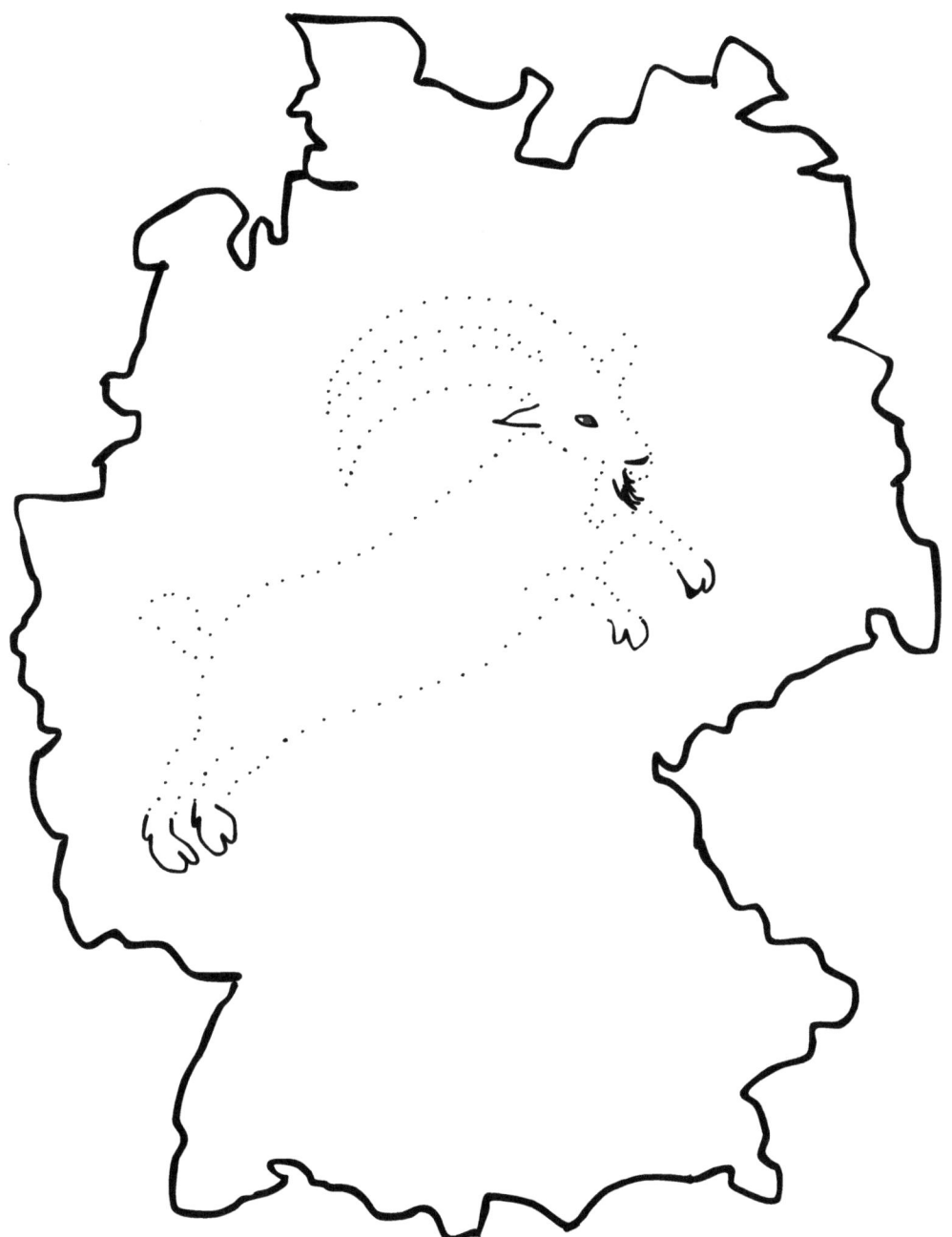

Folge der Zeichnung von Box zu Box.

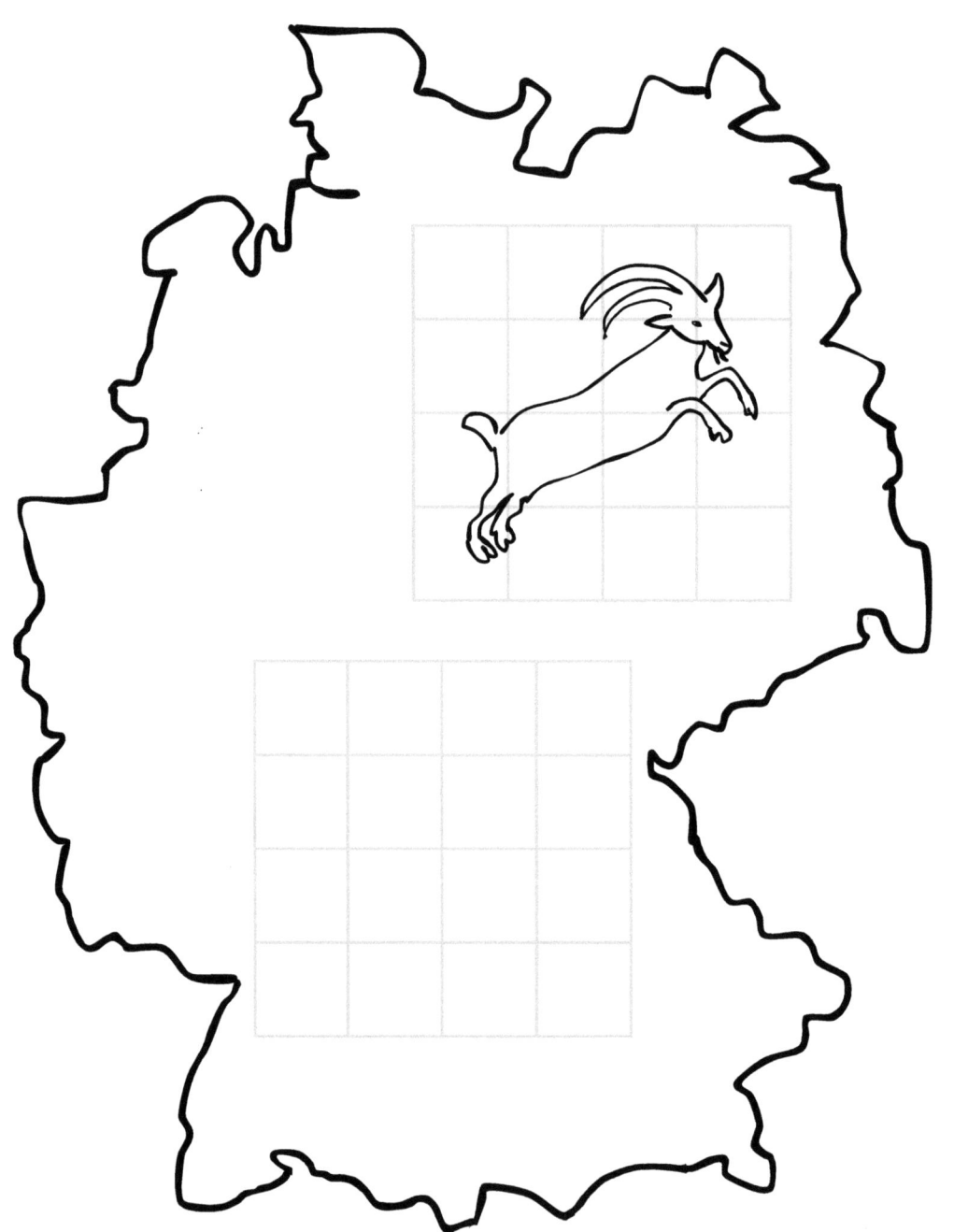

Finde das Bild, indem du die Punkte verbindest, und male es aus.

Folge der Zeichnung von Box zu Box.

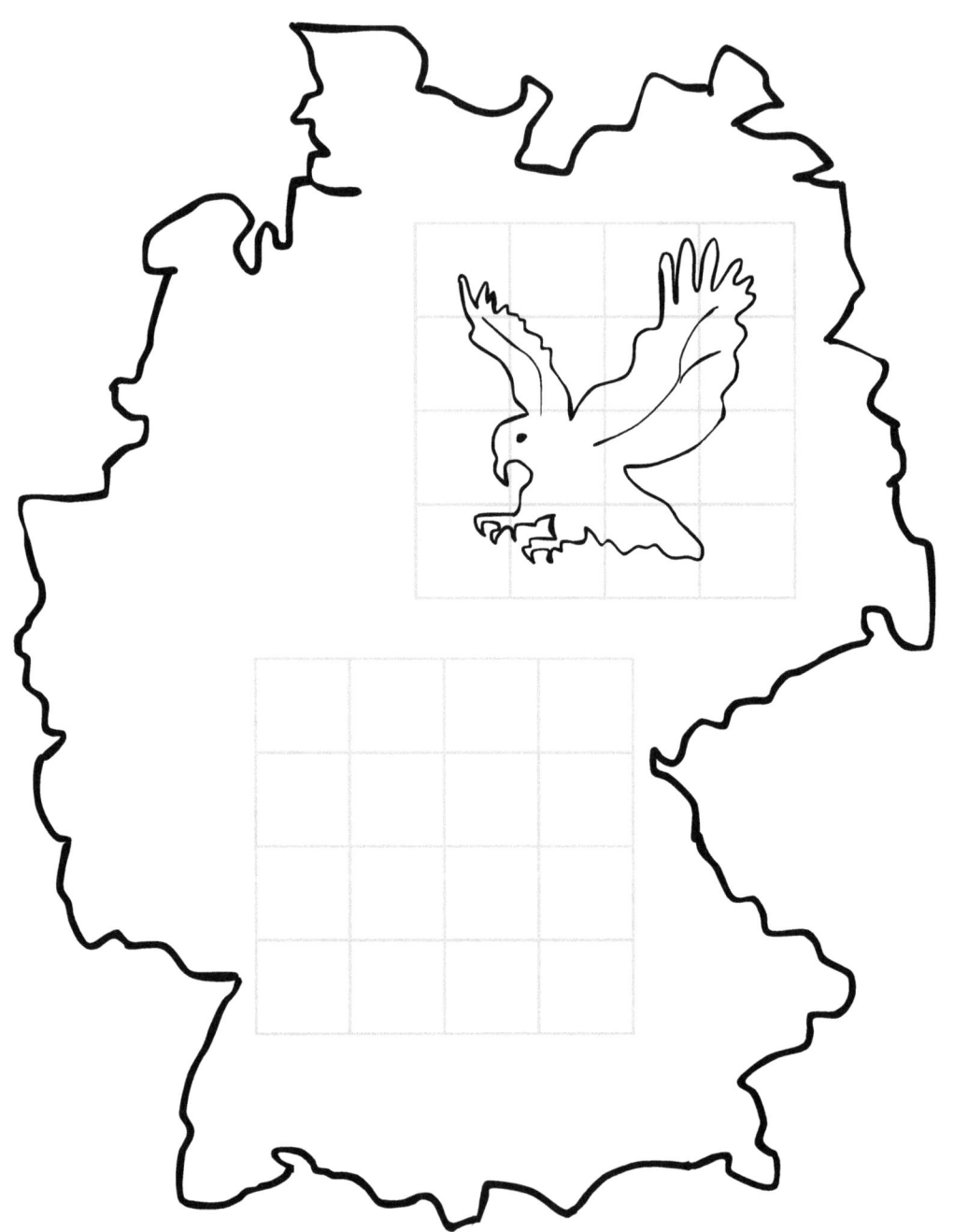

Finde das Bild, indem du die Punkte verbindest, und male es aus.

Folge der Zeichnung von Box zu Box.

Finde das Bild, indem du die Punkte verbindest, und male es aus.

Folge der Zeichnung von Box zu Box.

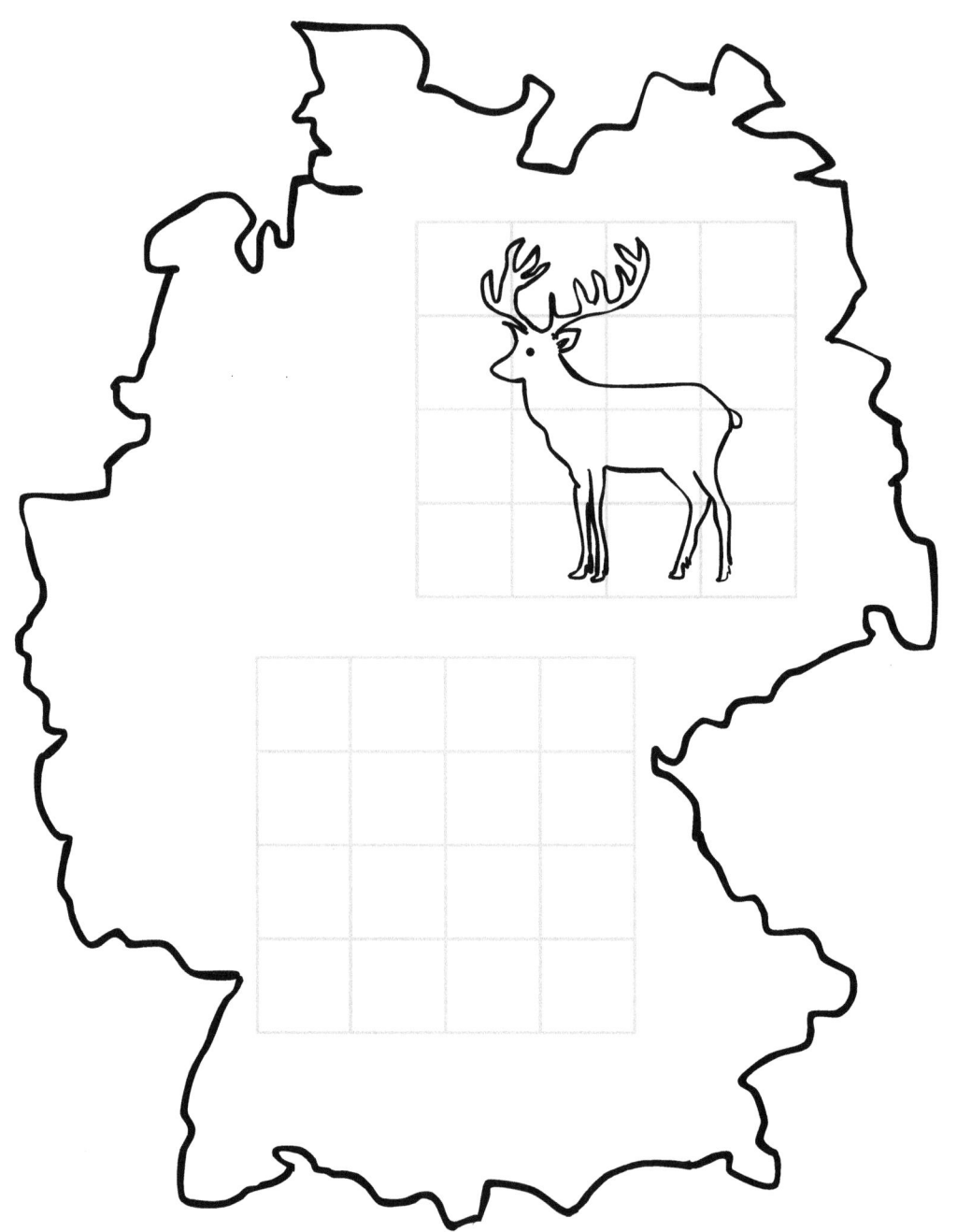

Finde das Bild, indem du die Punkte verbindest, und male es aus.

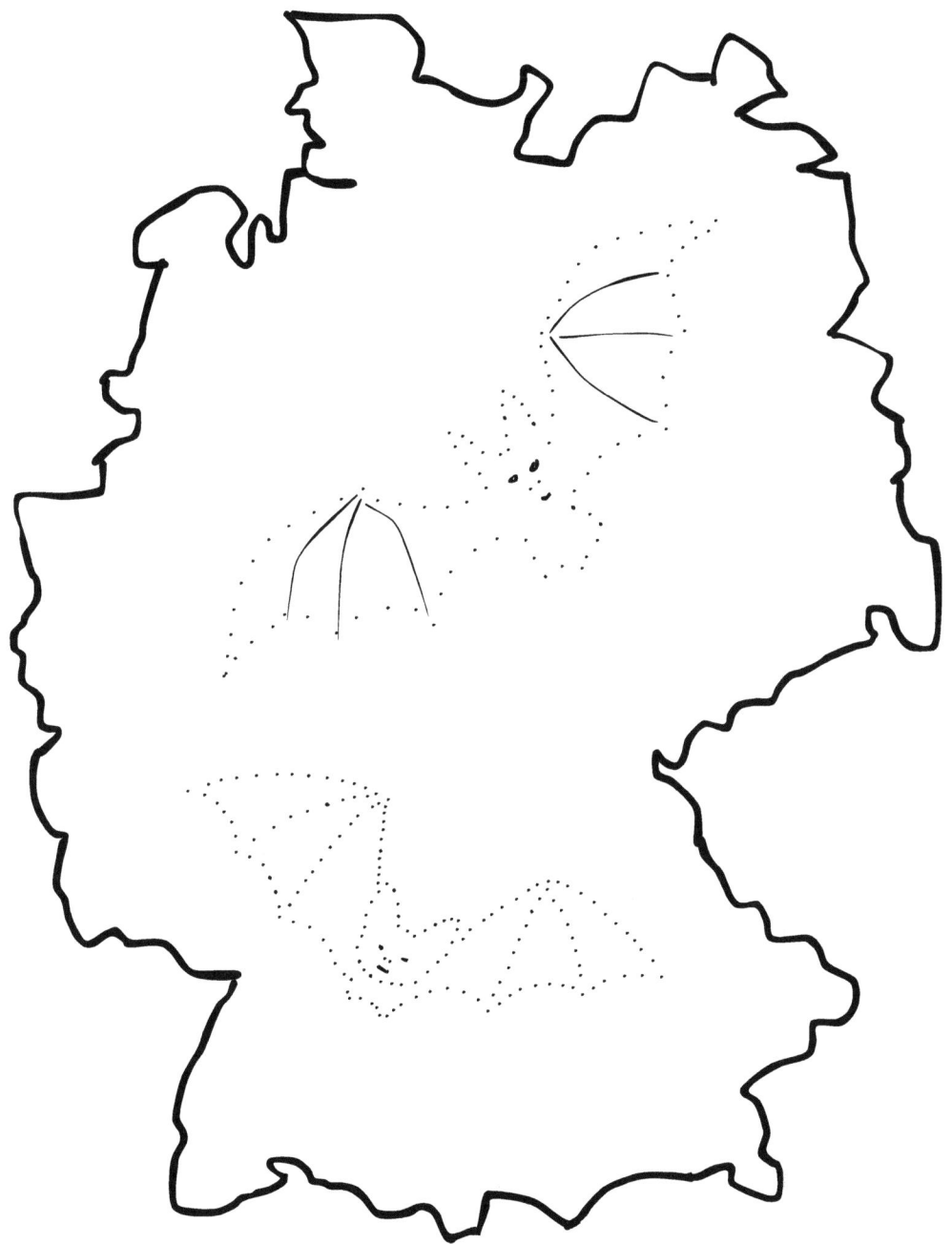

Folge der Zeichnung von Box zu Box.

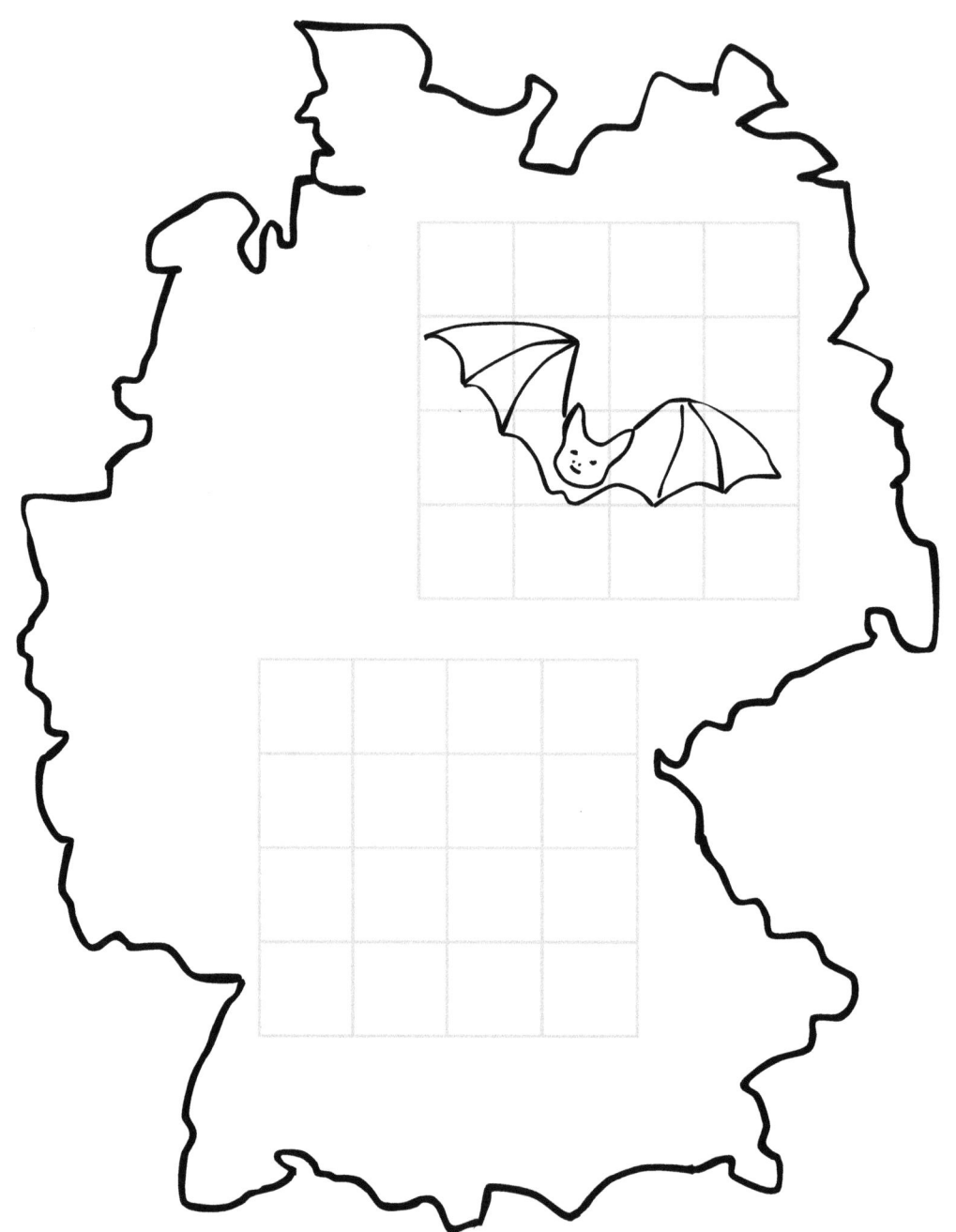

Finde das Bild, indem du die Punkte verbindest, und male es aus.

Folge der Zeichnung von Box zu Box.

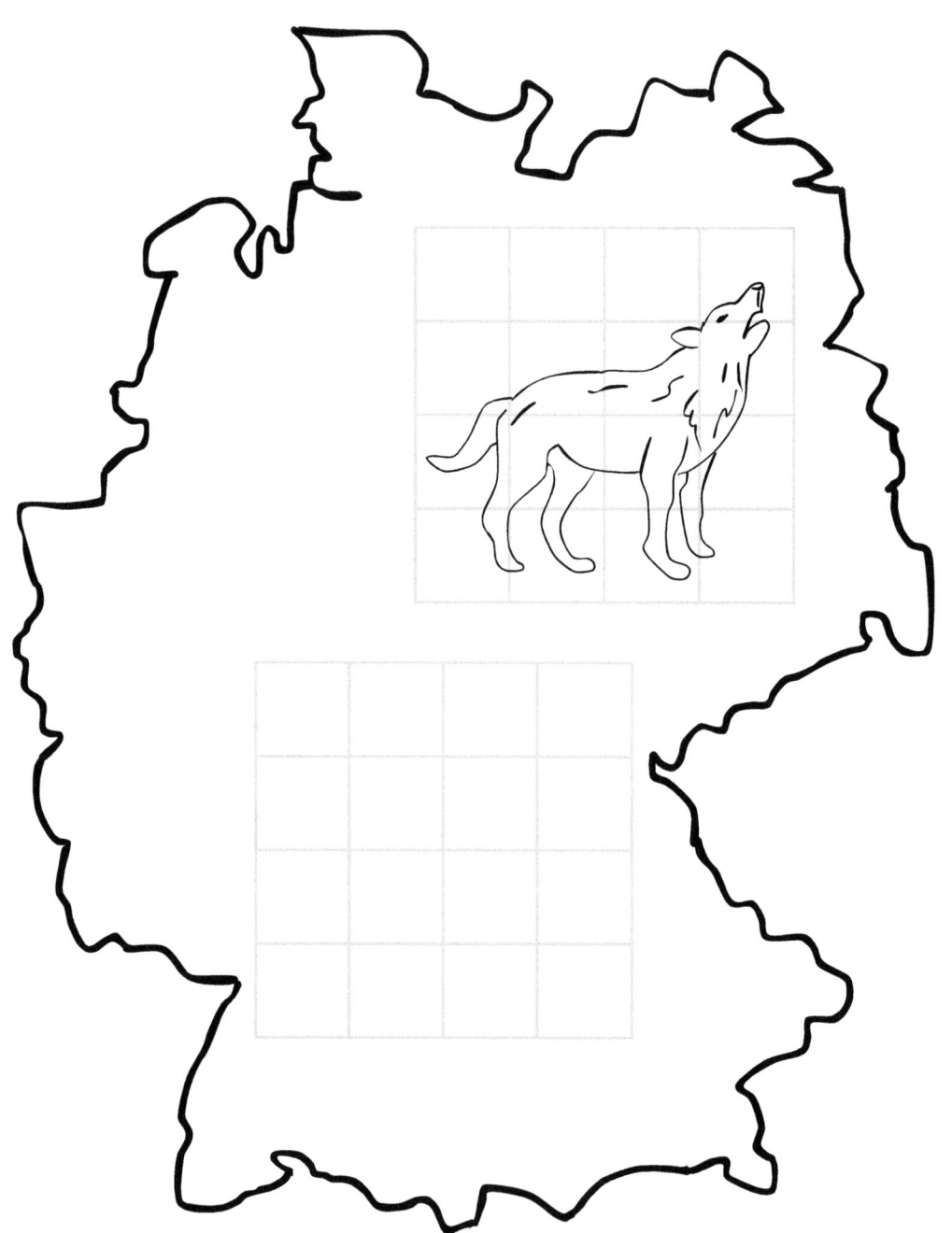

Finde das Bild, indem du die Punkte verbindest, und male es aus.

Folge der Zeichnung von Box zu Box.

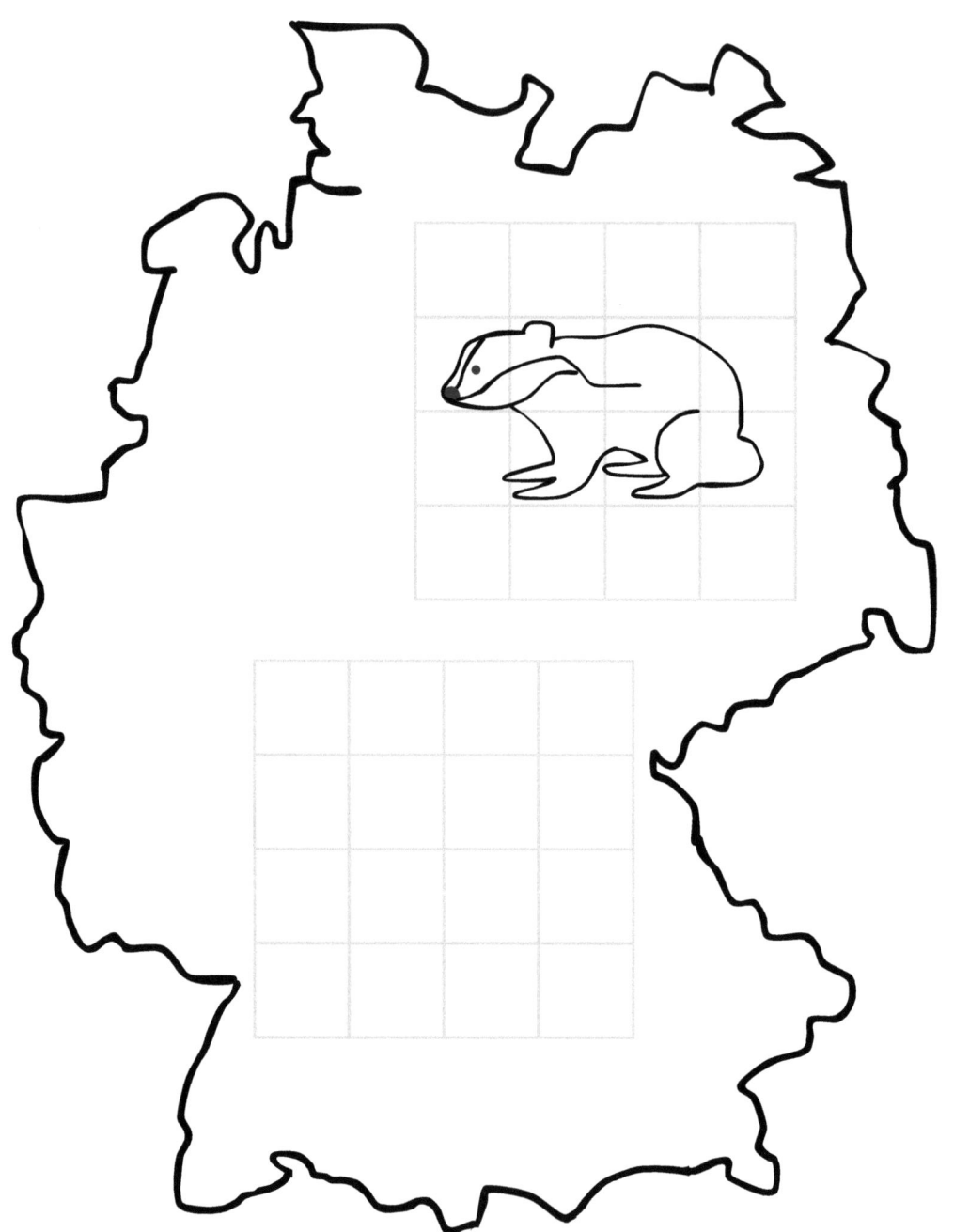

Finde das Bild, indem du die Punkte verbindest, und male es aus.

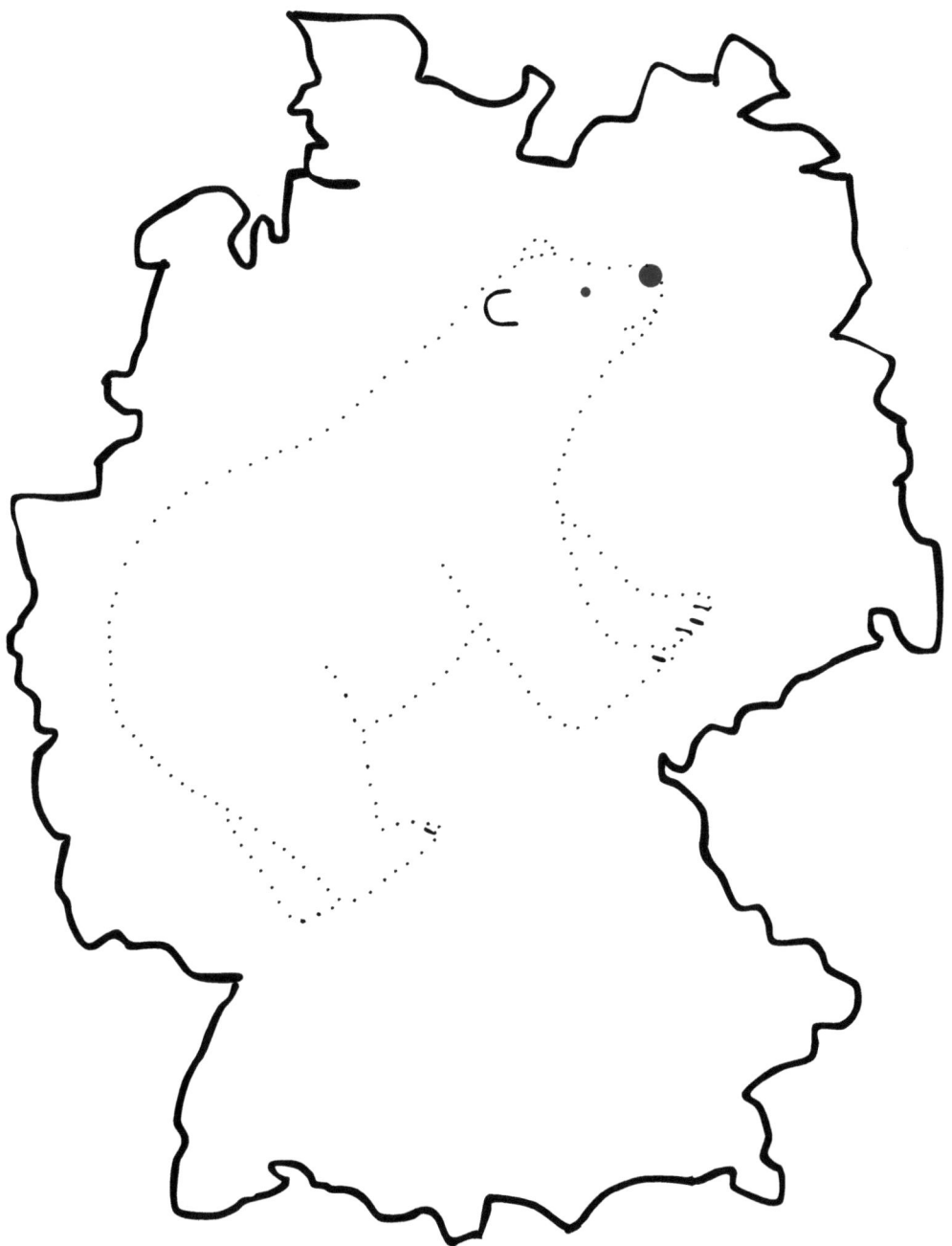

Folge der Zeichnung von Box zu Box.

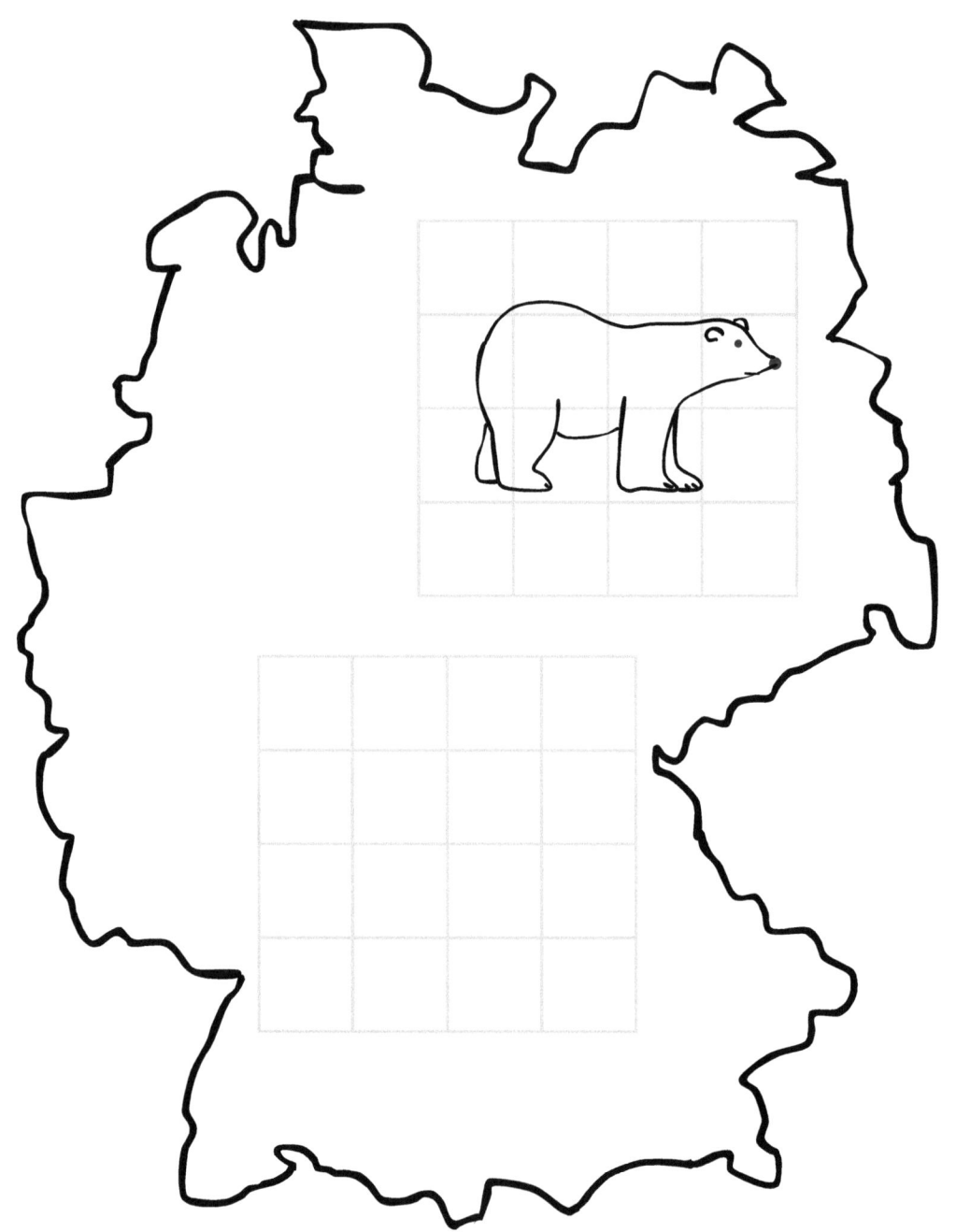

Finde das Bild, indem du die Punkte verbindest, und male es aus.

Folge der Zeichnung von Box zu Box.

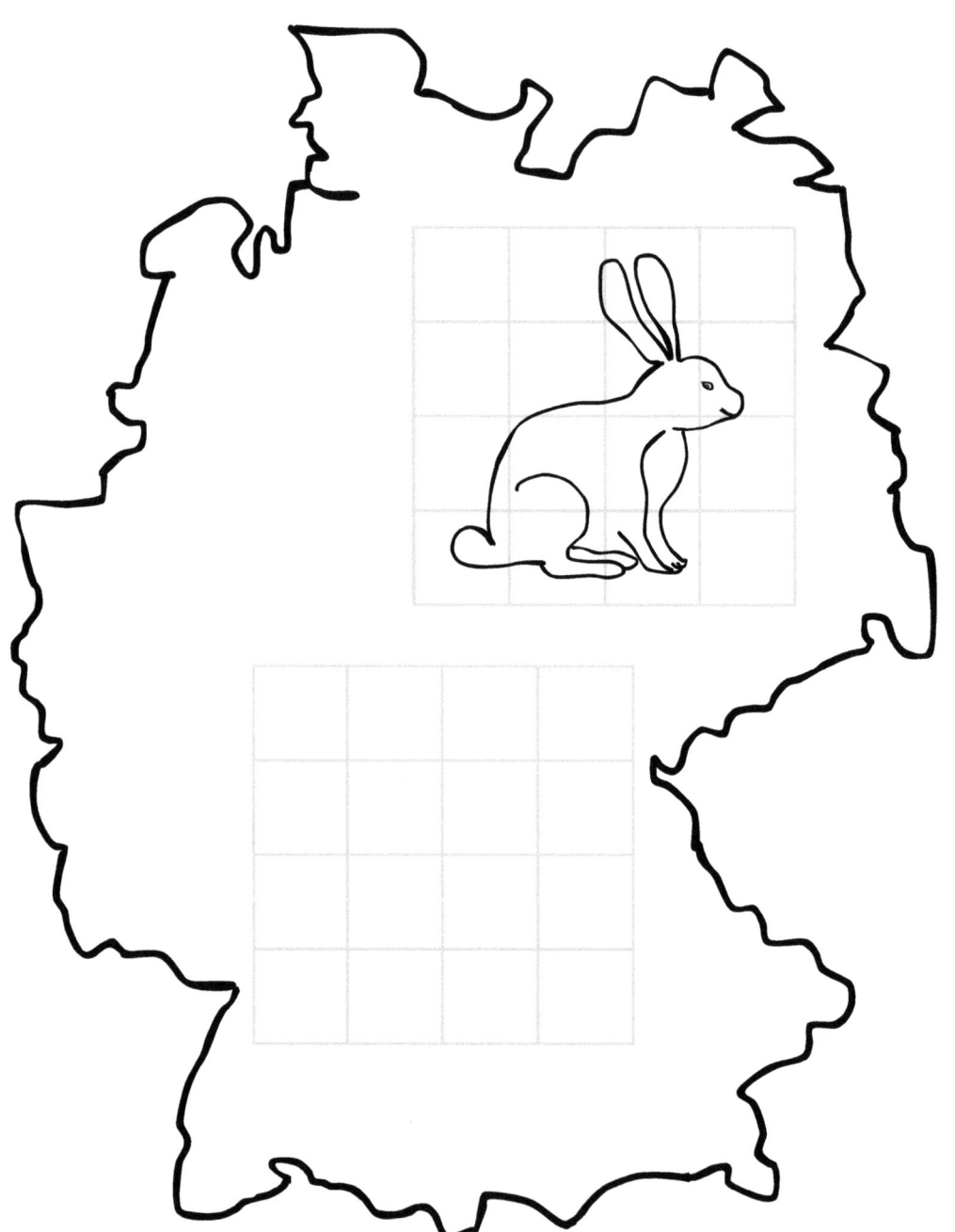

Finde das Bild, indem du die Punkte verbindest, und male es aus.

Folge der Zeichnung von Box zu Box.

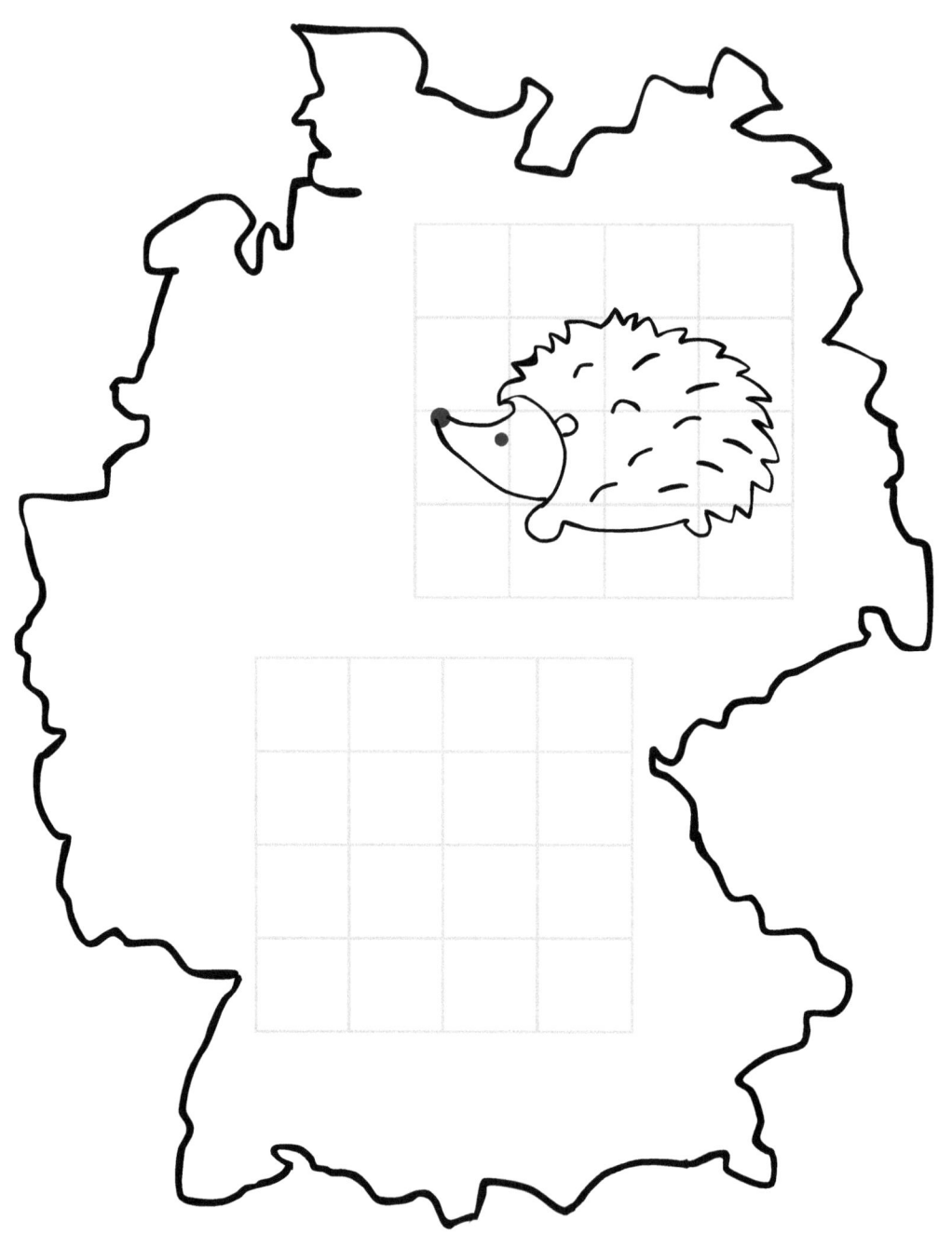

Finde das Bild, indem du die Punkte verbindest, und male es aus.

Folge der Zeichnung von Box zu Box.

Finde das Bild, indem du die Punkte verbindest, und male es aus.

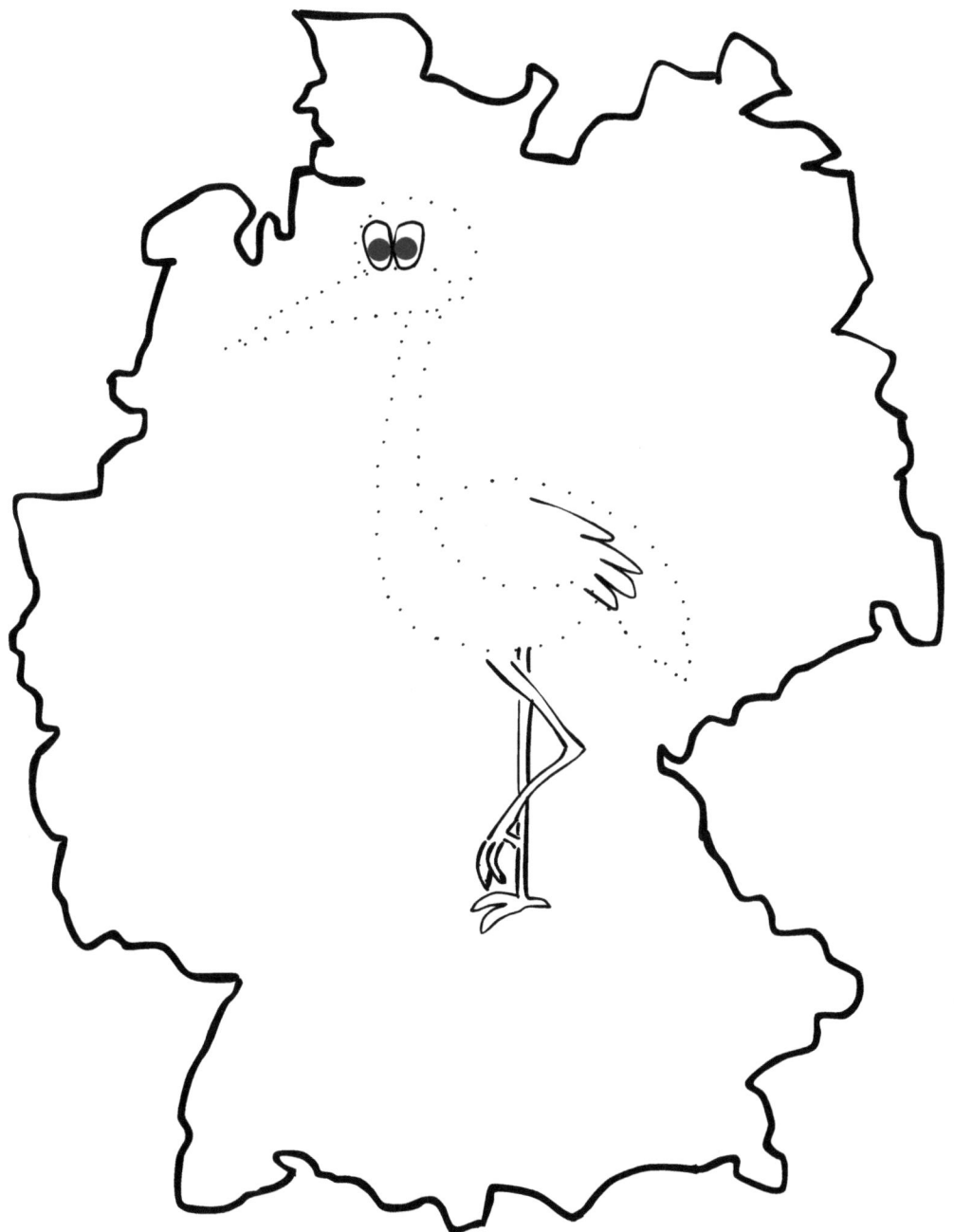

Folge der Zeichnung von Box zu Box.

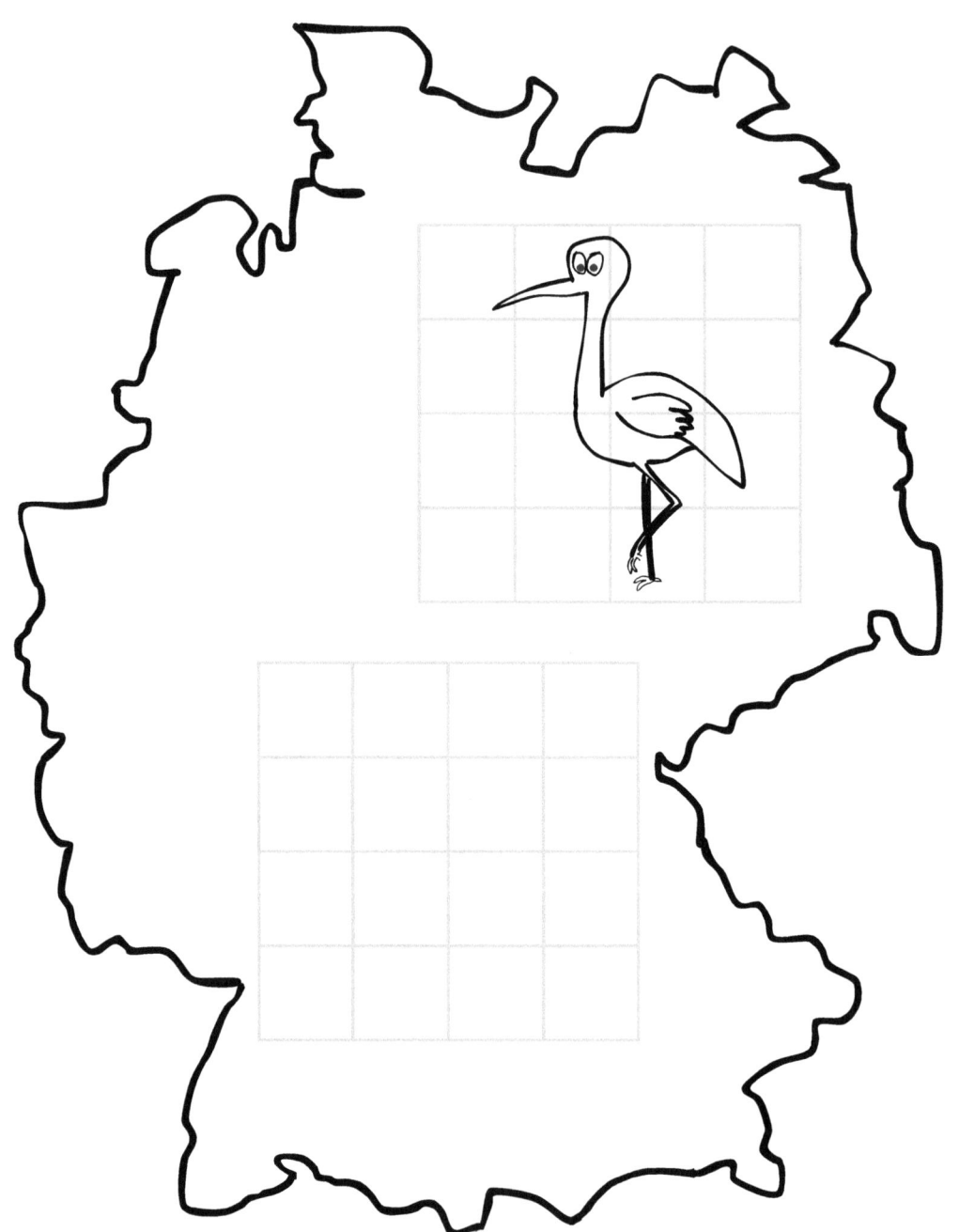

Finde das Bild, indem du die Punkte verbindest, und male es aus.

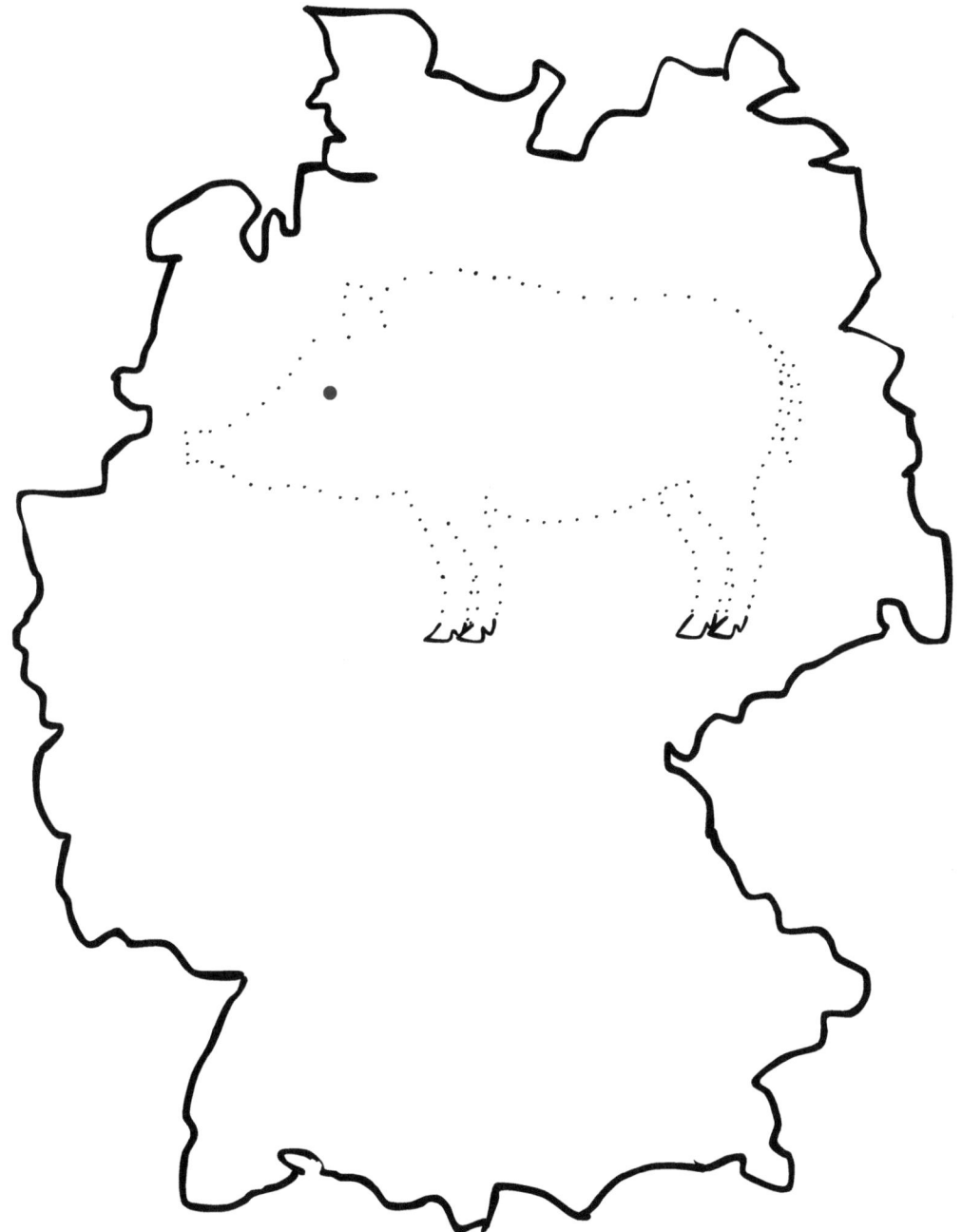

Folge der Zeichnung von Box zu Box.

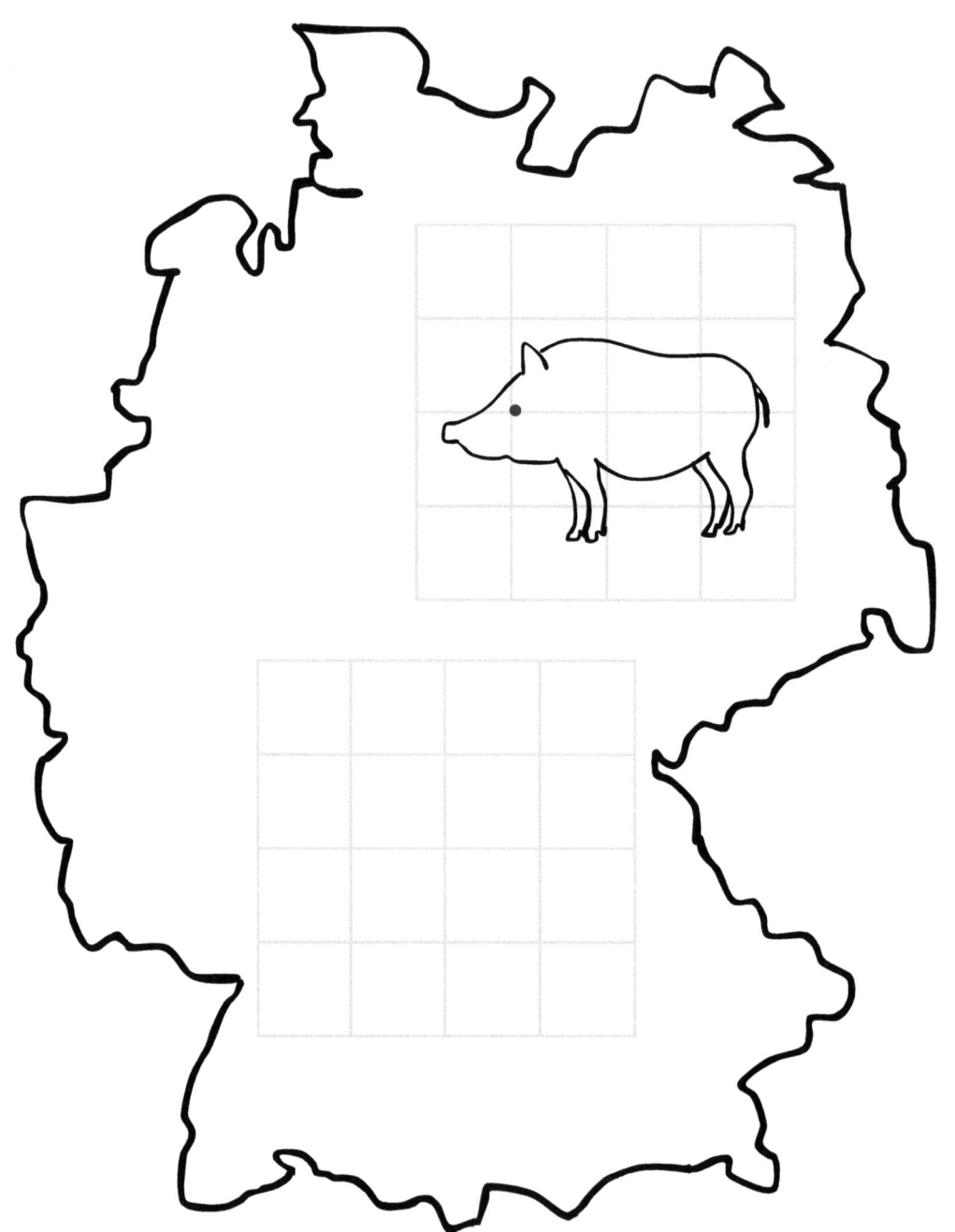

Städte und Orte haben ihre Farbe verloren.
Nimm eine Farbe an und bring sie dann in die Zeichnung.

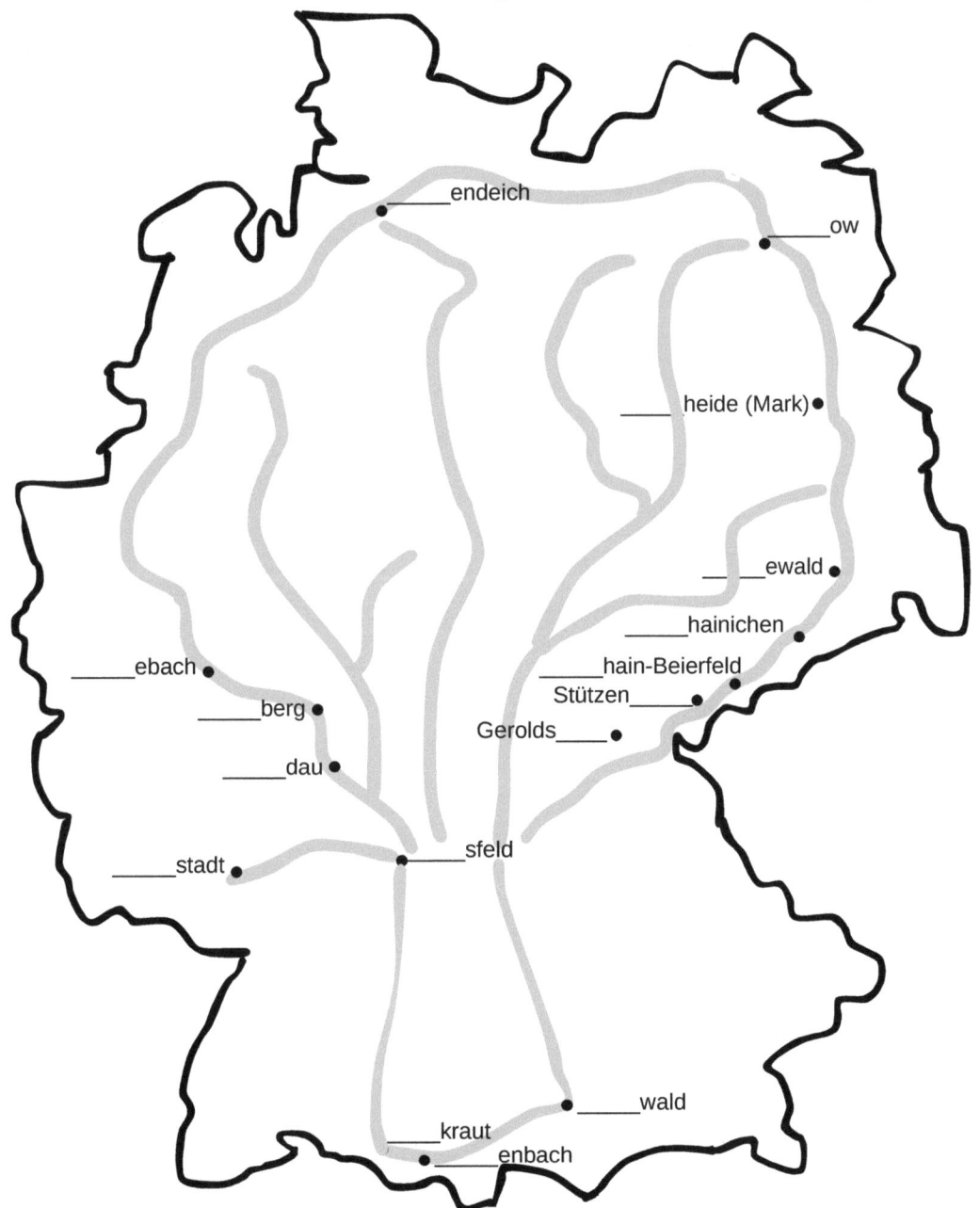

_____ endeich

_____ ow

_____ heide (Mark)

_____ ewald

_____ hainichen

_____ hain-Beierfeld

Stützen _____

Gerolds _____

_____ ebach

_____ berg

_____ dau

_____ stadt

_____ sfeld

_____ wald

_____ kraut

_____ enbach

Städte und Orte haben ihre Farbe verloren.
Nimm eine Farbe an und bring sie dann in die Zeichnung.

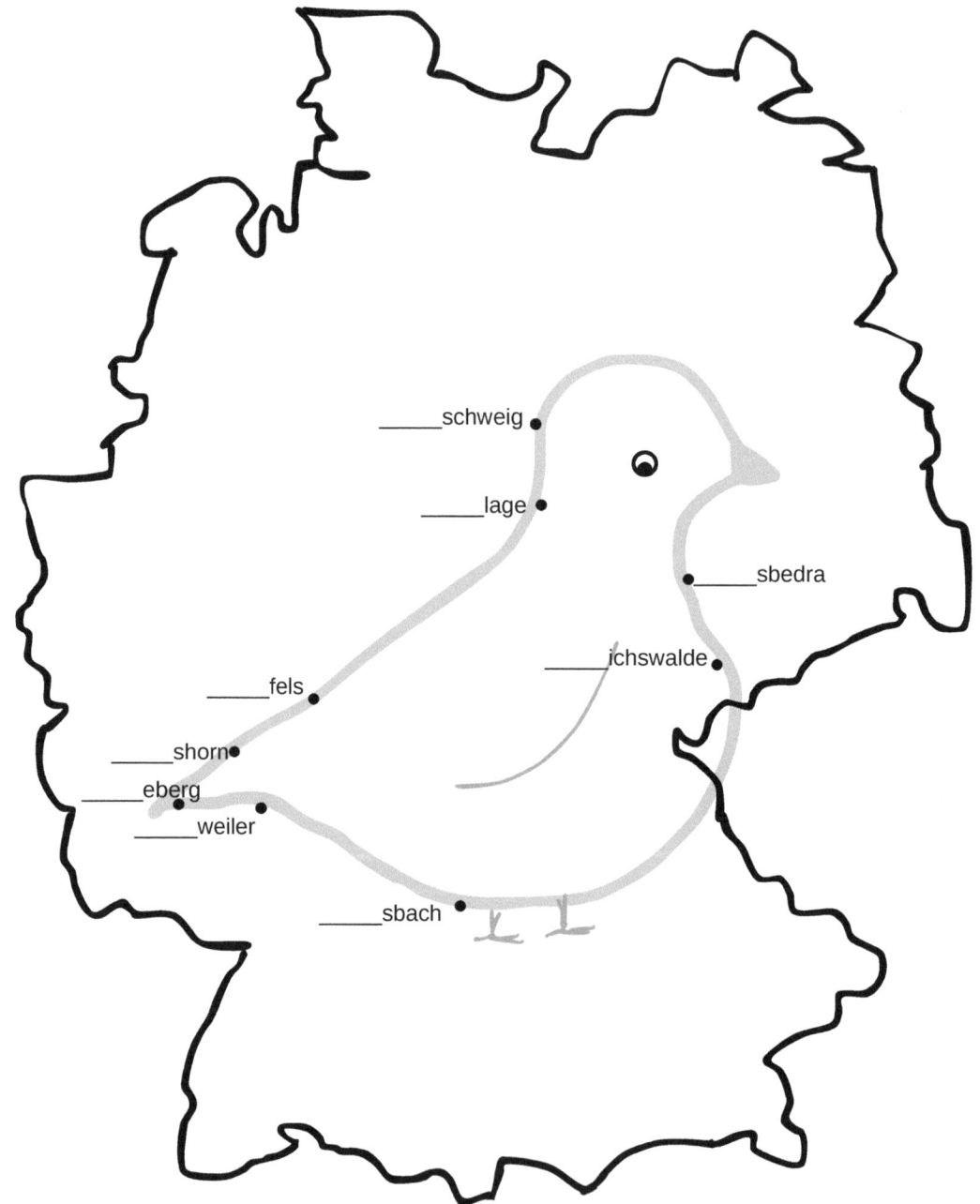

Städte und Orte haben ihre Farbe verloren.
Nimm eine Farbe an und bring sie dann in die Zeichnung.

Städte und Orte haben ihre Farbe verloren.
Nimm eine Farbe an und bring sie dann in die Zeichnung.

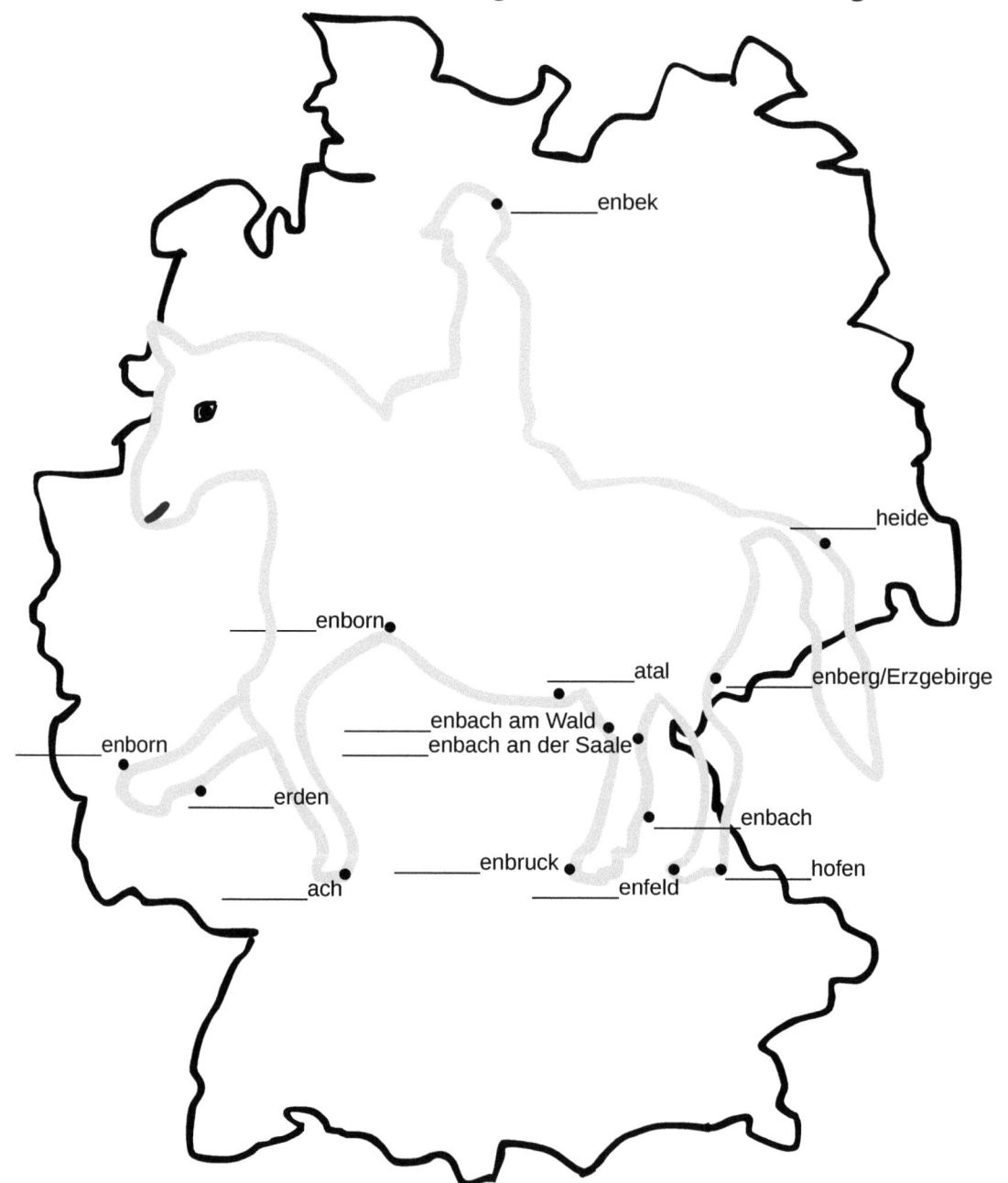

_____enbek

_____heide

_____enborn•

_____atal

_____enberg/Erzgebirge

_____enbach am Wald
_____enbach an der Saale•

_____enborn•

_____erden

_____enbach

_____enbruck•

_____hofen

_____ach•

_____enfeld

Städte und Orte haben ihre Farbe verloren.
Nimm eine Farbe an und bring sie dann in die Zeichnung.

___enburg (Wümme)

___henburg/Oberlausitz

___enburg an der Fulda

___henfels

___henburg ob der Tauber

___h

___tenburg an der Laaber

___tenburg am Neckar

___tweil

Städte und Orte haben ihre Farbe verloren.
Nimm eine Farbe an und bring sie dann in die Zeichnung.

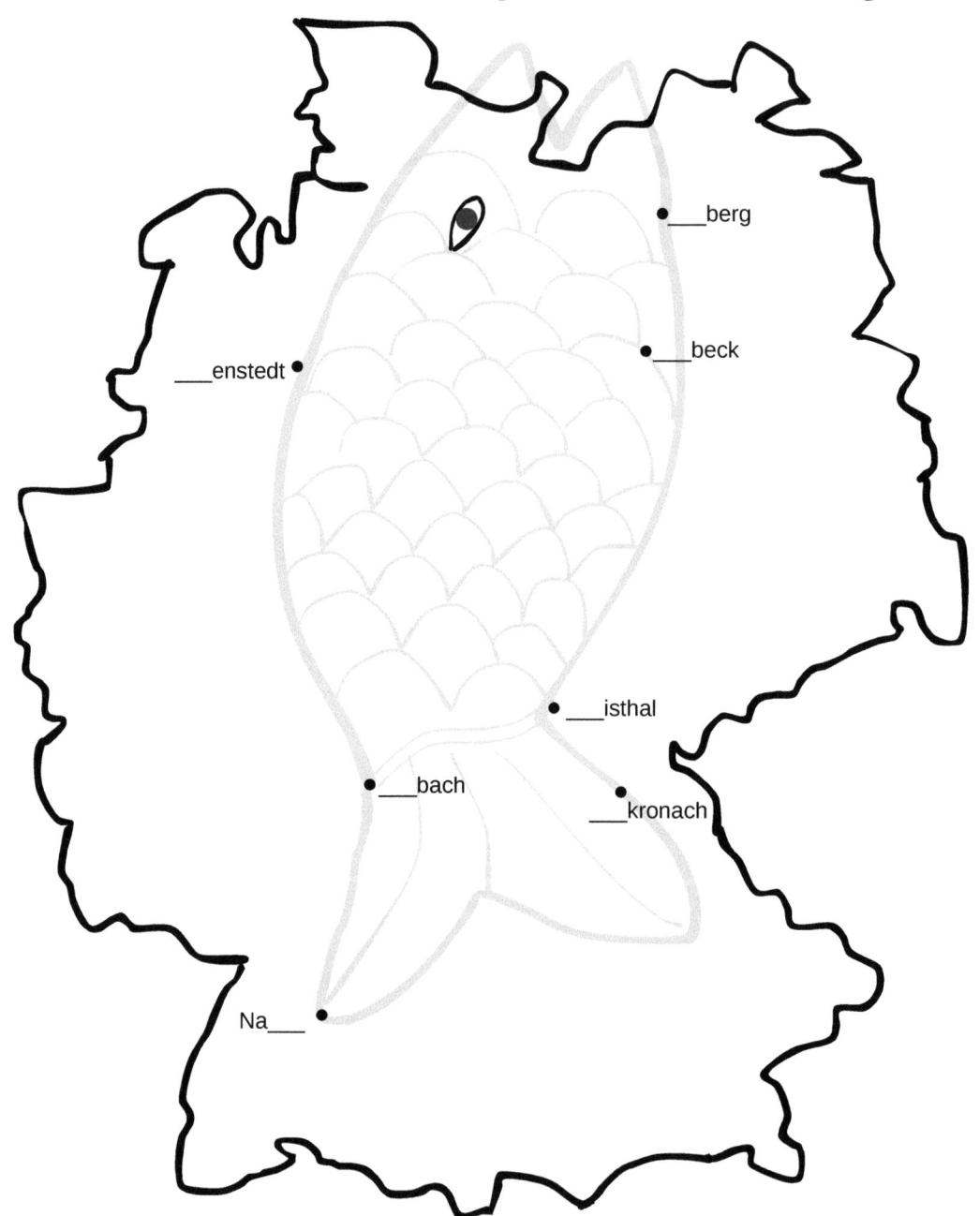

In den Namen von Städten und Orten fehlt ein Wort.
Vermute es, und male dann das Bild aus.

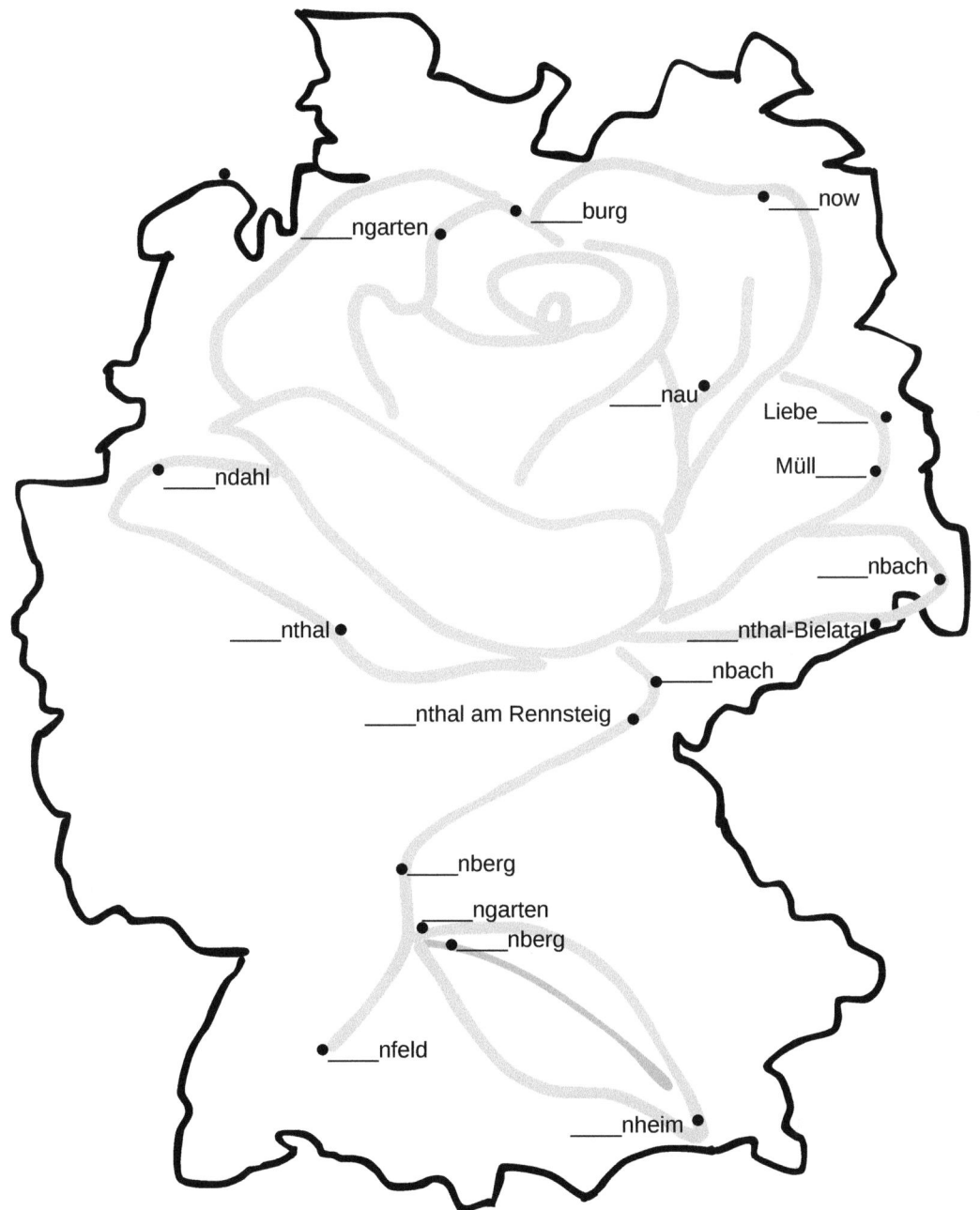

____ngarten

____burg

____now

____nau

Liebe____

Müll____

____ndahl

____nbach

____nthal

nthal-Bielatal

____nbach

____nthal am Rennsteig

____nberg

____ngarten

____nberg

____nfeld

____nheim

In den Namen von Städten und Orten fehlt ein Wort.
Vermute es, und male dann das Bild aus.

___sburg

___enbüttel

___hagen

___sheim

___stein

___rams-Eschenbach

___erstadt

___schlugen

___ersdorf

___ach

___ertschwenden

___ratshausen

___egg

In den Namen von Städten und Orten fehlt ein Wort.
Vermute es, und male dann das Bild aus.

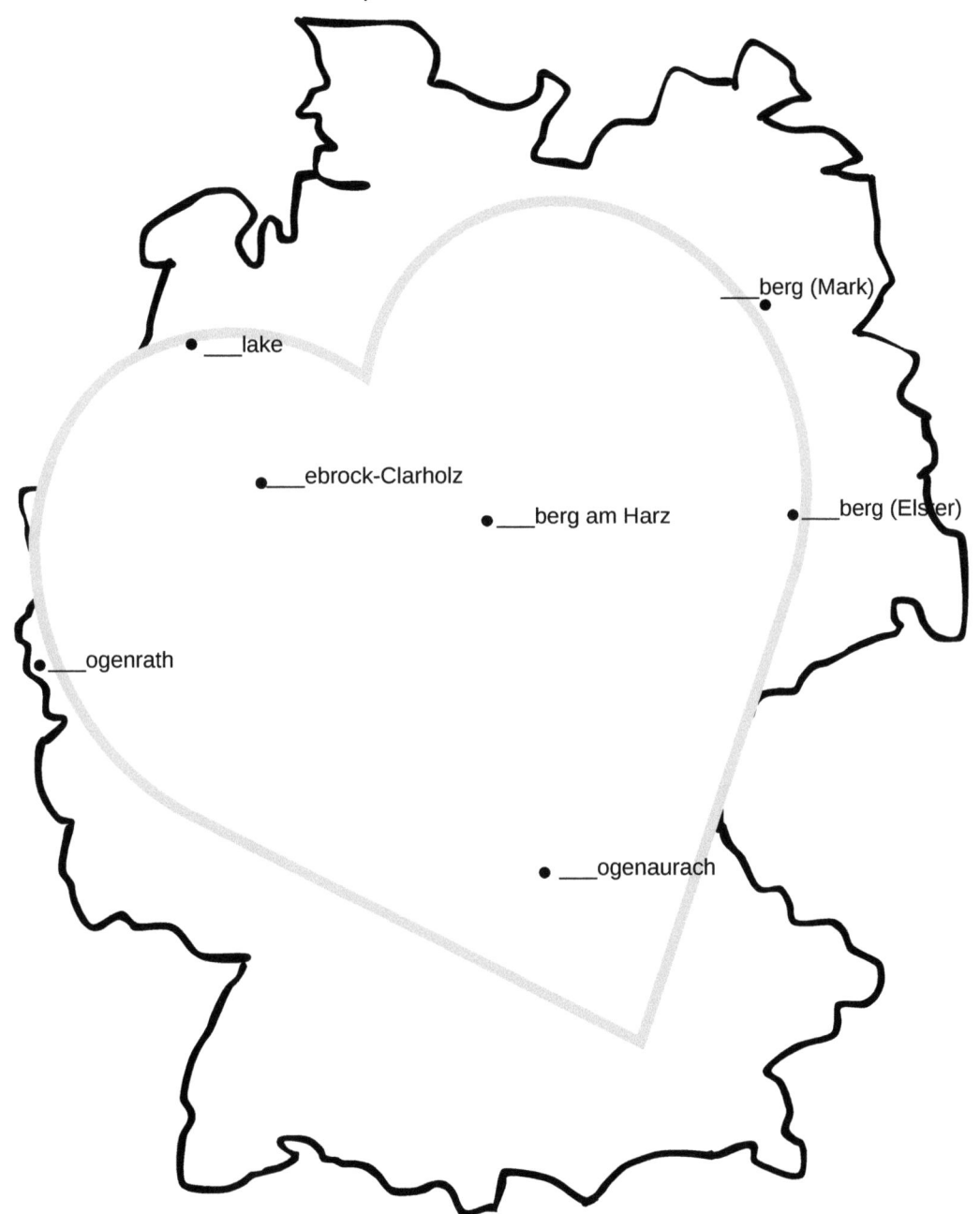

___berg (Mark)

___lake

___ebrock-Clarholz

___berg am Harz

___berg (Elster)

___ogenrath

___ogenaurach

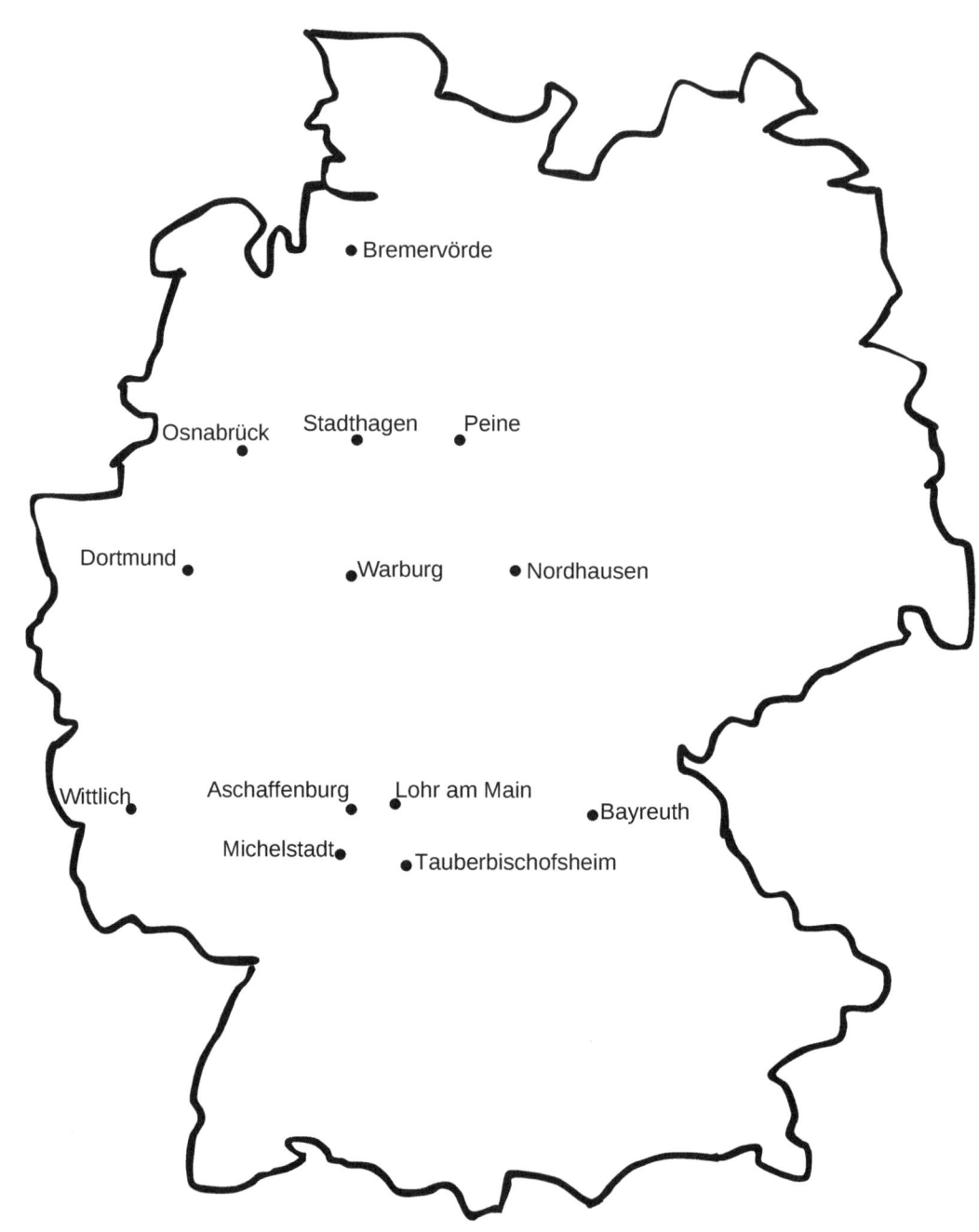

Bremervörde

Osnabrück   Stadthagen   Peine

Dortmund   Warburg   Nordhausen

Wittlich   Aschaffenburg   Lohr am Main   Bayreuth

Michelstadt   Tauberbischofsheim

Verbinde die Städte in der richtigen Reihenfolge,
dann male das fertige Bild aus.

1. Bremervörde
2. Osnabrück
3. Stadthagen
4. Dortmund
5. Warburg
6. Wittlich
7. Aschaffenburg
8. Michelstadt
9. Tauberbischofsheim
10. Lohr am Main
11. Bayreuth
12. Warburg
13. Nordhausen
14. Stadthagen
15. Peine
16. Bremervörde

- Salzwedel
- Herford
- Clausthal-Zellerfeld
- Bernburg
- Lauchhammer
- Eschwege
- Jena
- Schmalkalden
- Bad Nauheim
- Bayreuth

Verbinde die Städte in der richtigen Reihenfolge,
dann male das fertige Bild aus.

1. Salzwedel
2. Clausthal-Zellerfeld
3. Herford
4. Eschwege
5. Bad Nauheim
6. Schmalkalden
7. Bayreuth
8. Jena
9. Lauchhammer
10. Bernburg
11. Salzwedel

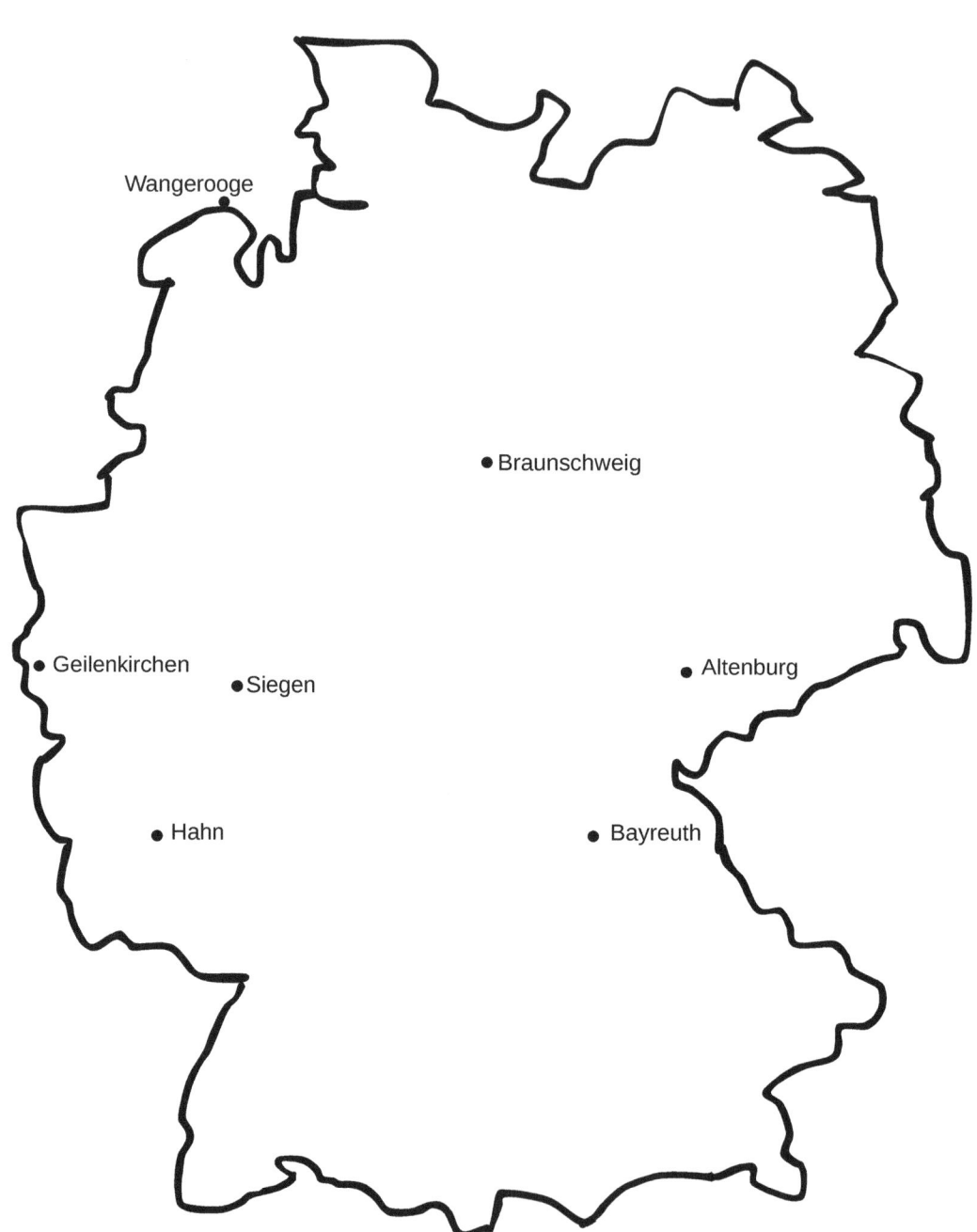

Wangerooge

Braunschweig

Geilenkirchen

Siegen

Altenburg

Hahn

Bayreuth

Verbinde die Städte in der richtigen Reihenfolge,
dann male das fertige Bild aus.

1. Siegen
2. Geilenkirchen
3. Hahn
4. Bayreuth
5. Altenburg
6. Siegen
7. Wangerooge
8. Braunschweig
9. Siegen

Wernigerode Halberstadt Dessau-Roßlau
Clausthal-Zellerfeld Bernburg Köthen
Göttingen Bitterfeld-Wolfen
Arnsberg Eilenburg
Kassel Leipzig
Fritzlar Zeitz
Lauterbach Saalfeld
Wetzlar Meiningen
Friedberg
Hanau
Aschaffenburg

Verbinde die Städte in der richtigen Reihenfolge,
dann male das fertige Bild aus.

1. Dessau-Roßlau
2. Köthen
3. Bernburg
4. Halberstadt
5. Wernigerode
6. Clausthal-Zellerfeld
7. Göttingen
8. Kassel
9. Fritzlar
10. Arnsberg
11. Wetzlar
12. Friedberg
13. Hanau
14. Aschaffenburg
15. Lauterbach
16. Meiningen
17. Saalfeld
18. Zeitz
19. Leipzig
20. Eilenburg
21. Bitterfeld-Wolfen
22. Dessau-Roßlau

Verbinde die Städte in der richtigen Reihenfolge, dann male das fertige Bild aus.

1. Neumarkt
2. Ansbach
3. Wertheim
4. Aschaffenburg
5. Bad Homburg
6. Bergisch Gladbach
7. Hagen
8. Marburg
9. Lauterbach
10. Fulda
11. Bad Neustadt
12. Bamberg
13. Forschheim
14. Neumarkt

1. Wertheim
2. Heidelberg
3. Landau in der Pfalz
4. Frankenthal (Pfalz)
5. Aschaffenburg

1. Bad Neustadt
2. Eschwege
3. Göttingen
4. Kassel
5. Bad Hersfeld
6. Fulda

1. Dortmund
2. Köln
3. Siegburg
4. Gummersbach
5. Iserlohn
6. Dortmund

- Ahrensburg
- Kyritz
- Stadthagen
- Haldensleben
- Burg
- Hameln
- Hildesheim
- Magdeburg
- Einbeck
- Höxter
- Bitterfeld-Wolfen
- Naumburg
- Jena
- Alsfeld
- Rudolstadt

Verbinde die Städte in der richtigen Reihenfolge, dann male das fertige Bild aus.

1. Stadthagen
2. Alsfeld
3. Rudolstadt
4. Haldensleben
5. Stadthagen
6. Ahrensburg

1. Rudolstadt
2. Bitterfeld-Wolfen
3. Kyritz
4. Haldensleben
5. Ahrensburg
6. Kyritz

1. Hameln
2. Höxter
3. Einbeck
4. Hildesheim
5. Hameln

1. Jena
2. Magdeburg
3. Burg
4. Naumburg

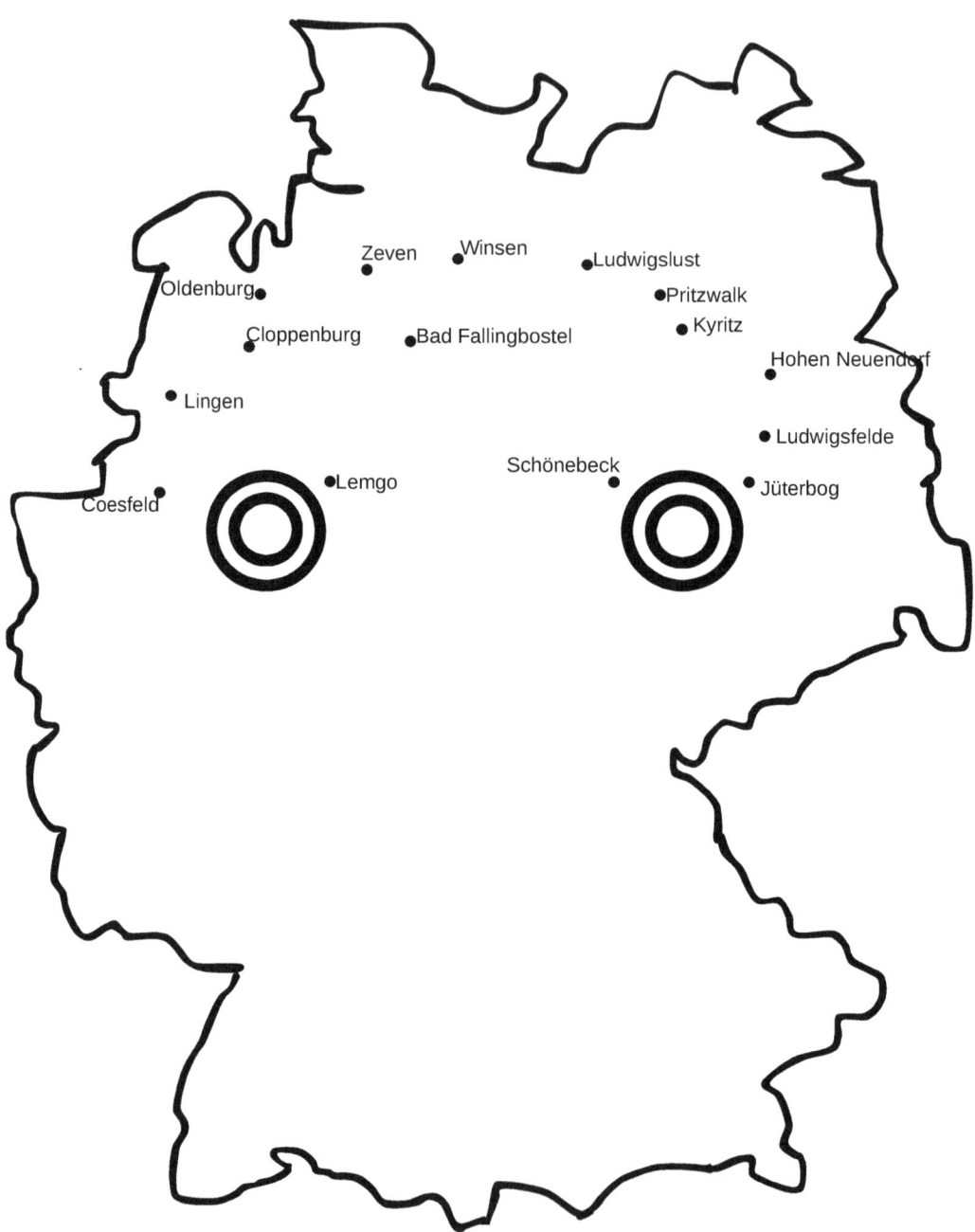

Zeven
Winsen
Ludwigslust
Oldenburg
Pritzwalk
Cloppenburg
Bad Fallingbostel
Kyritz
Hohen Neuendorf
Lingen
Ludwigsfelde
Schönebeck
Lemgo
Jüterbog
Coesfeld

Verbinde die Städte in der richtigen Reihenfolge,
dann male das fertige Bild aus.

1. Kyritz
2. Bad Fallingbostel
3. Cloppenburg
4. Oldenburg
5. Zeven
6. Winsen
7. Ludwigslust
8. Pritzwalk
9. Kyritz
10. Hohen Neuendorf
11. Ludwigsfelde
12. Jüterbog
13. Schönebeck
14. Lemgo
15. Coesfeld
16. Lingen
17. Cloppenburg

Lüneburg

Westerstede

Neustadt am Rübenberge
Langenhagen

Gütersloh

Halberstadt

Halle (Saale)
Leipzig
Grimma

Chemnitz

Plauen

Hof

Kulmbach
Marktredwitz

Bamberg
Forchheim
Erlangen
Weiden

Bad Mergentheim
Amberg

Schwabach
Neumarkt

Heilbronn

Pforzheim

Offenburg
Lahr

Breisach

Verbinde die Städte in der richtigen Reihenfolge, dann male das fertige Bild aus.

1. Lüneburg
2. Halle
3. Gütersloh
4. Westerstede
5. Lüneburg
6. Neustadt am Rübenberge
7. Gütersloh

1. Westerstede
2. Langenhagen
3. Halberstadt
4. Halle
5. Leipzig
6. Grimma
7. Chemnitz
8. Plauen
9. Hof
10. Kulmbach
11. Forchheim
12. Erlangen
13. Schwabach
14. Neumarkt
15. Amberg
16. Weiden
17. Marktredwitz
18. Kulmbach
19. Bamberg
20. Bad Mergentheim
21. Heilbronn
22. Pforzheim
23. Offenburg
24. Lahr
25. Breisach

Wangerooge

Neubrandenburg

Ludwigslust

Oldenburg

Uelzen

Neuruppin

Rathenow

Garbsen

Coesfeld

Halberstadt

Spremberg

Soest

Lauchhammer

Gummersbach

Marburg

Verbinde die Städte in der richtigen Reihenfolge,
dann male das fertige Bild aus.

1. Coesfeld
2. Gummersbach
3. Marburg
4. Halberstadt
5. Rathenow
6. Neuruppin
7. Neubrandenburg
8. Ludwigslust
9. Uelzen
10. Garbsen
11. Soest
12. Coesfeld

1. Garbsen
2. Oldenburg
3. Wangerooge
4. Uelzen

1. Halberstadt
2. Lauchhammer
3. Spremberg
4. Rathenow

Buchstaben sind vom Brett gefallen.
Kannst du die Namen der Städte herausfinden?

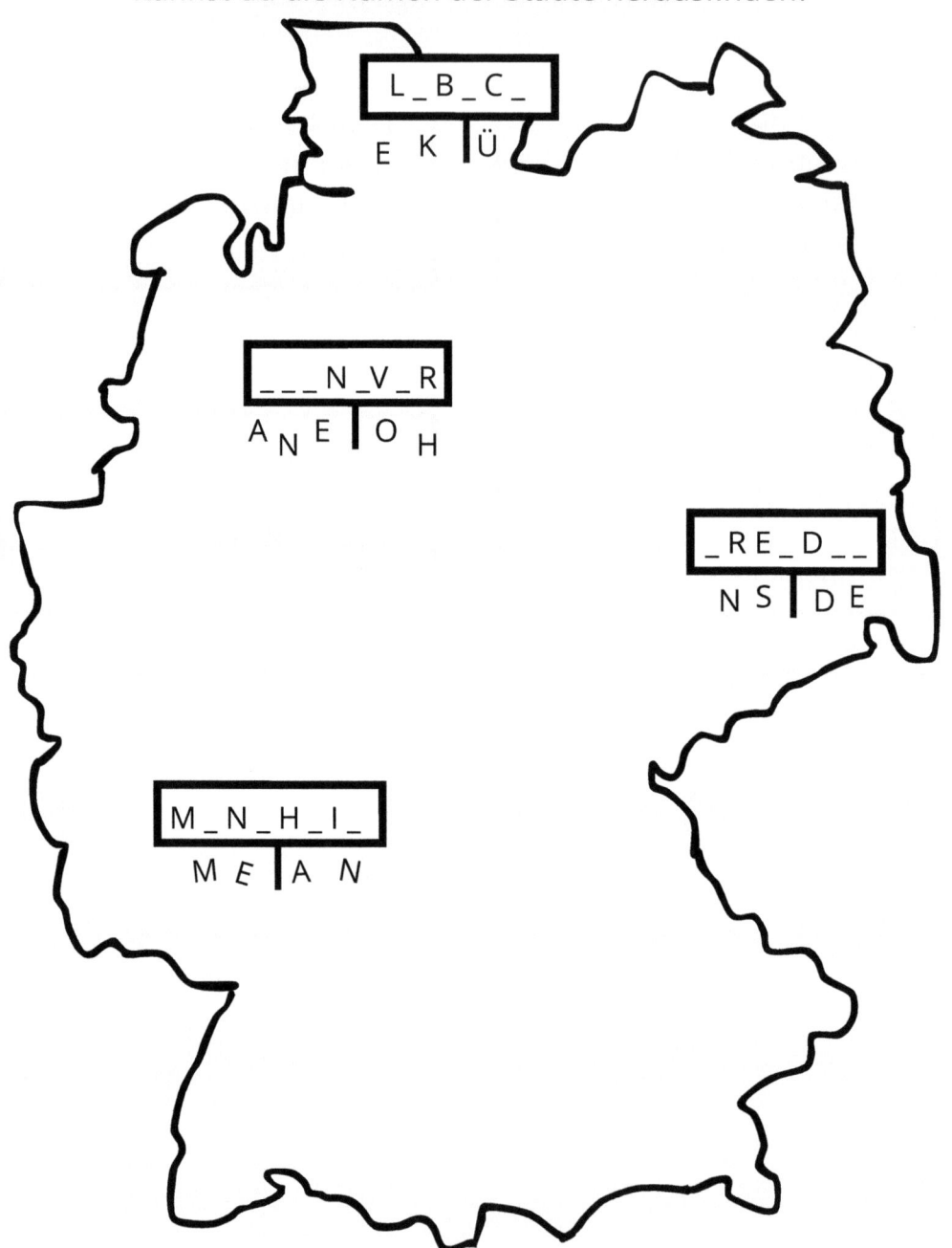

L _ B _ C _
E   K   Ü

_ _ _ N _ V _ R
A   N   E   O   H

_ R E _ D _ _
N S   D E

M _ N _ H _ I _
M   E   A   N

Buchstaben sind vom Brett gefallen.
Kannst du die Namen der Städte herausfinden?

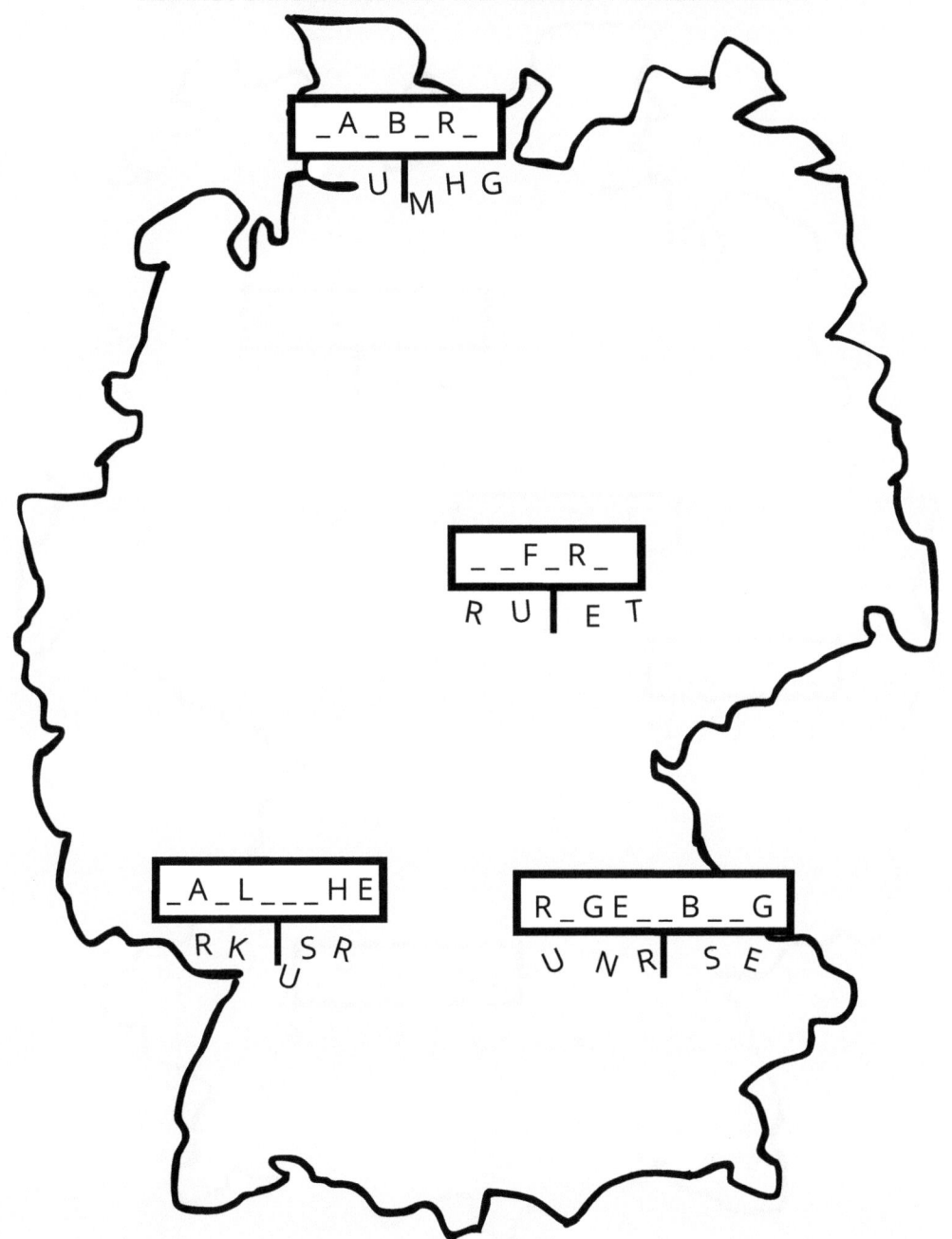

_ A _ B _ R _
U M H G

_ _ F _ R _
R U E T

_ A _ L _ _ _ H E
R K U S R

R _ G E _ _ B _ _ G
U N R S E

Buchstaben sind vom Brett gefallen.
Kannst du die Namen der Städte herausfinden?

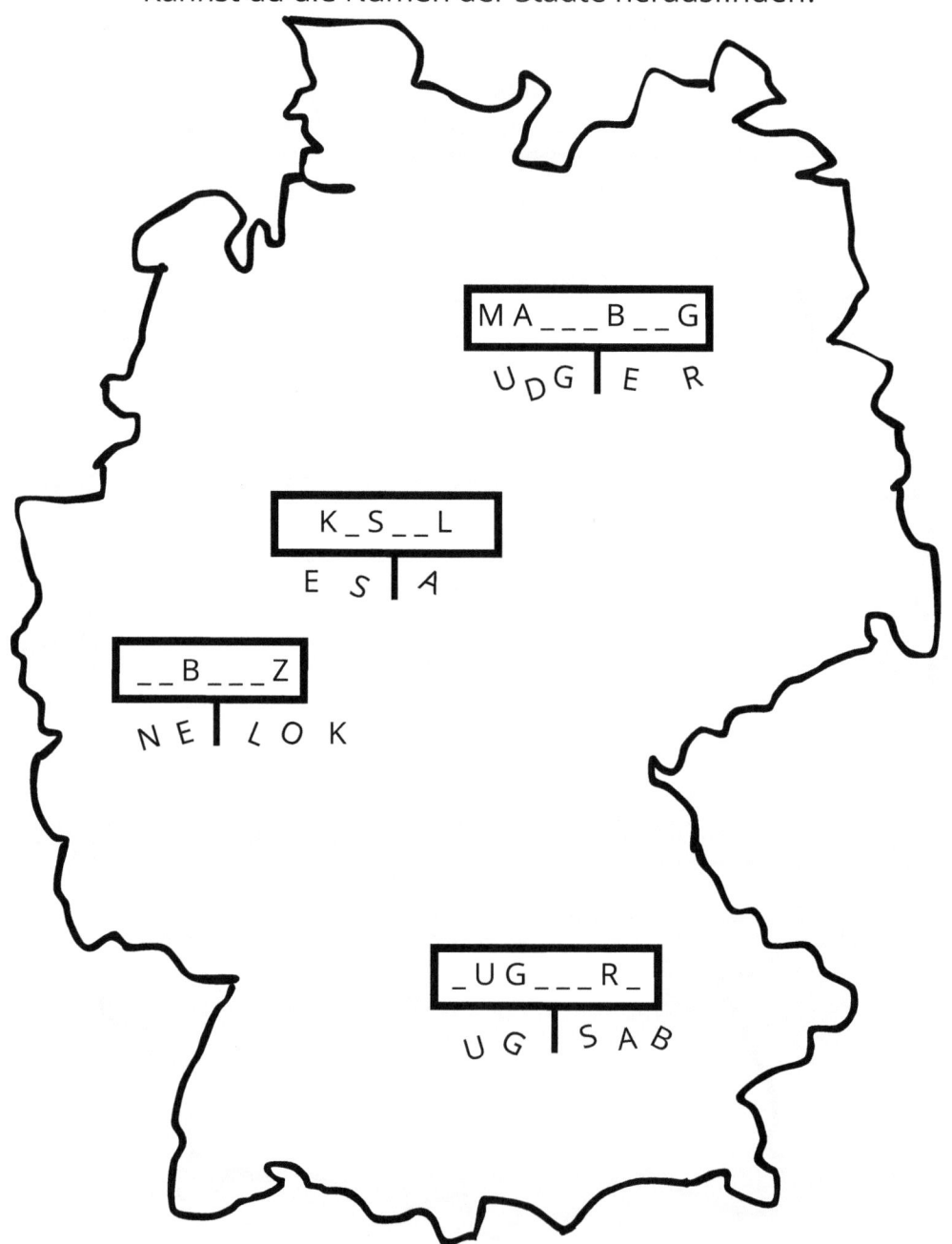

MA _ _ _ B _ _ G
U D G E R

K _ S _ _ L
E S A

_ _ B _ _ _ Z
N E L O K

_ U G _ _ _ R _
U G S A B

Buchstaben sind vom Brett gefallen.
Kannst du die Namen der Städte herausfinden?

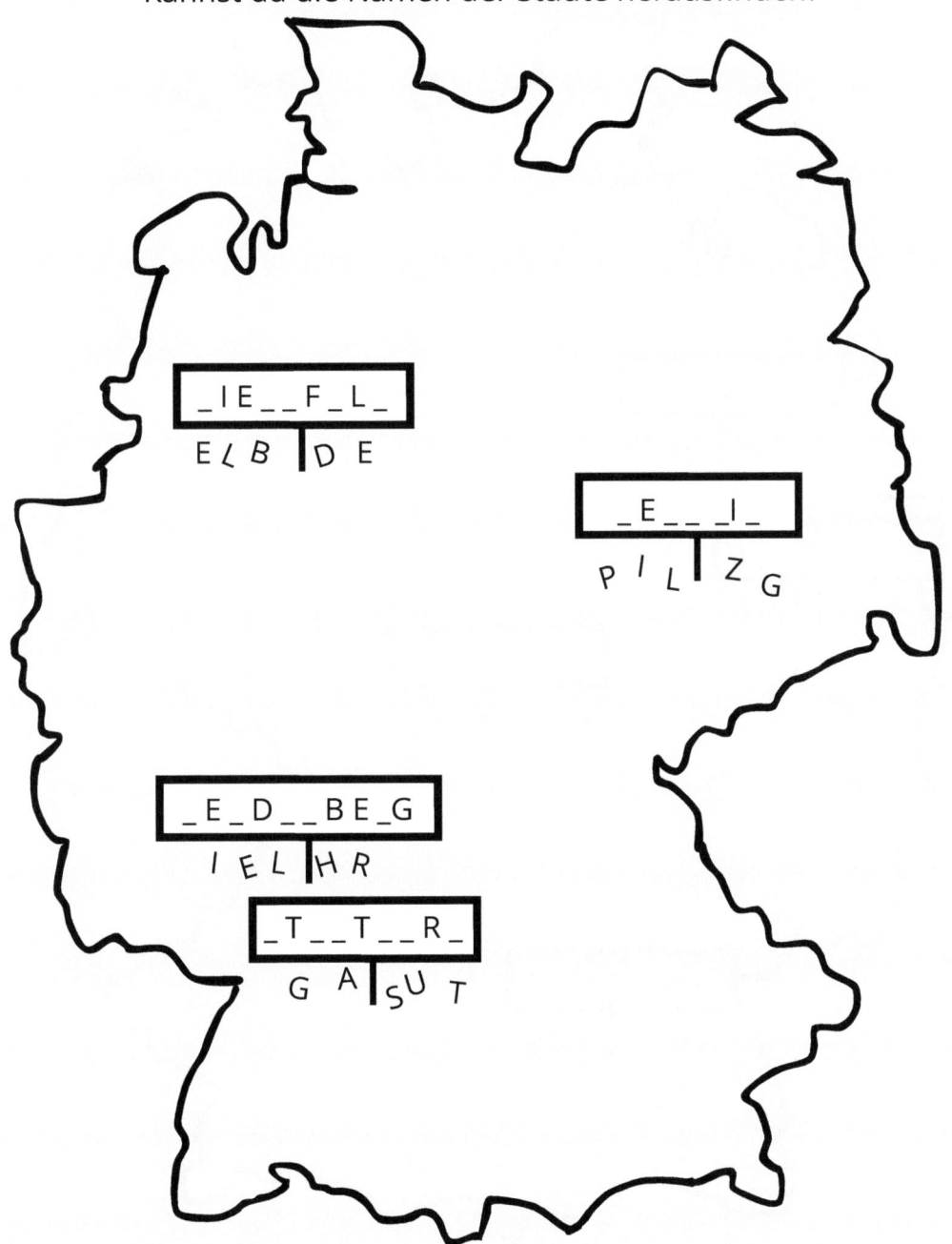

Buchstaben sind vom Brett gefallen.
Kannst du die Namen der Städte herausfinden?

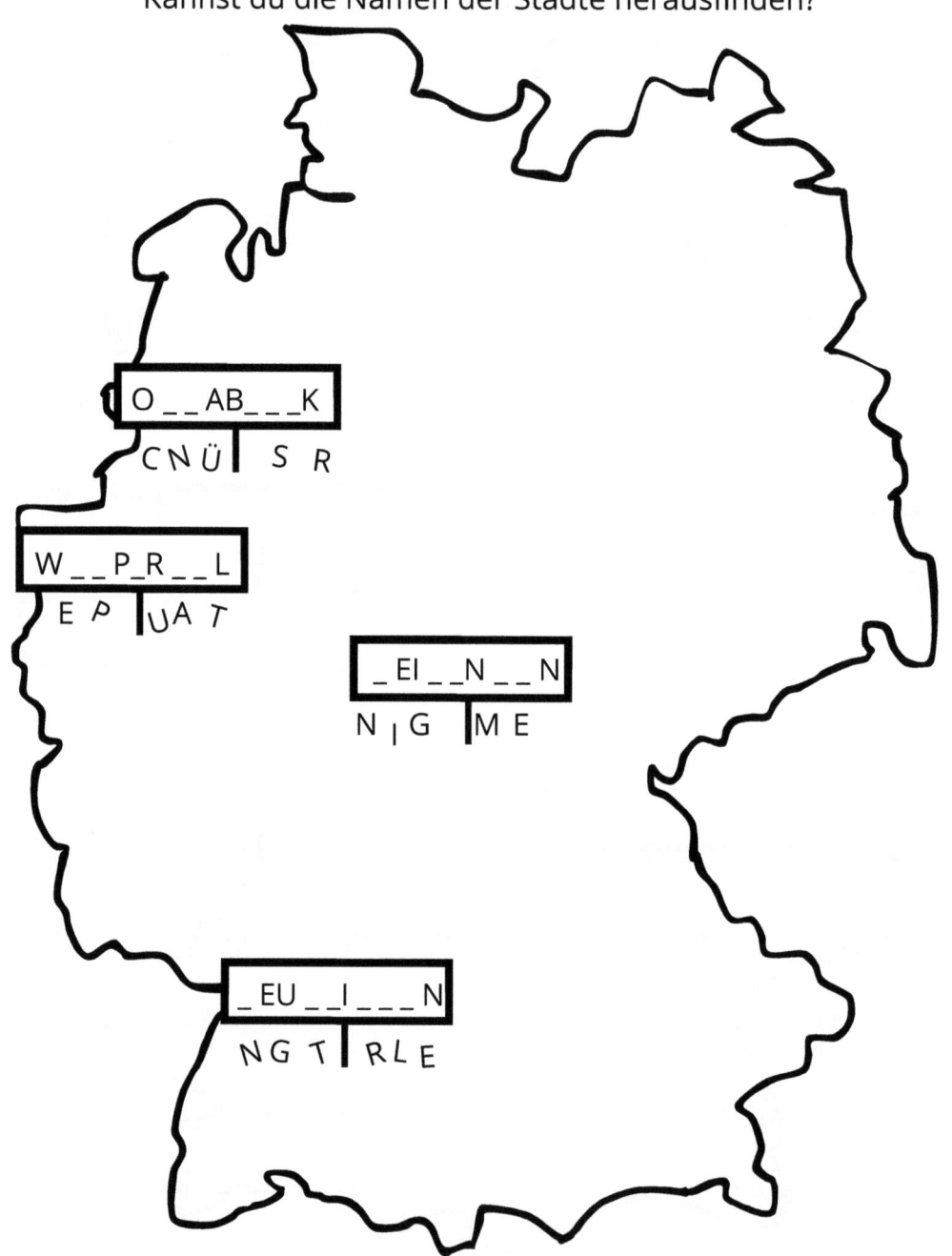

O _ _ AB _ _ _ K
C N Ü   S R

W _ _ P _ R _ _ L
E P   U A T

_ EI _ _ N _ _ N
N I G   M E

_ EU _ _ I _ _ _ N
N G T   R L E

Buchstaben sind vom Brett gefallen.
Kannst du die Namen der Städte herausfinden?

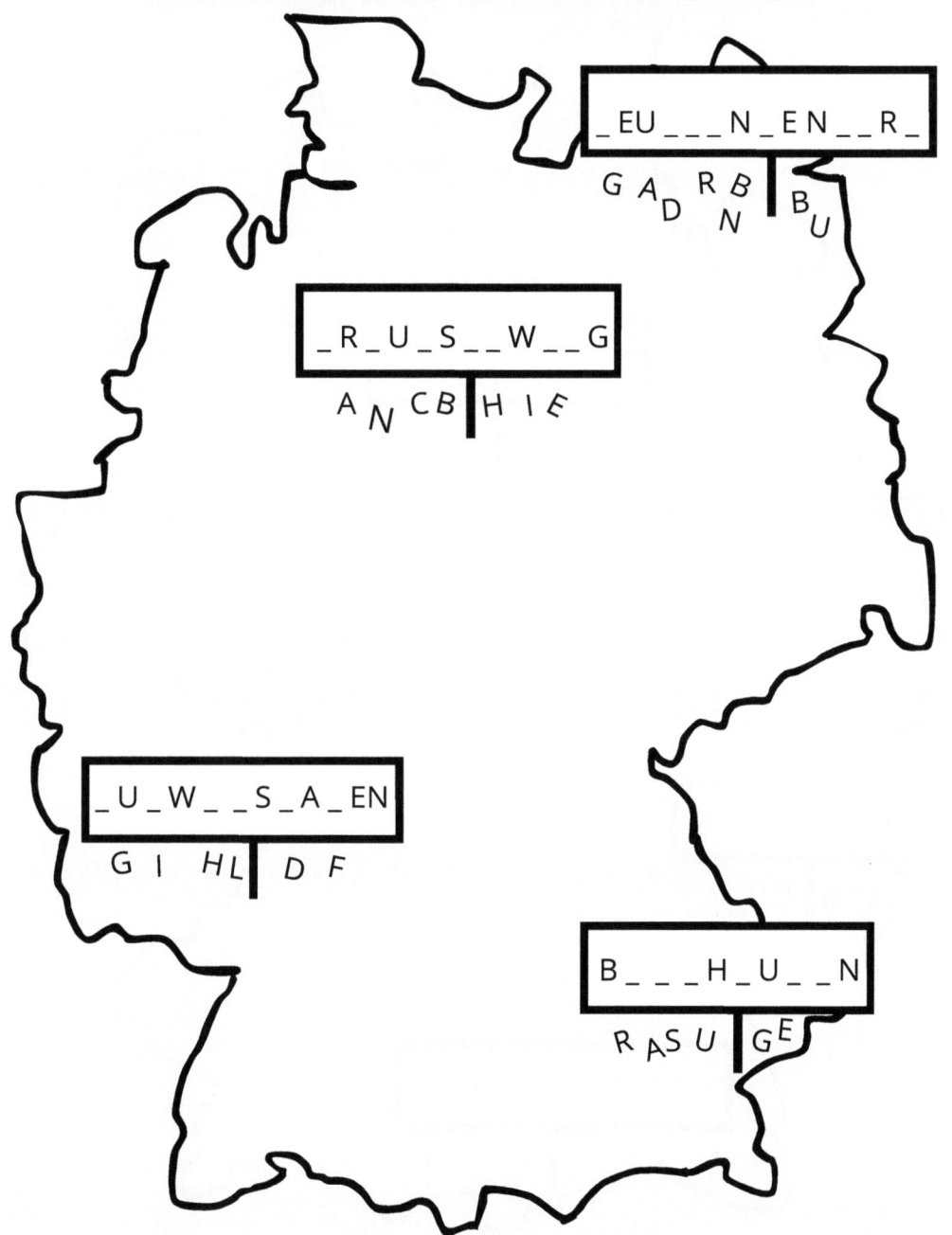

_ EU _ _ _ N _ E N _ _ R _

G A D R B
N B
U

_ R _ U _ S _ _ W _ _ G

A N C B H I E

_ U _ W _ _ S _ A _ EN

G I HL D F

B _ _ _ H _ U _ _ N

R A S U G E

Buchstaben sind vom Brett gefallen.
Kannst du die Namen der Städte herausfinden?

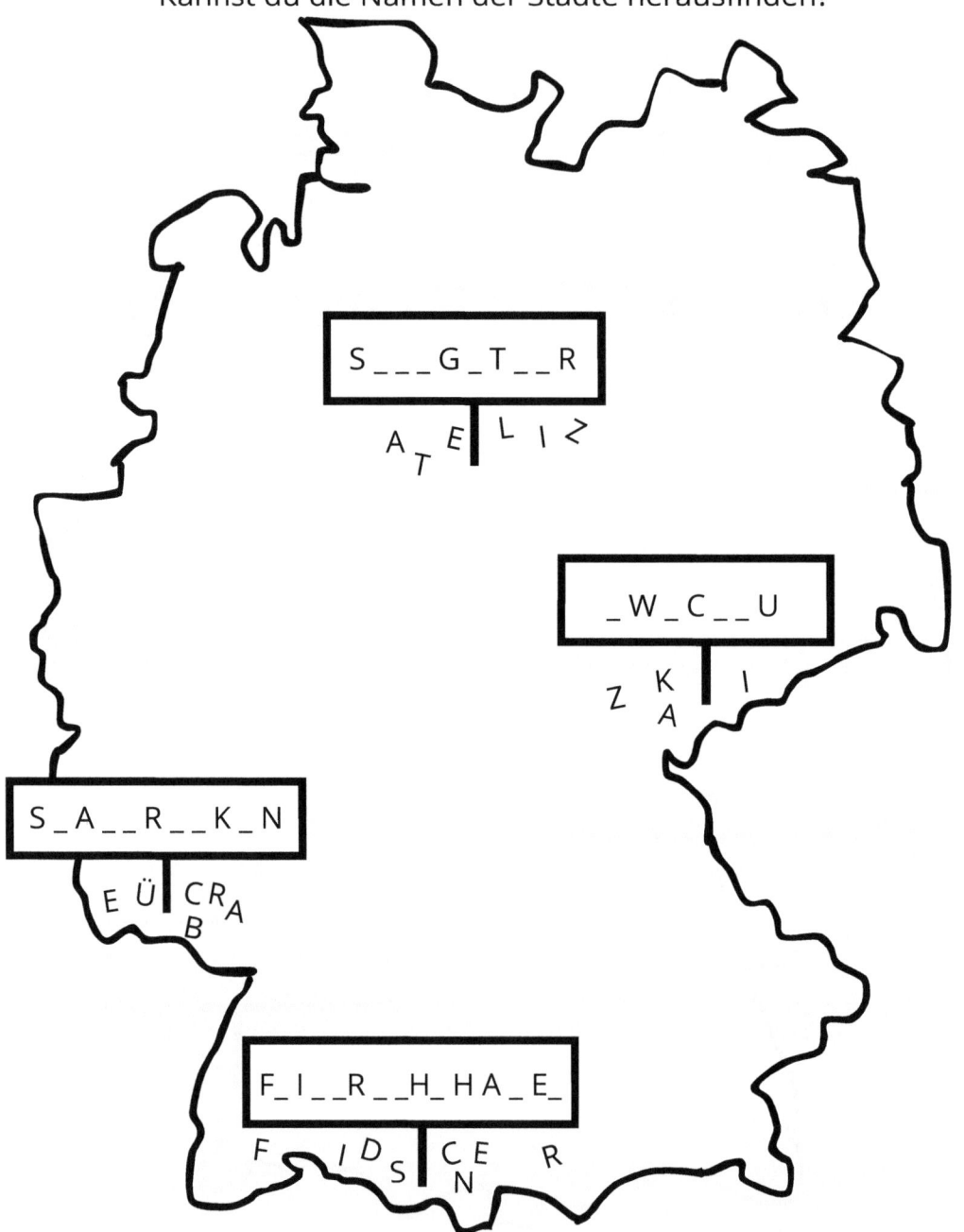

Buchstaben sind vom Brett gefallen.
Kannst du die Namen der Städte herausfinden?

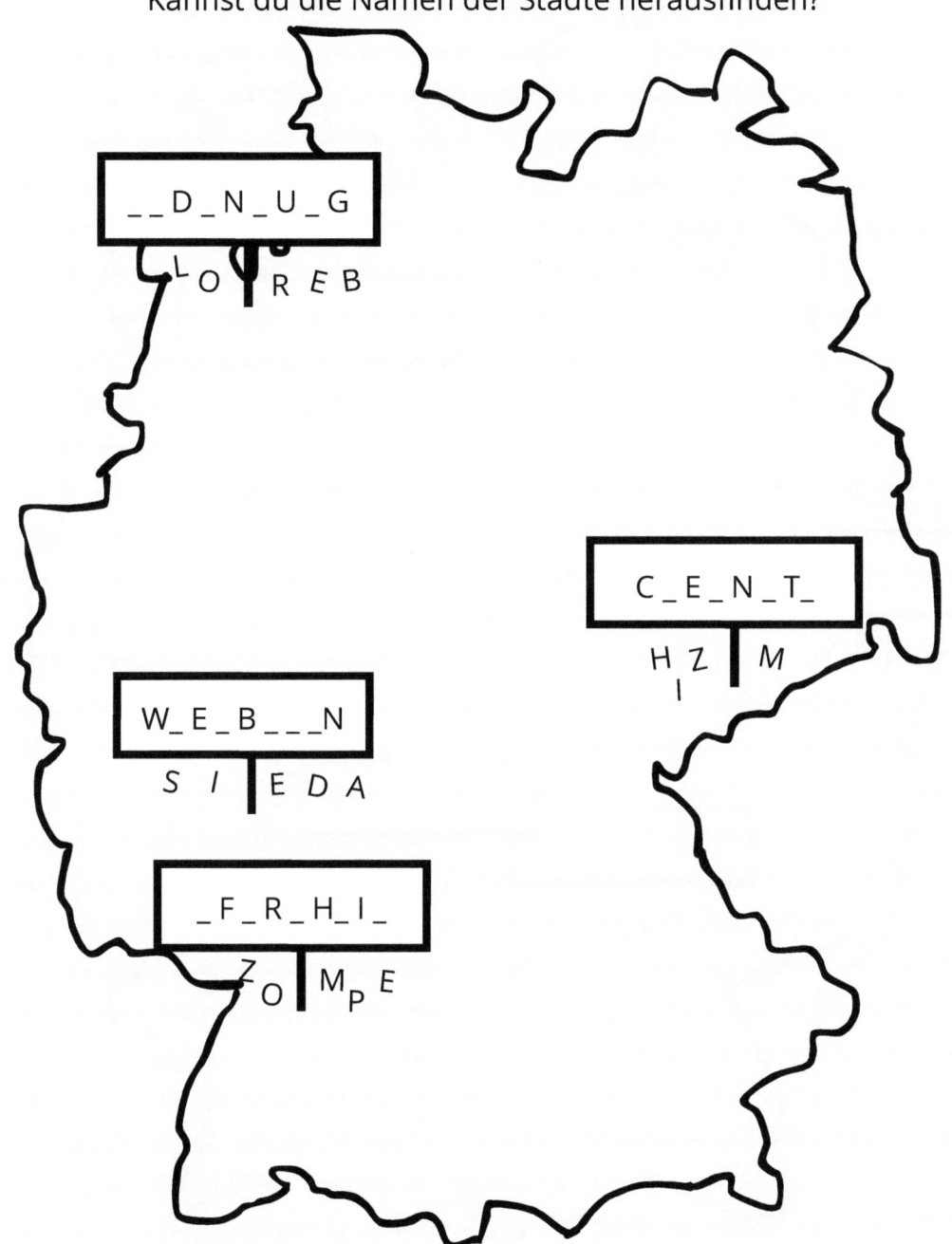

__ __ D _ N _ U _ G
L O R E B

C _ E _ N _ T_
H Z M
I

W _ E _ B _ _ _ N
S I E D A

_ F _ R _ H _ I _
Z O M P E

Buchstaben sind vom Brett gefallen.
Kannst du die Namen der Städte herausfinden?

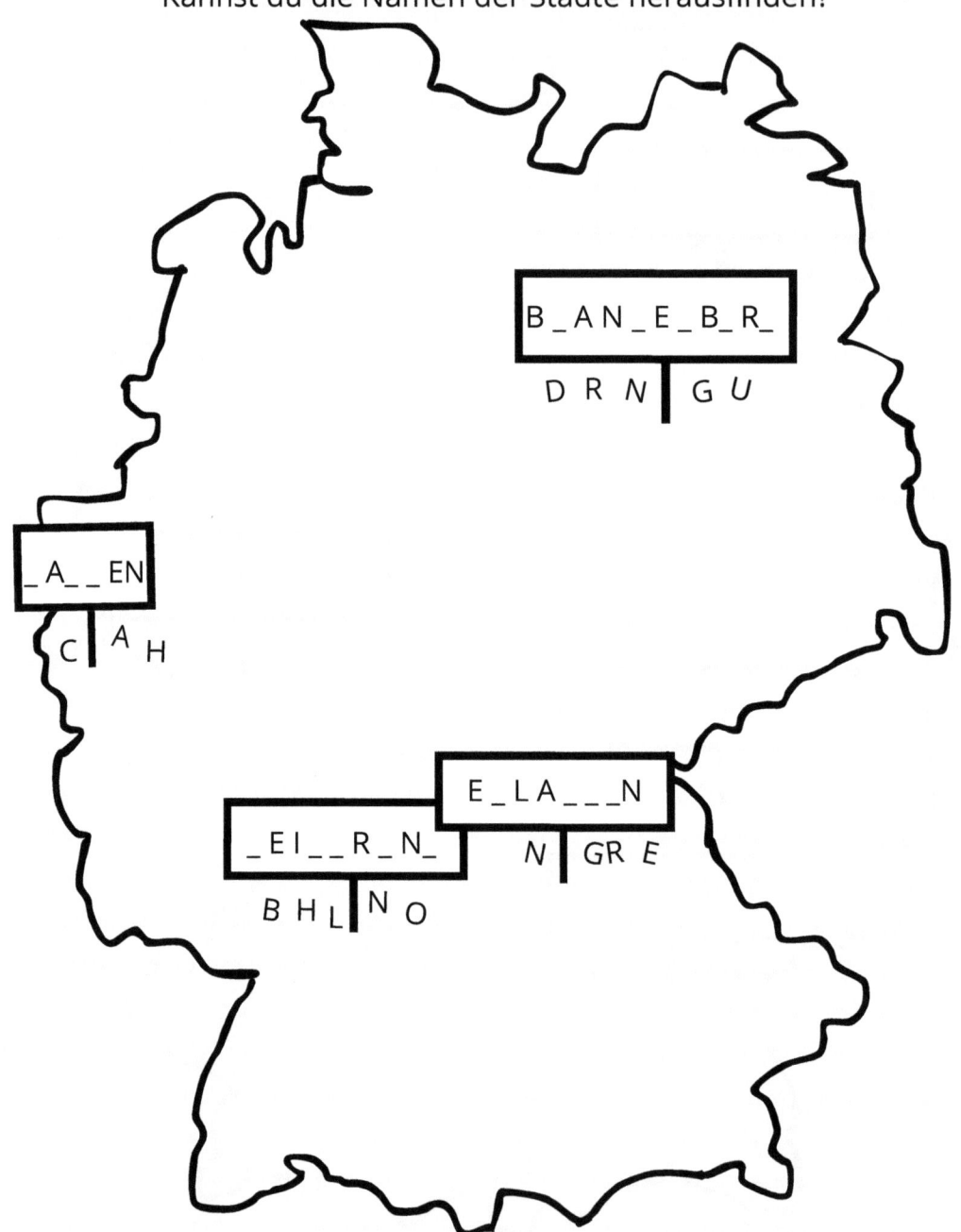

B _ AN _ E _ B _ R _

D R N G U

_ A _ _ EN

C A H

E _ LA _ _ _ N

N GR E

_ EI _ _ R _ N _

B H L N O

Buchstaben sind vom Brett gefallen.
Kannst du die Namen der Städte herausfinden?

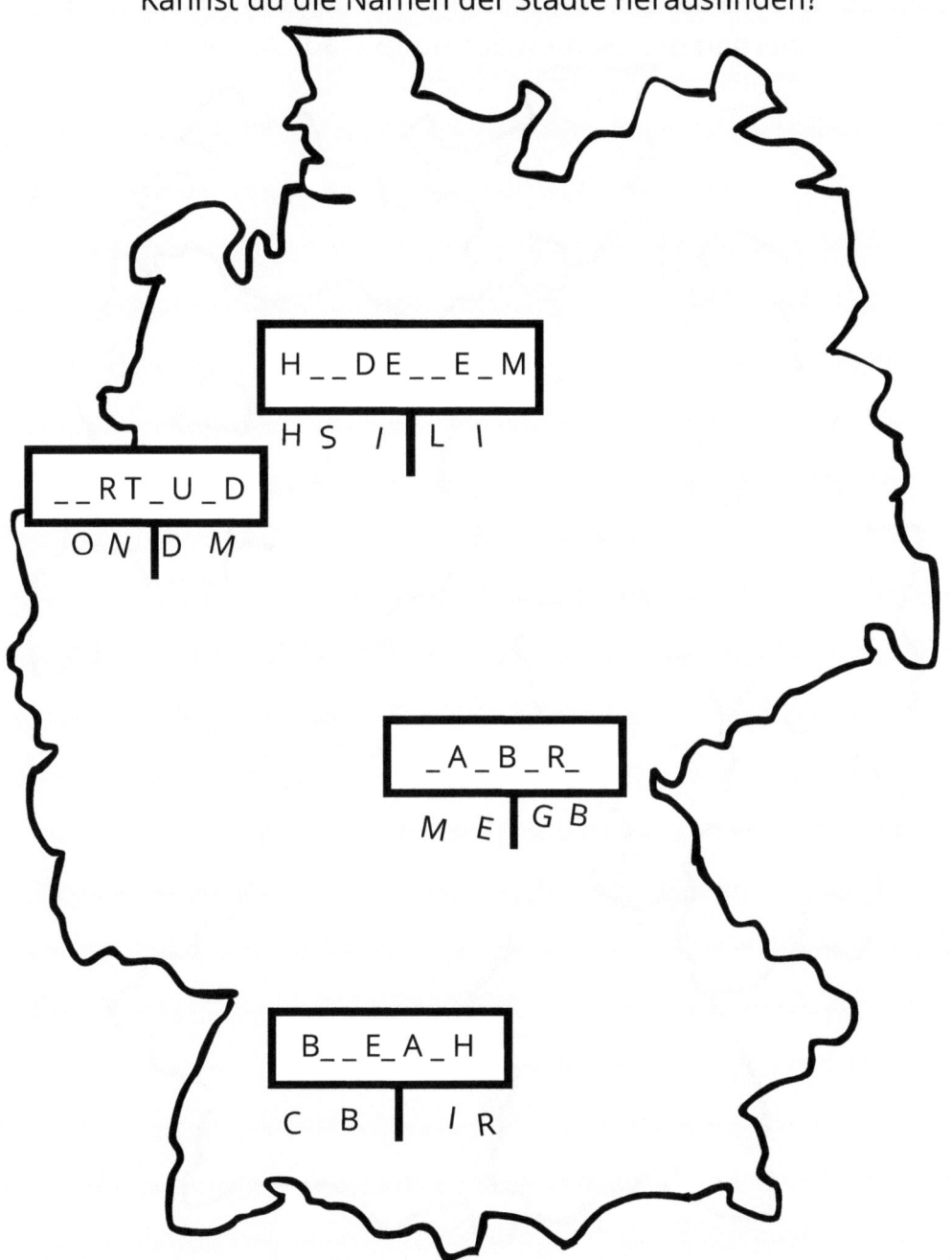

H _ _ D E _ _ E _ M

H S I L I

_ _ R T _ U _ D

O N D M

_ A _ B _ R _

M E G B

B _ _ E _ A _ H

C B I R

Kreuze die Buchstaben auf der Karte aus, welche das Land: „SCHLESWIG-HOLSTEIN" buchstabieren – die übrigen Buchstaben werden den Namen der Hauptstadt verraten.

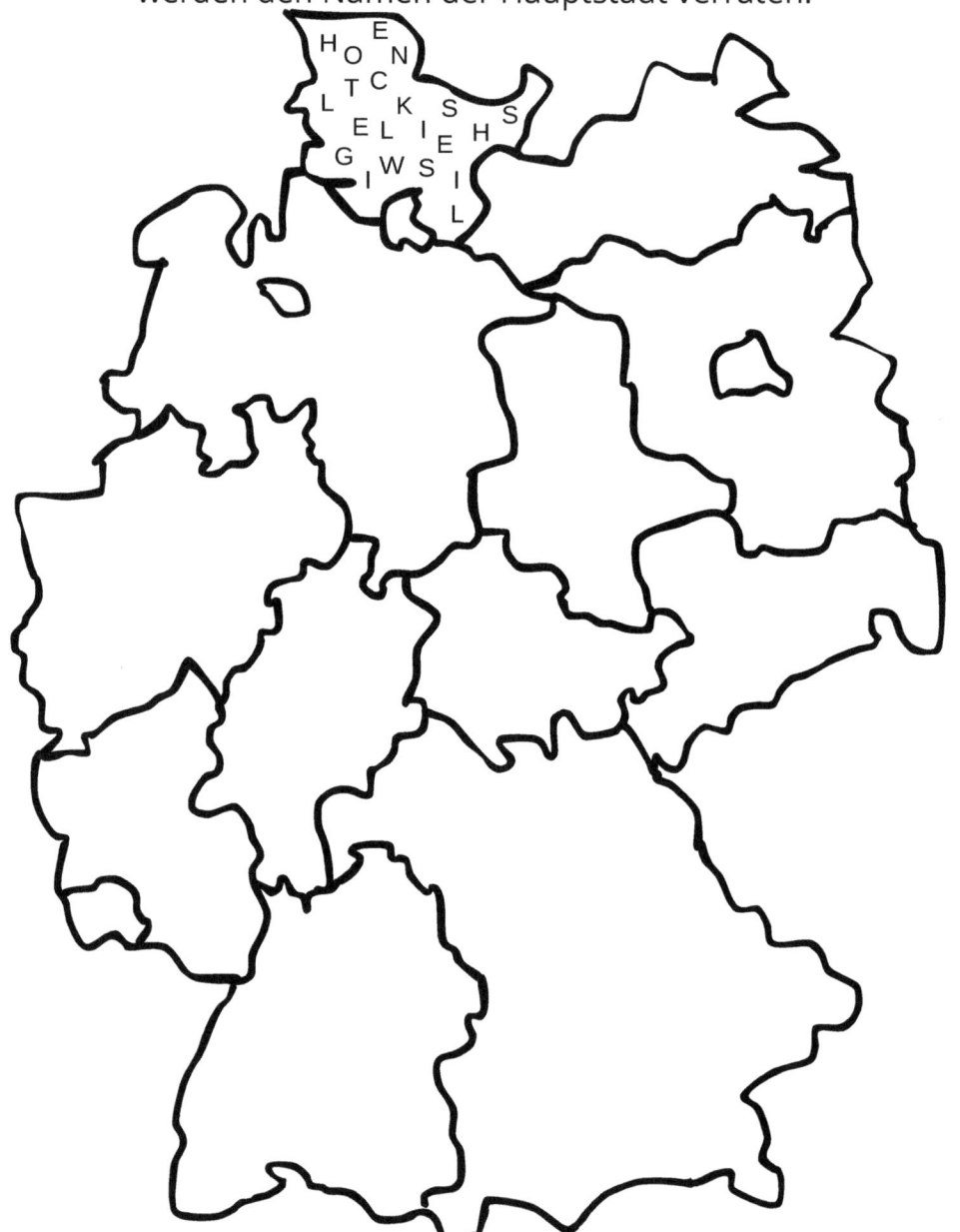

Kreuze die Buchstaben auf der Karte aus, welche das Land: „MECKLENBURG-VORPOMMERN" buchstabieren – die übrigen Buchstaben werden den Namen der Hauptstadt verraten.

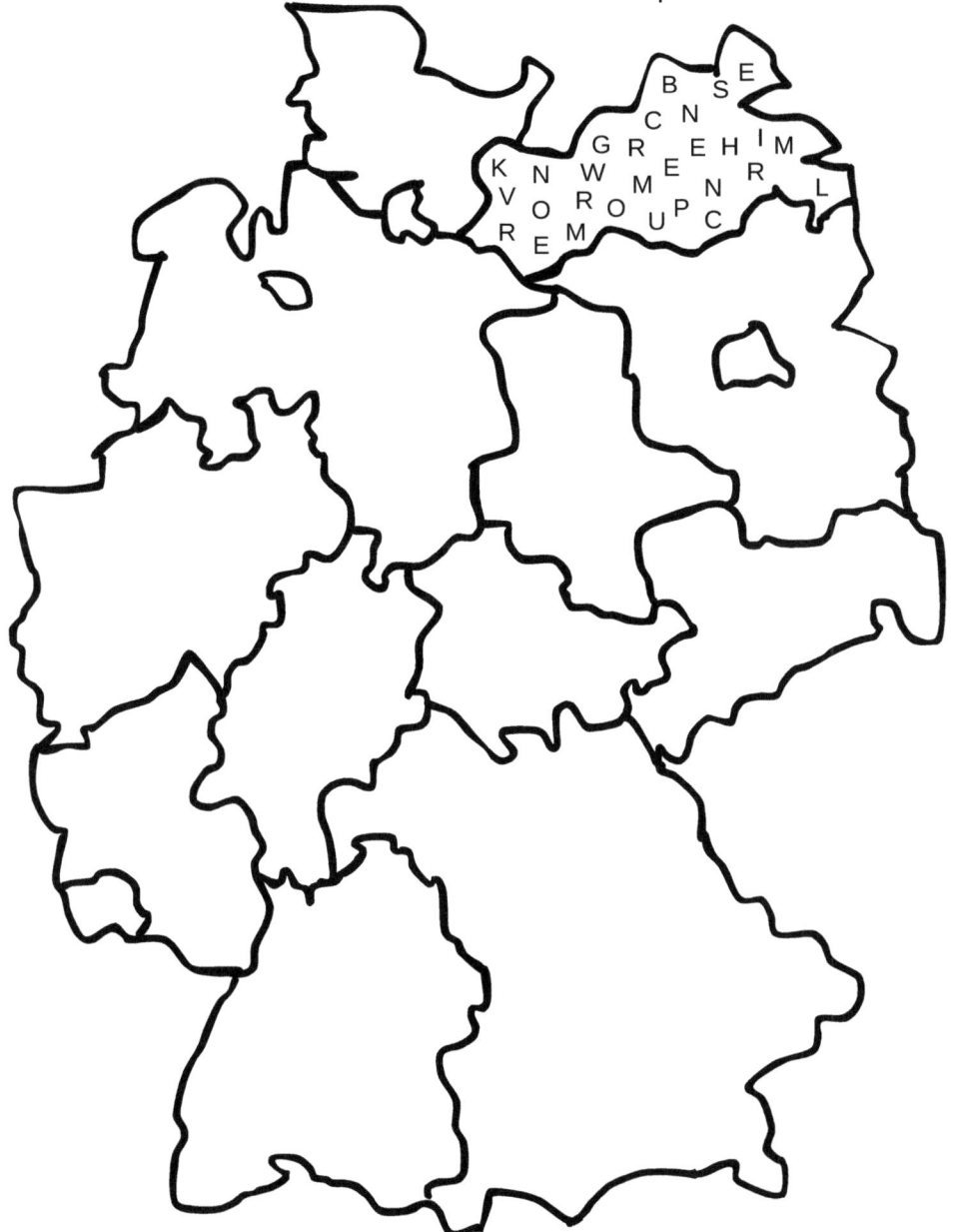

Kreuze die Buchstaben auf der Karte aus, welche das Land:
„BRANDENBURG" buchstabieren – die übrigen Buchstaben werden
den Namen der Hauptstadt verraten.

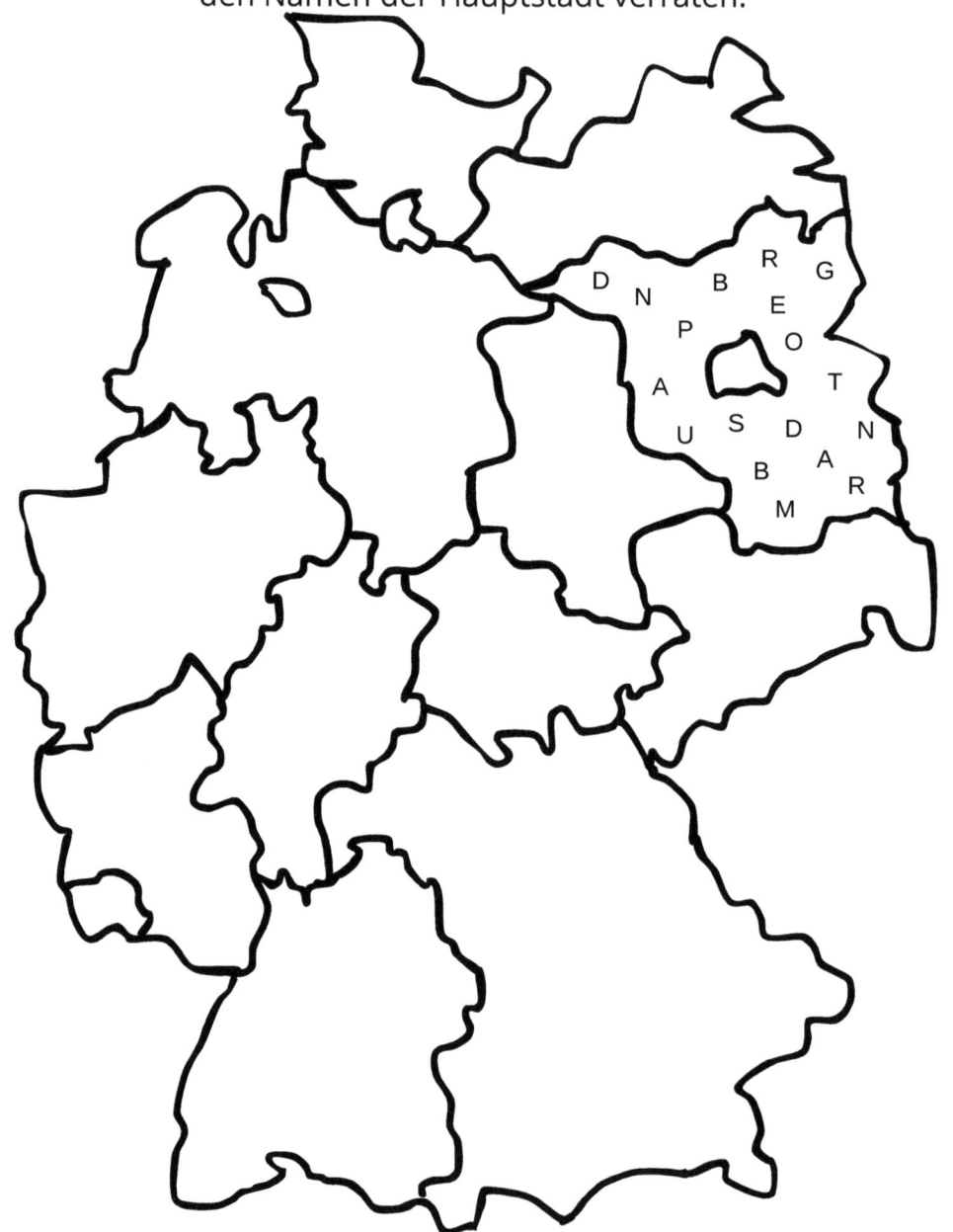

Kreuze die Buchstaben auf der Karte aus, welche das Land:
„SACHSEN-ANHALT" buchstabieren – die übrigen Buchstaben
werden den Namen der Hauptstadt verraten.

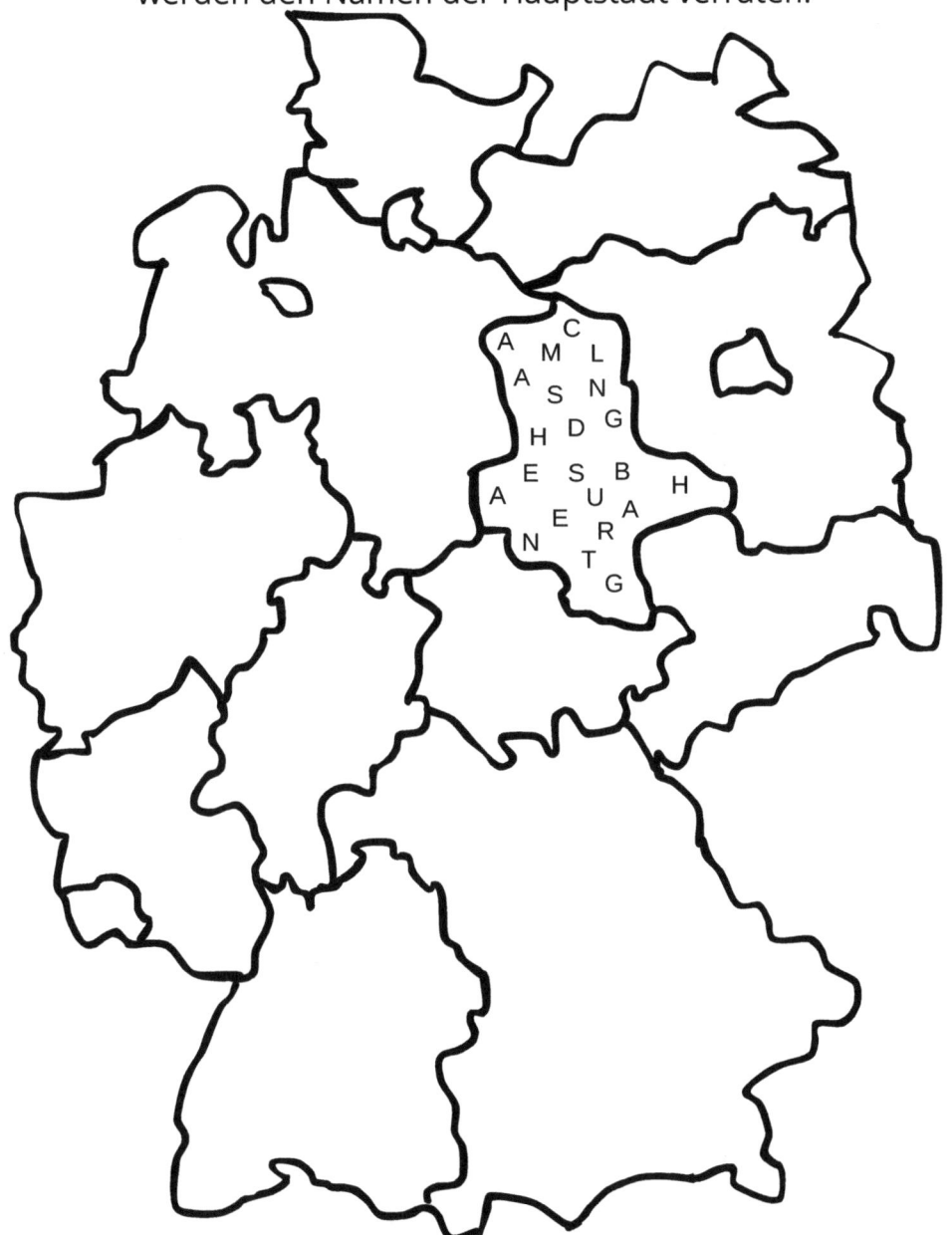

Kreuze die Buchstaben auf der Karte aus, welche das Land: „NIEDERSACHSEN" buchstabieren – die übrigen Buchstaben werden den Namen der Hauptstadt verraten.

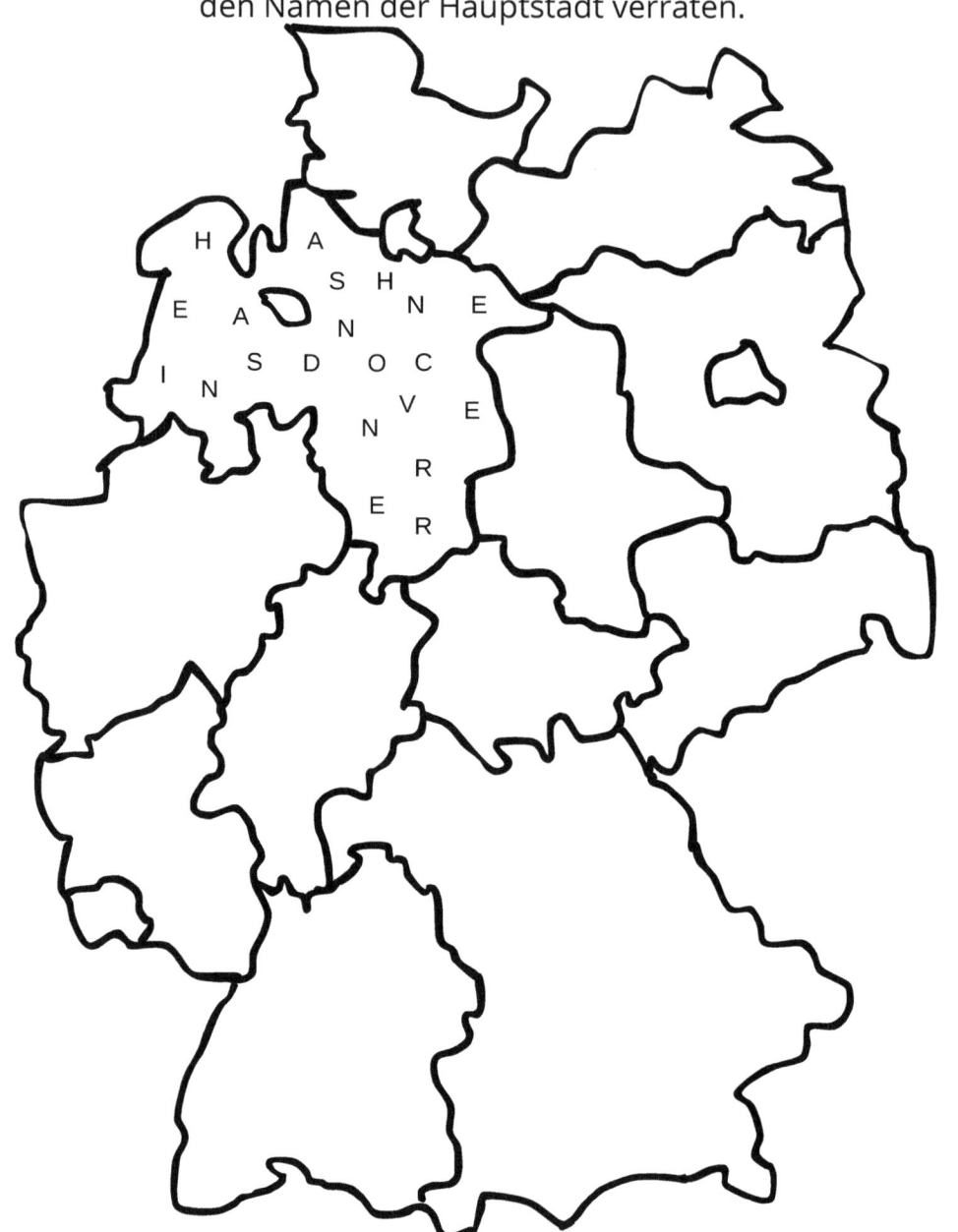

Kreuze die Buchstaben auf der Karte aus, welche das Land: „NORDRHEIN-WESTFALEN" buchstabieren – die übrigen Buchstaben werden den Namen der Hauptstadt verraten.

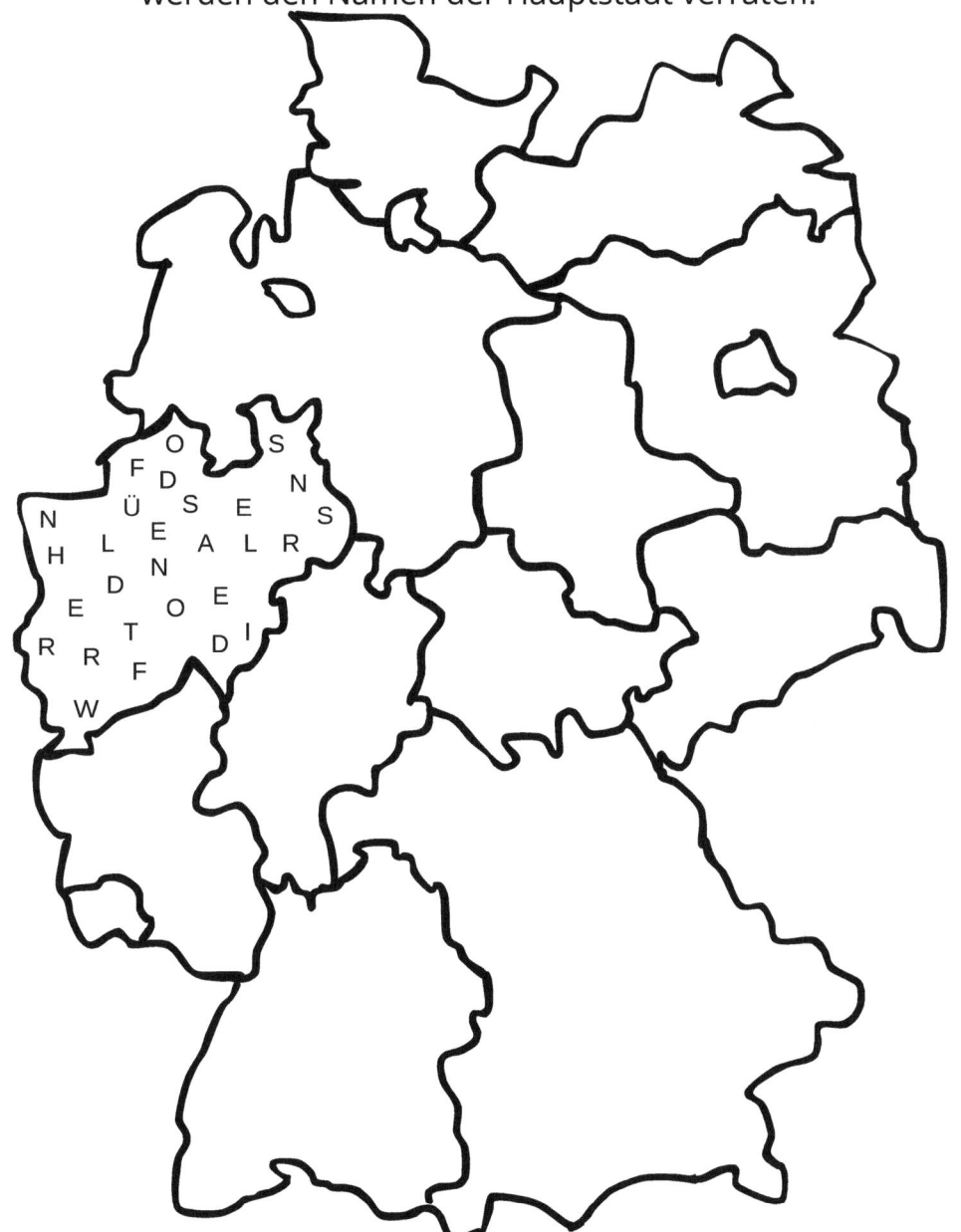

Kreuze die Buchstaben auf der Karte aus, welche das Land: „HESSEN" buchstabieren – die übrigen Buchstaben werden den Namen der Hauptstadt verraten.

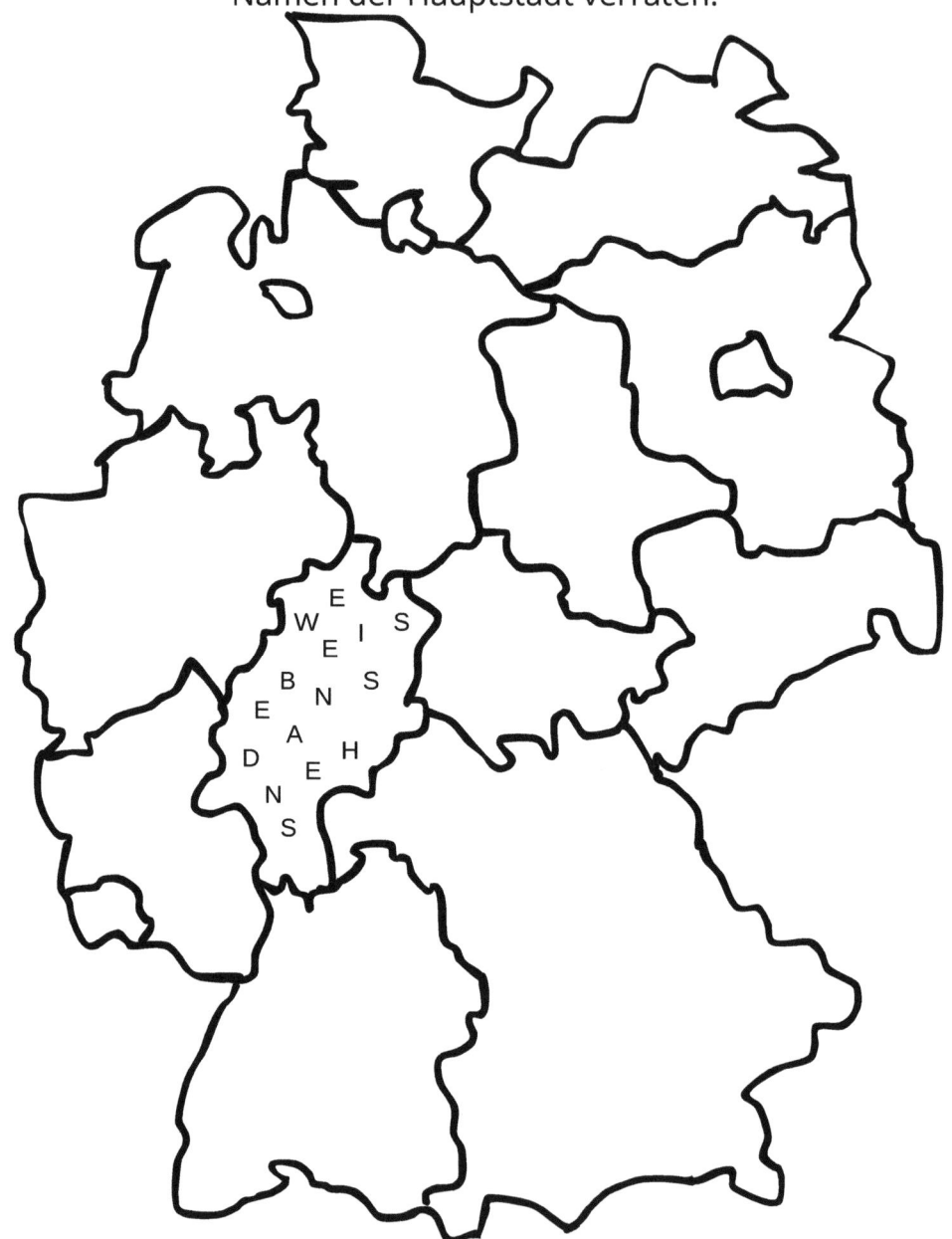

Kreuze die Buchstaben auf der Karte aus, welche das Land:
„THÜRINGEN" buchstabieren – die übrigen Buchstaben werden den
Namen der Hauptstadt verraten.

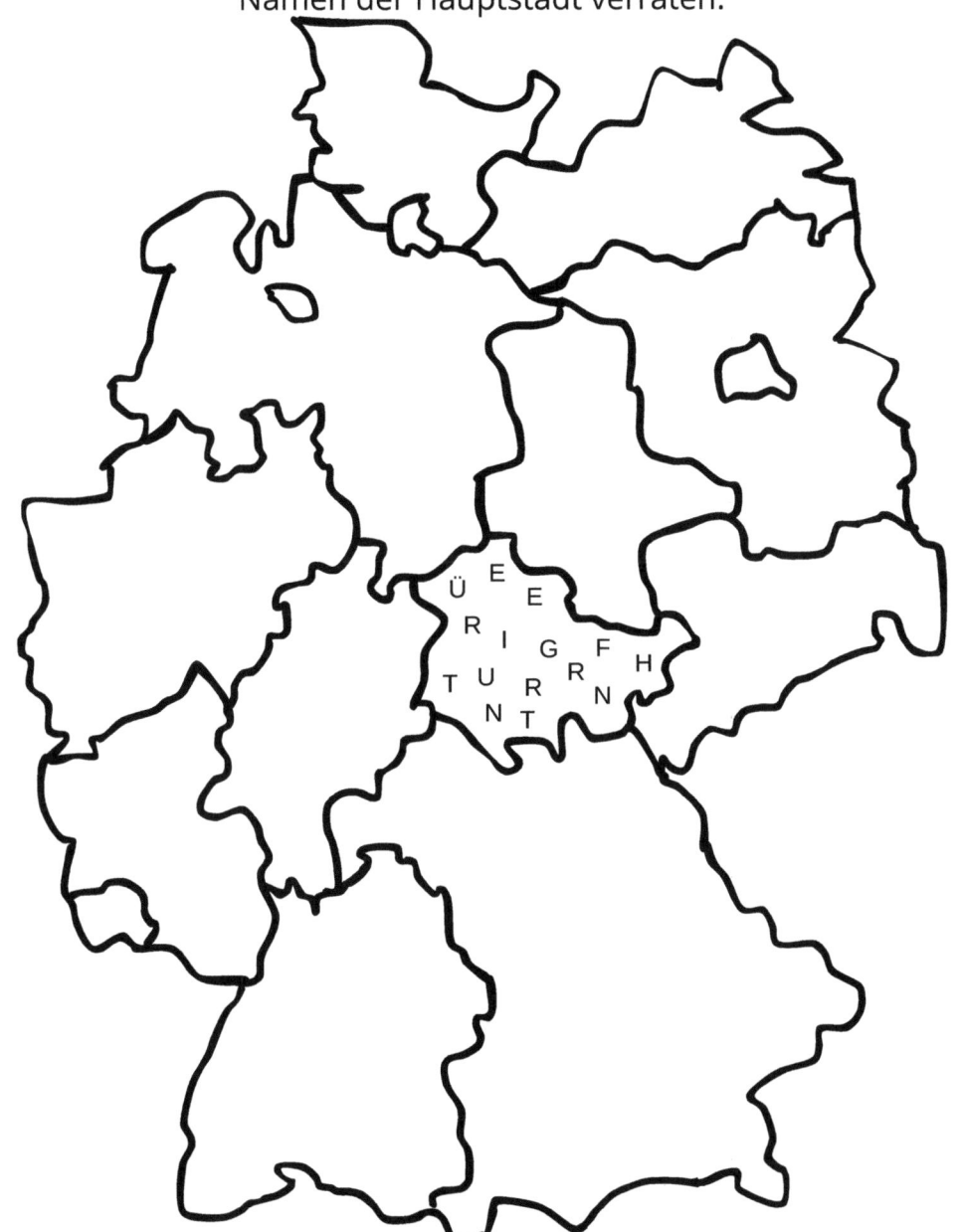

Kreuze die Buchstaben auf der Karte aus, welche das Land: „SACHSEN" buchstabieren – die übrigen Buchstaben werden den Namen der Hauptstadt verraten.

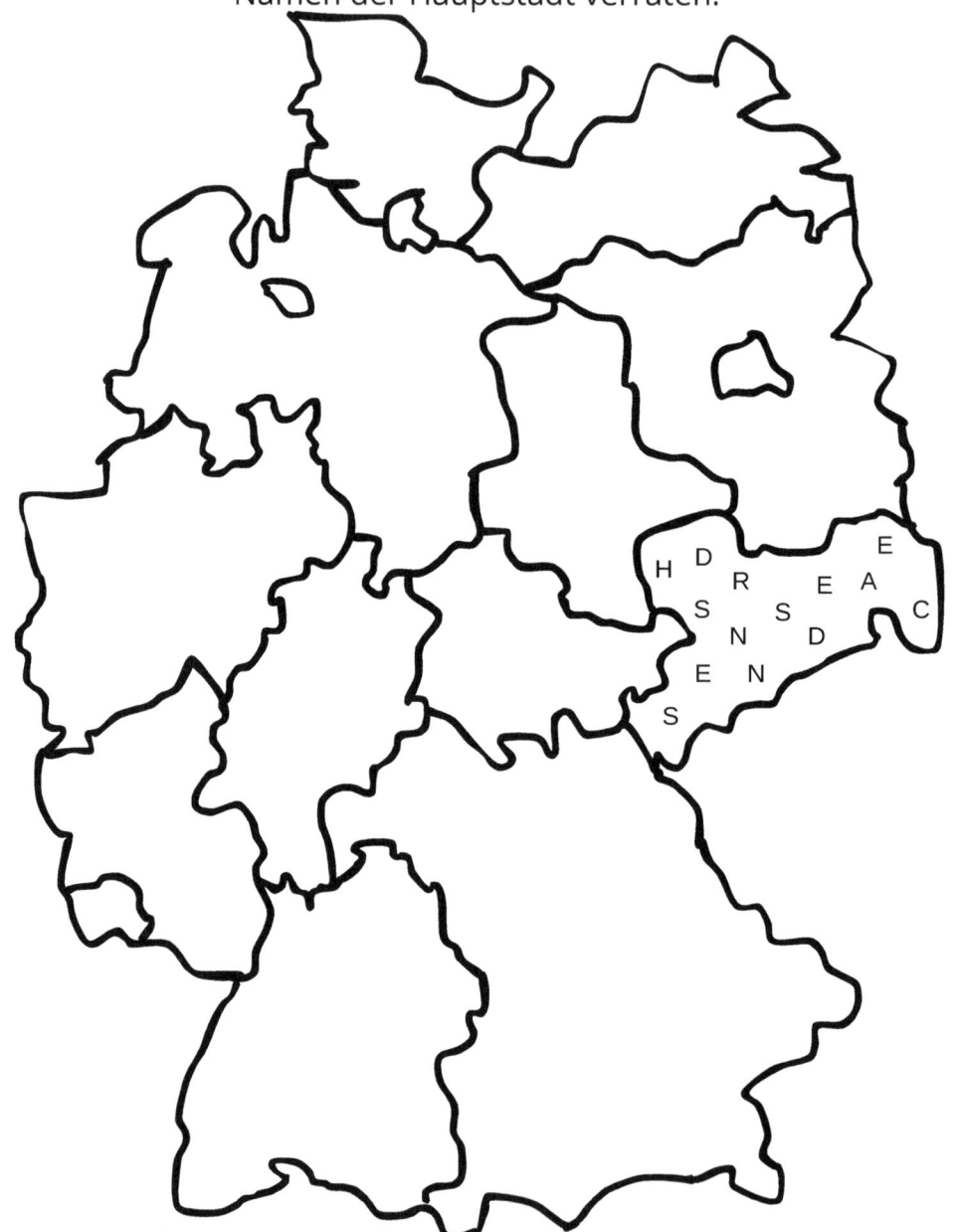

Kreuze die Buchstaben auf der Karte aus, welche das Land:
„BAYERN" buchstabieren – die übrigen Buchstaben werden den
Namen der Hauptstadt verraten.

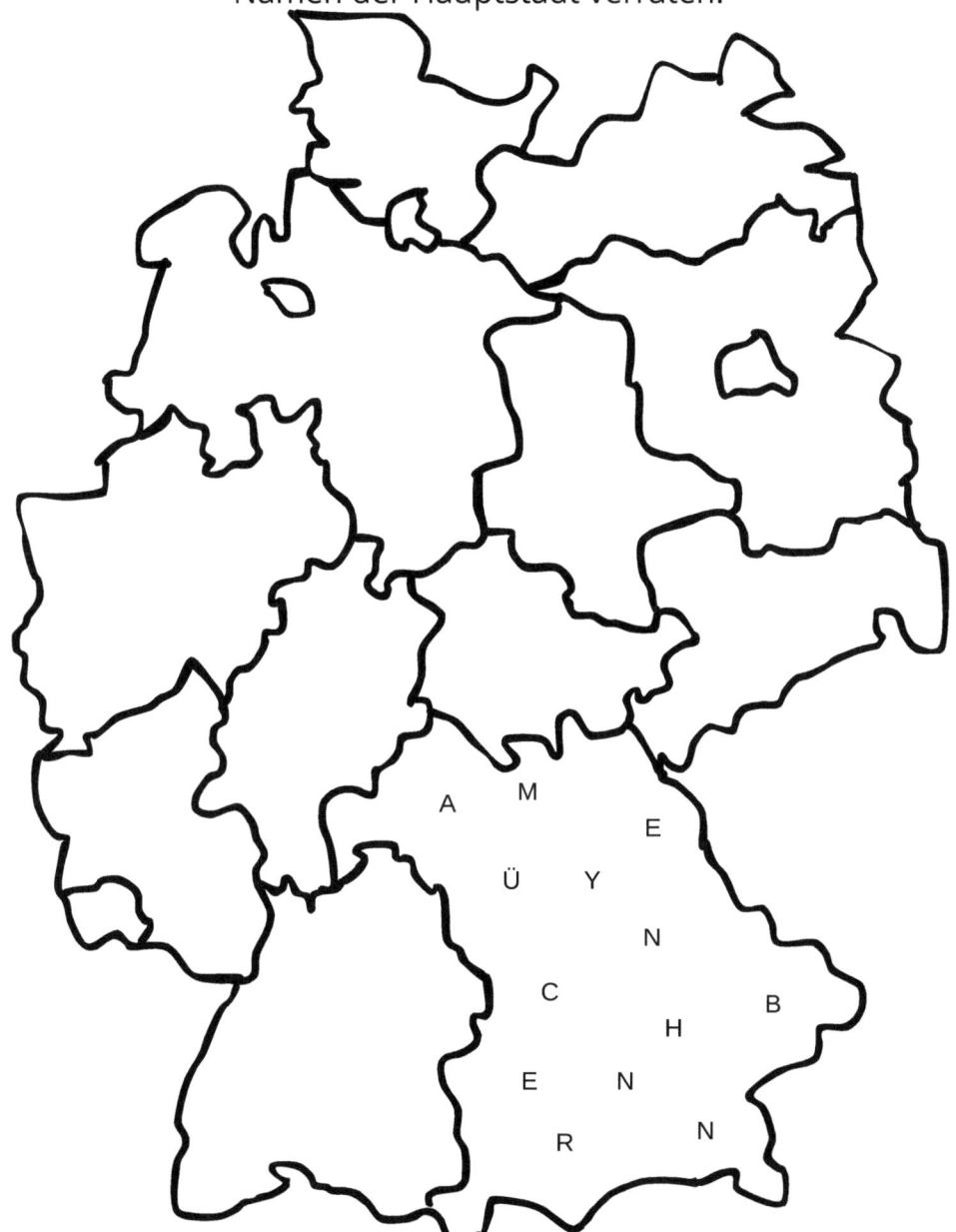

Kreuze die Buchstaben auf der Karte aus, welche das Land: „BADEN-WÜRTTEMBERG" buchstabieren – die übrigen Buchstaben werden den Namen der Hauptstadt verraten.

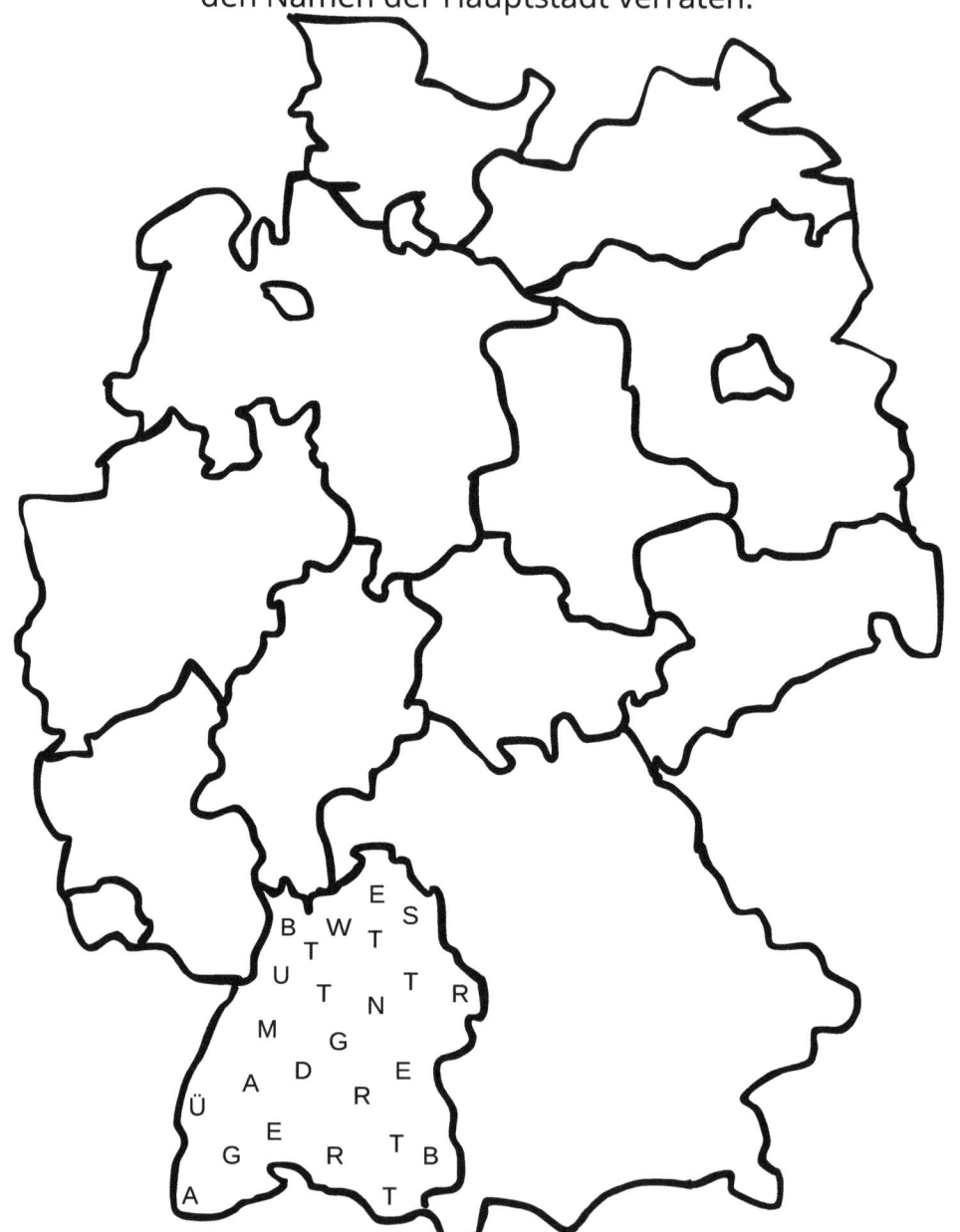

Kreuze die Buchstaben auf der Karte aus, welche das Land: „RHEINLAND-PFALZ" buchstabieren – die übrigen Buchstaben werden den Namen der Hauptstadt verraten.

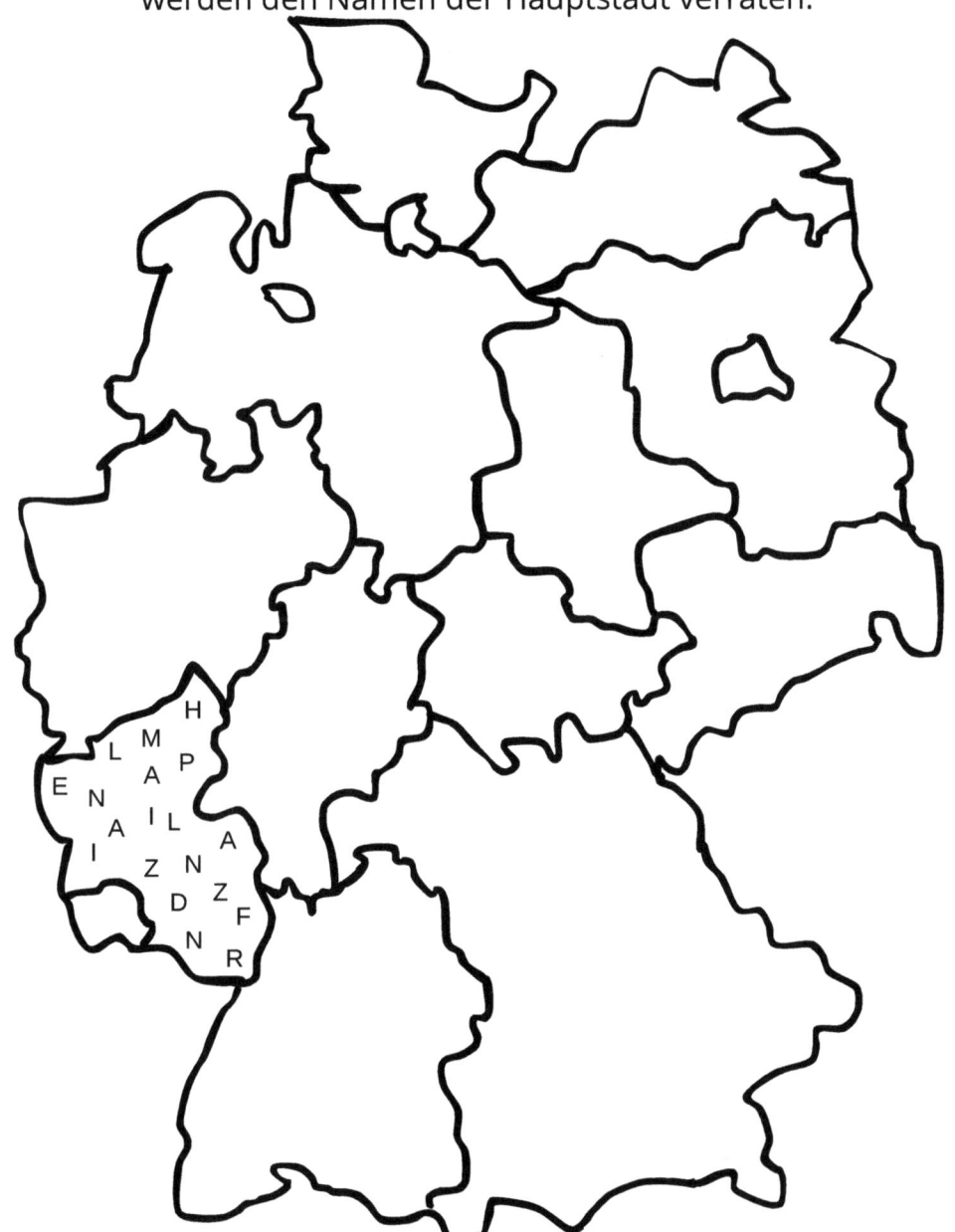

Fülle die Länder mit vier verschiedenen Farben,
ohne dass eine Farbe neben der gleichen Farbe angrenzt.

Bayern	Berlin
Hessen	Kiel
Niedersachsen	Erfurt
Baden Württemberg	München
Bremen	Schwerin
Sachsen-Anhalt	Wiesbaden
Nordrhein-Westfalen	Hamburg
Thüringen	Mainz
Schleswig Holstein	Bremen
Rheinland-Pfalz	Magdeburg
Berlin	Saarbrücken
Saarland	Potsdam
Mecklenburg-Vorpommern	Stuttgart
Sachsen	Hannover
Brandenburg	Dresden
Hamburg	Düsseldorf

Bayern — München

Vervollständige das Kreuzworträtsel mit den Namen der Bundesländer. Einige Buchstaben sind bereits gegeben.

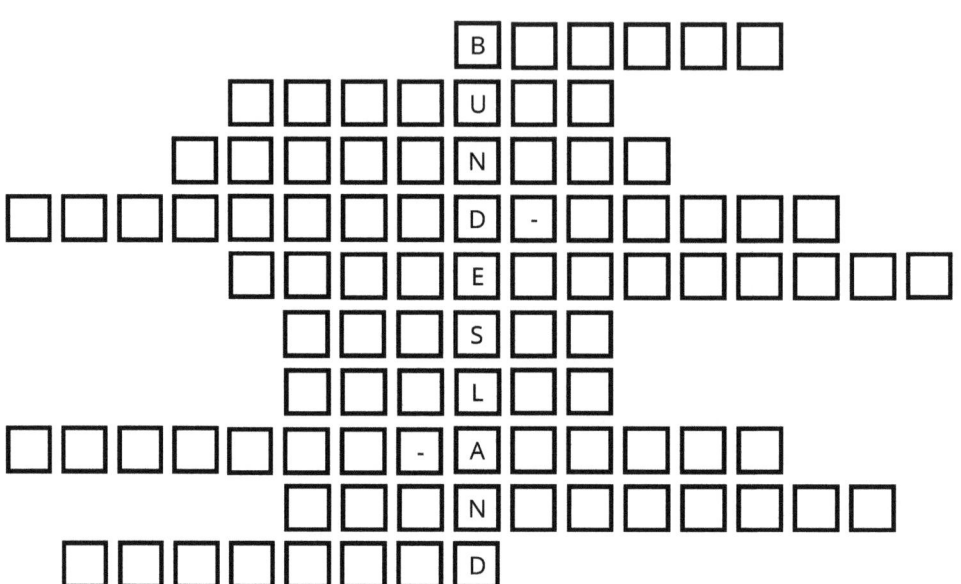

Vervollständige das Kreuzworträtsel mit den Namen der Landeshauptstädten. Einige Buchstaben sind bereits gegeben.

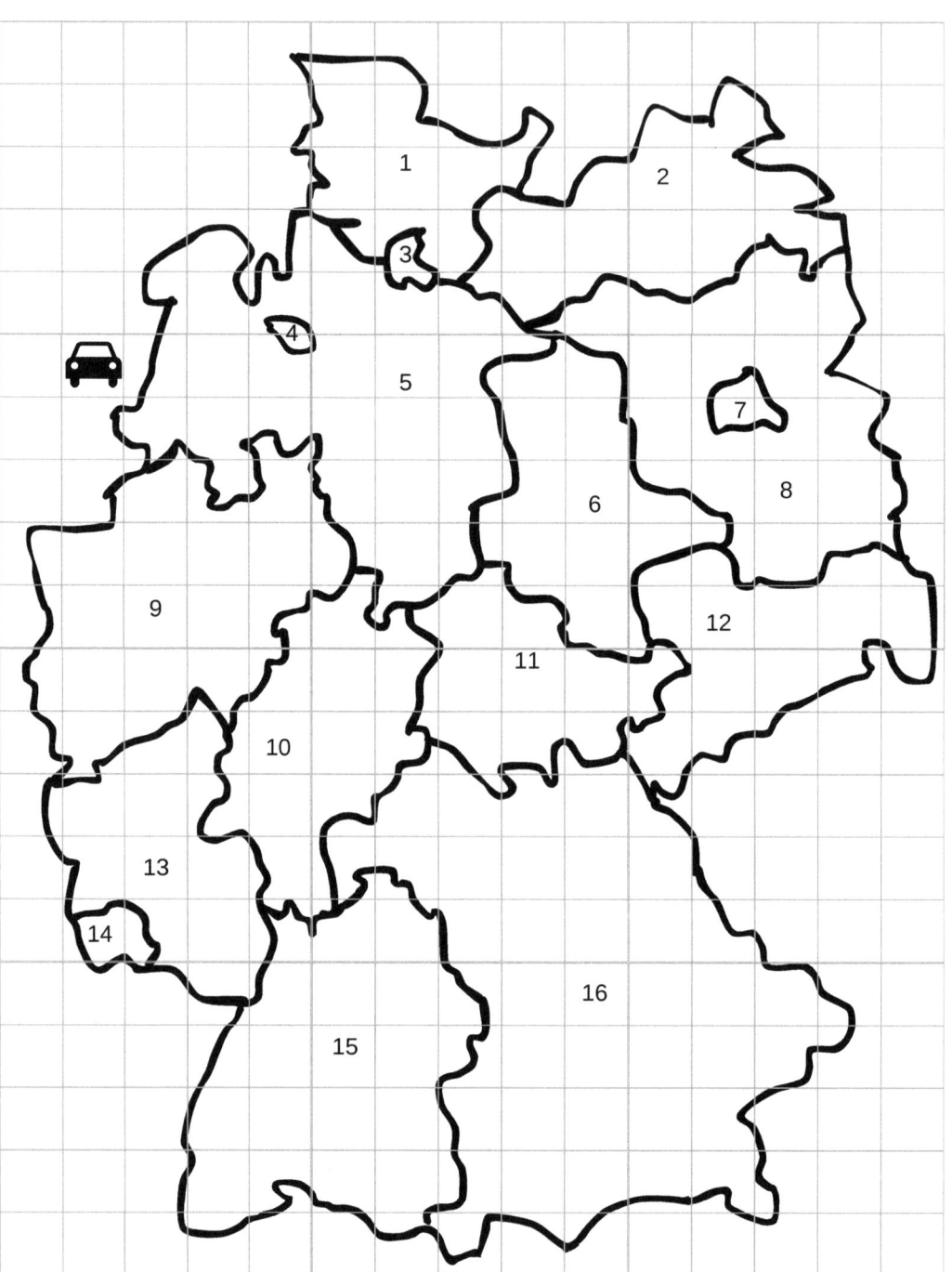

In welches Land wird das Auto kommen, wenn es den Schildern folgt?

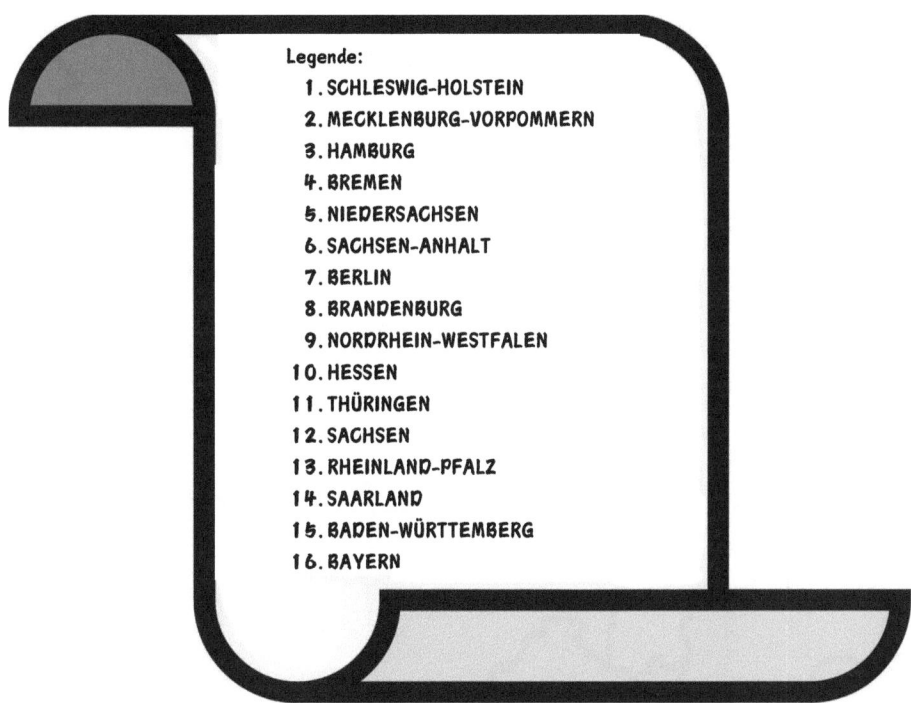

Legende:
1. SCHLESWIG-HOLSTEIN
2. MECKLENBURG-VORPOMMERN
3. HAMBURG
4. BREMEN
5. NIEDERSACHSEN
6. SACHSEN-ANHALT
7. BERLIN
8. BRANDENBURG
9. NORDRHEIN-WESTFALEN
10. HESSEN
11. THÜRINGEN
12. SACHSEN
13. RHEINLAND-PFALZ
14. SAARLAND
15. BADEN-WÜRTTEMBERG
16. BAYERN

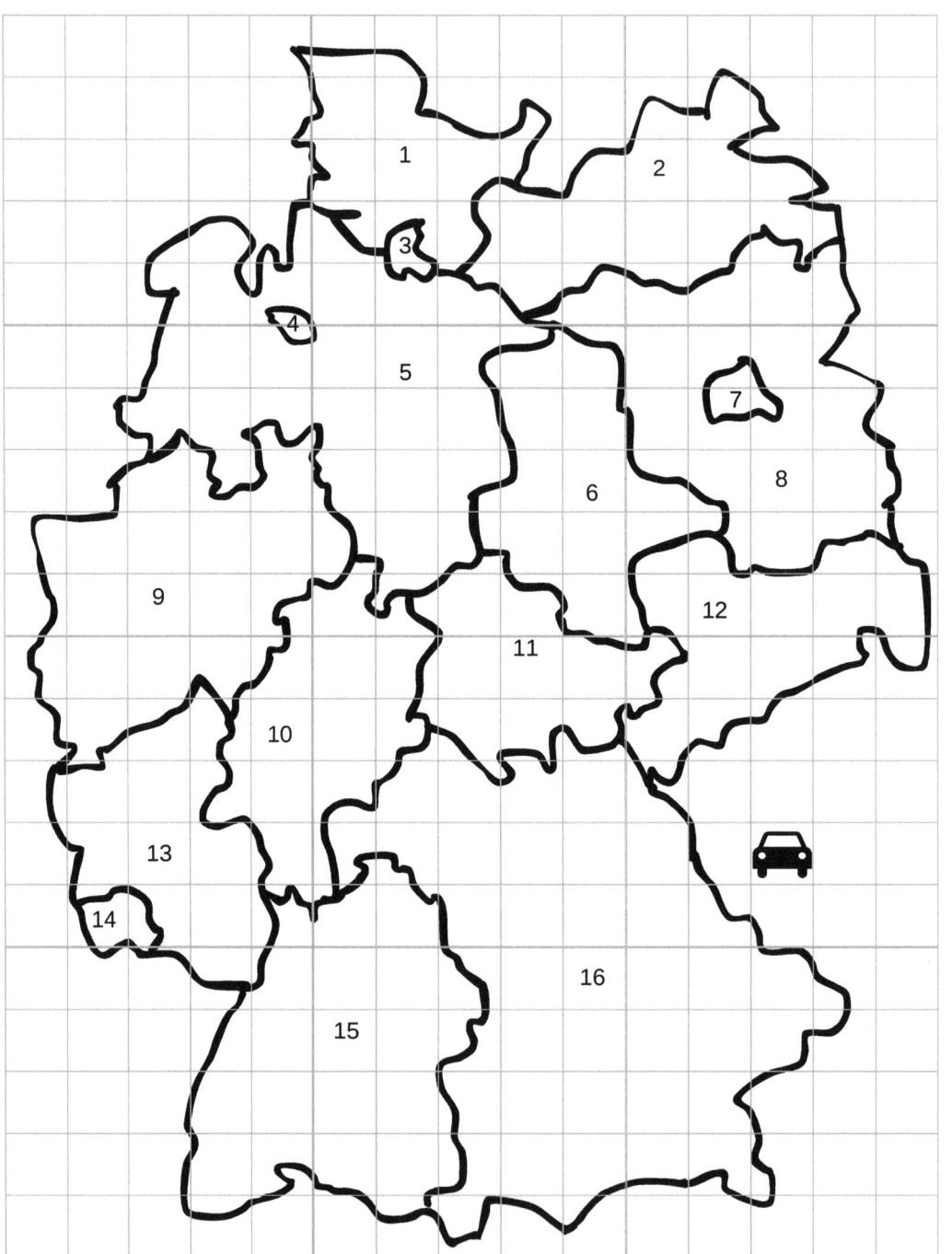

In welches Land wird das Auto kommen, wenn es den Schildern folgt?

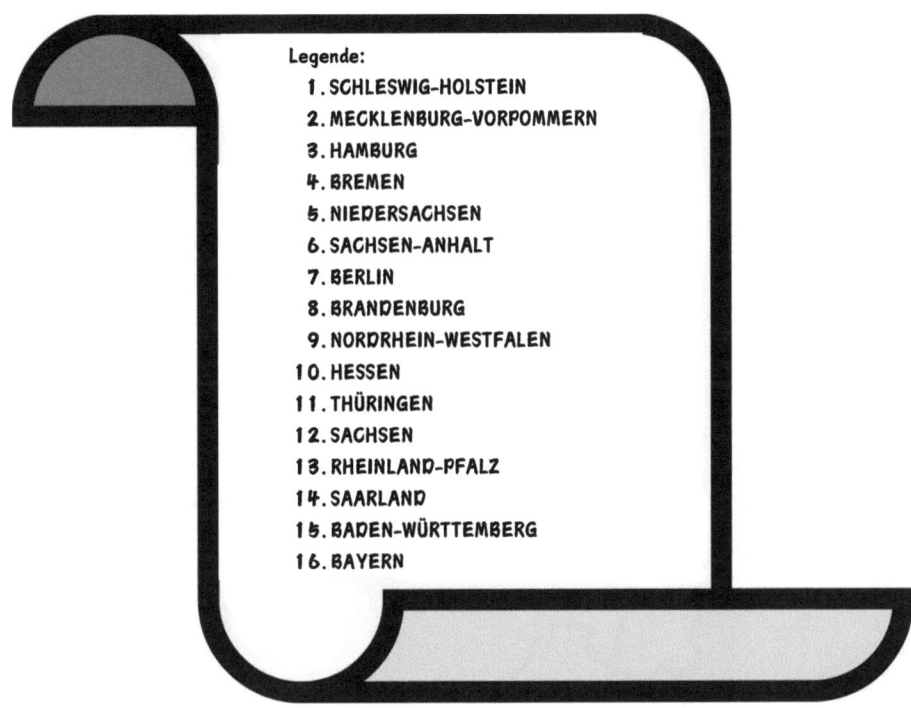

Legende:
1. SCHLESWIG-HOLSTEIN
2. MECKLENBURG-VORPOMMERN
3. HAMBURG
4. BREMEN
5. NIEDERSACHSEN
6. SACHSEN-ANHALT
7. BERLIN
8. BRANDENBURG
9. NORDRHEIN-WESTFALEN
10. HESSEN
11. THÜRINGEN
12. SACHSEN
13. RHEINLAND-PFALZ
14. SAARLAND
15. BADEN-WÜRTTEMBERG
16. BAYERN

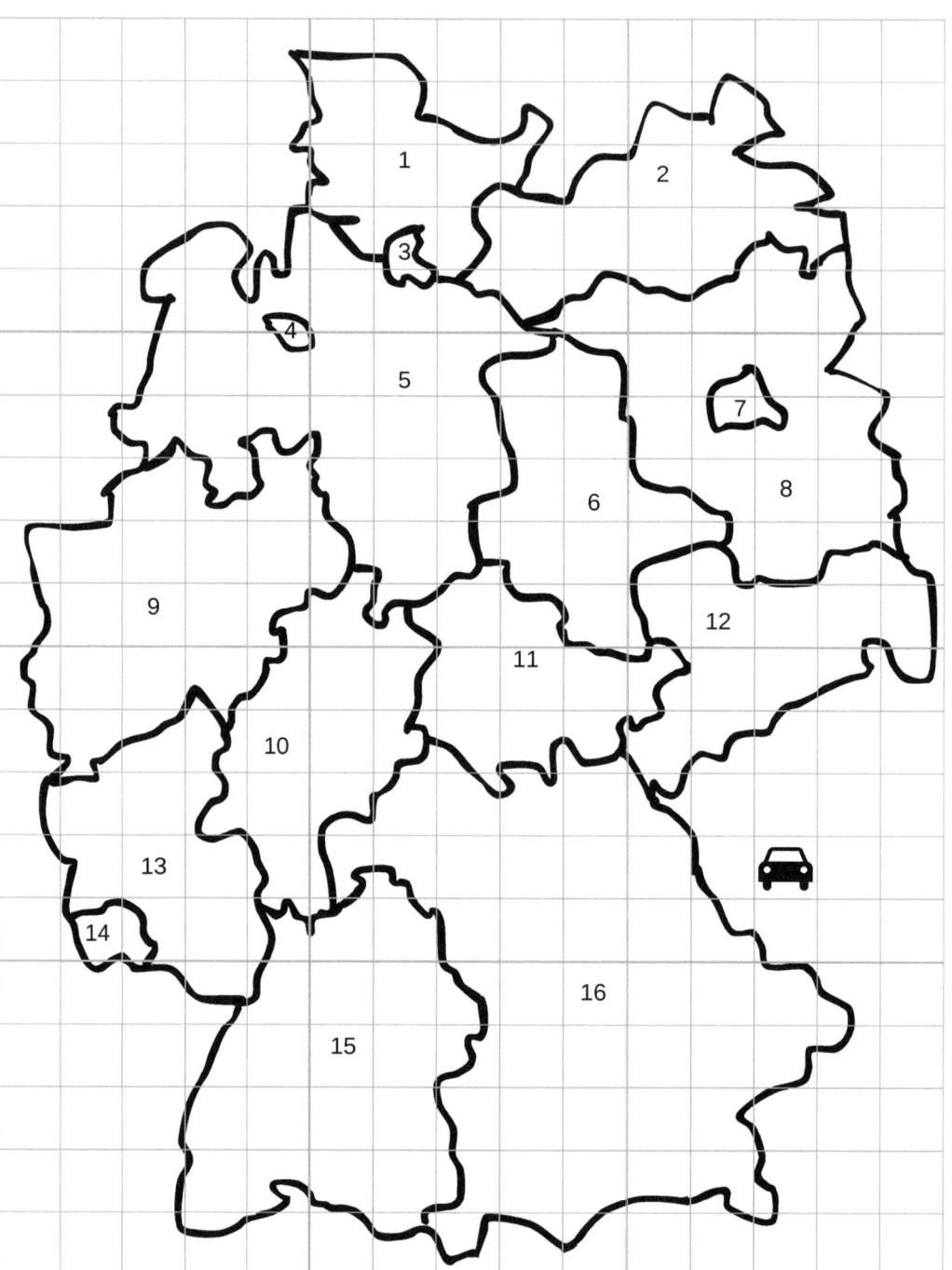

In welches Land wird das Auto kommen, wenn es den Schildern folgt?

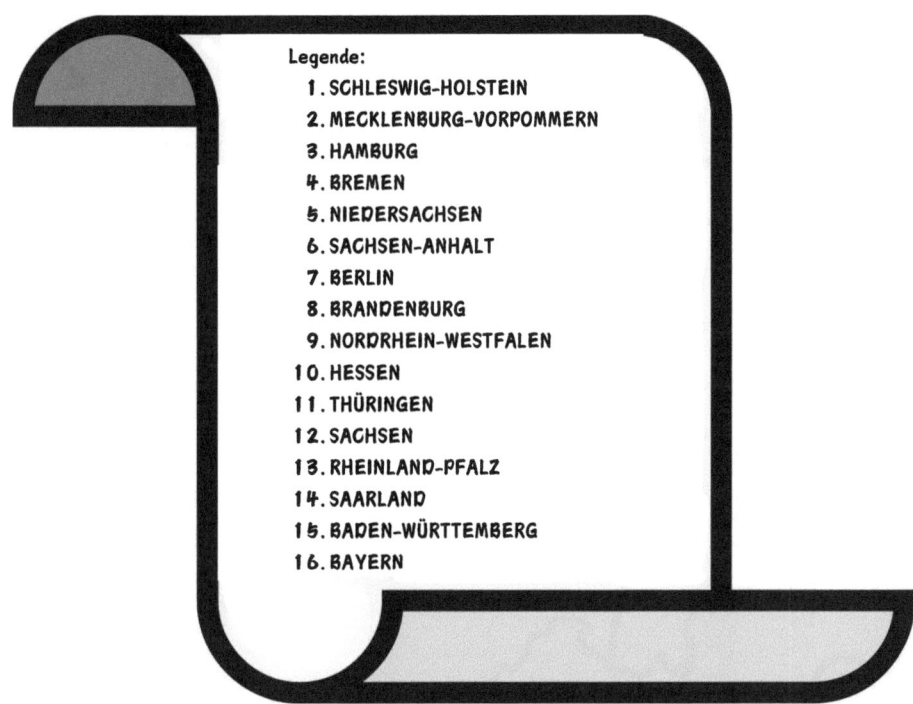

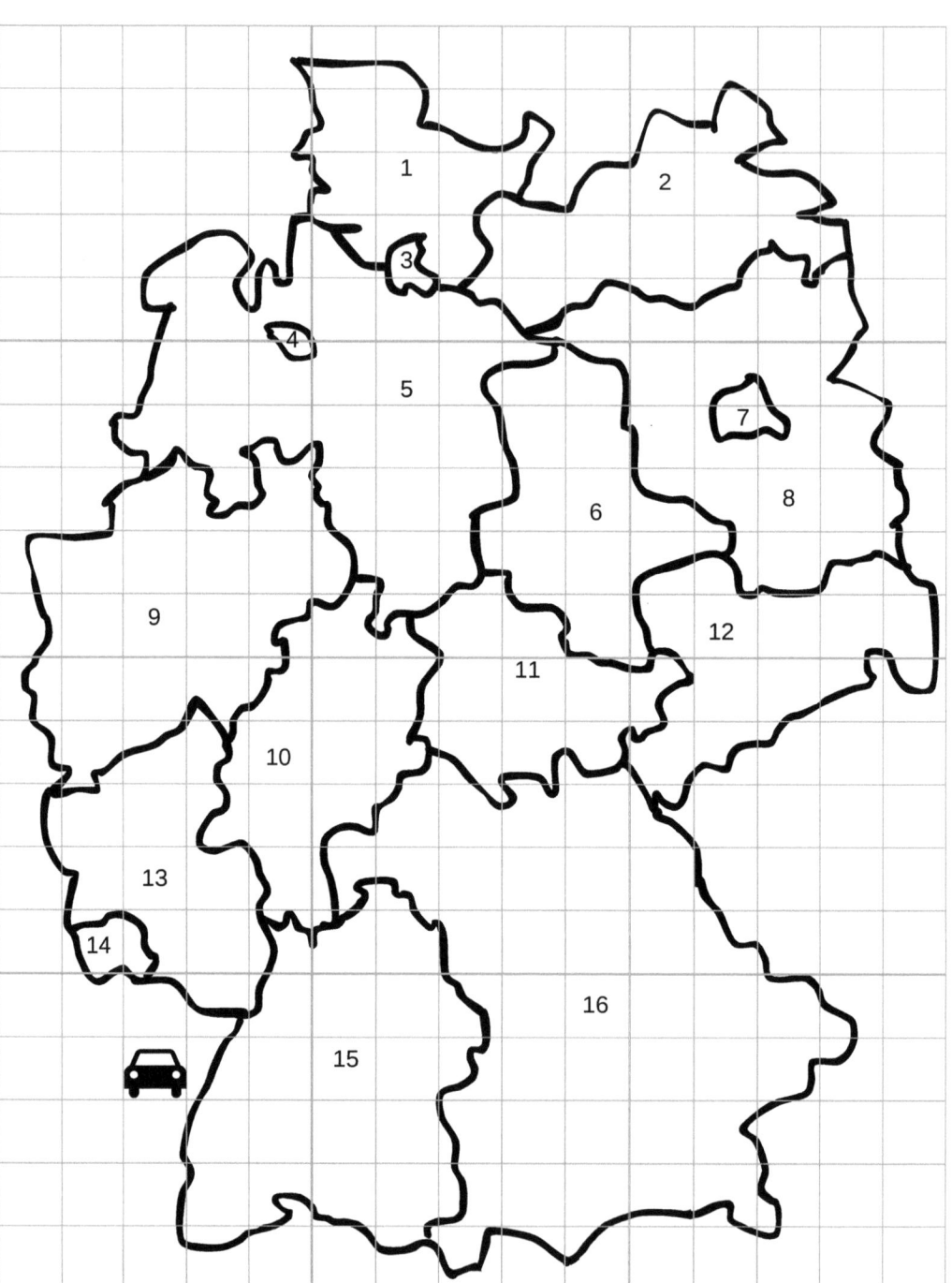

In welches Land wird das Auto kommen, wenn es den Schildern folgt?

Legende:

1. SCHLESWIG-HOLSTEIN
2. MECKLENBURG-VORPOMMERN
3. HAMBURG
4. BREMEN
5. NIEDERSACHSEN
6. SACHSEN-ANHALT
7. BERLIN
8. BRANDENBURG
9. NORDRHEIN-WESTFALEN
10. HESSEN
11. THÜRINGEN
12. SACHSEN
13. RHEINLAND-PFALZ
14. SAARLAND
15. BADEN-WÜRTTEMBERG
16. BAYERN

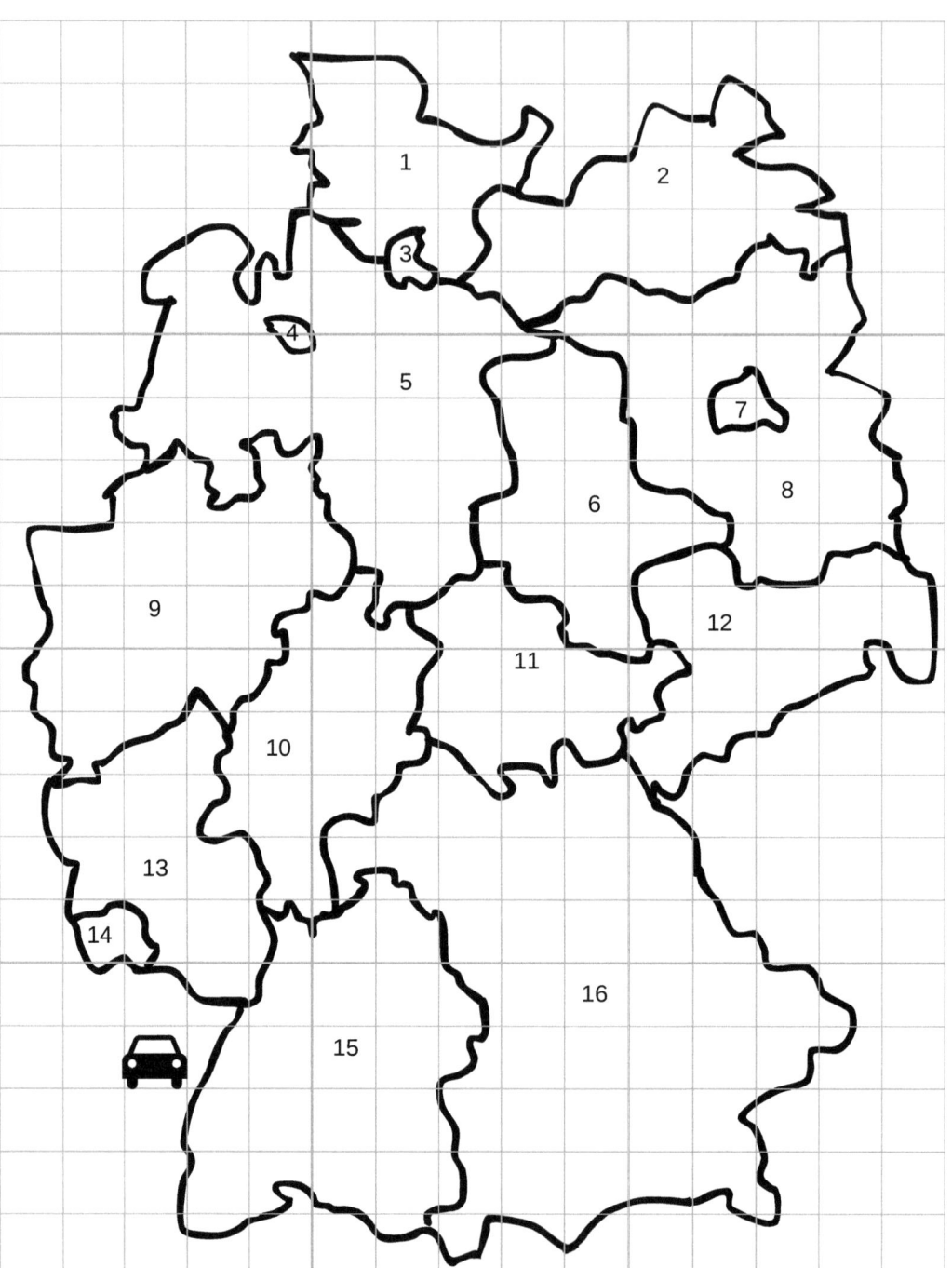

In welches Land wird das Auto kommen, wenn es den Schildern folgt?

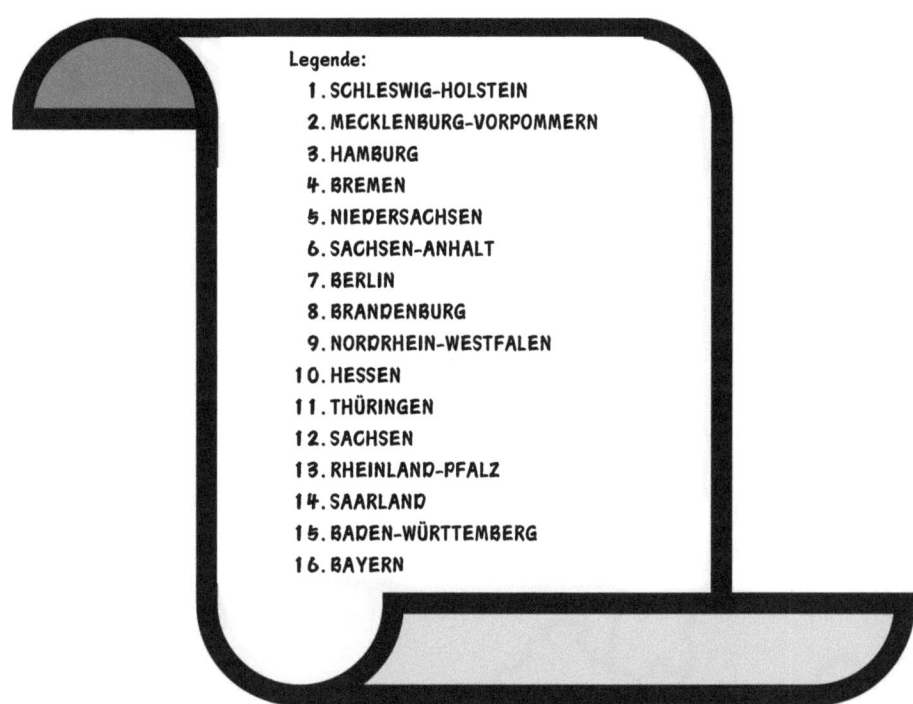

Legende:

1. SCHLESWIG-HOLSTEIN
2. MECKLENBURG-VORPOMMERN
3. HAMBURG
4. BREMEN
5. NIEDERSACHSEN
6. SACHSEN-ANHALT
7. BERLIN
8. BRANDENBURG
9. NORDRHEIN-WESTFALEN
10. HESSEN
11. THÜRINGEN
12. SACHSEN
13. RHEINLAND-PFALZ
14. SAARLAND
15. BADEN-WÜRTTEMBERG
16. BAYERN

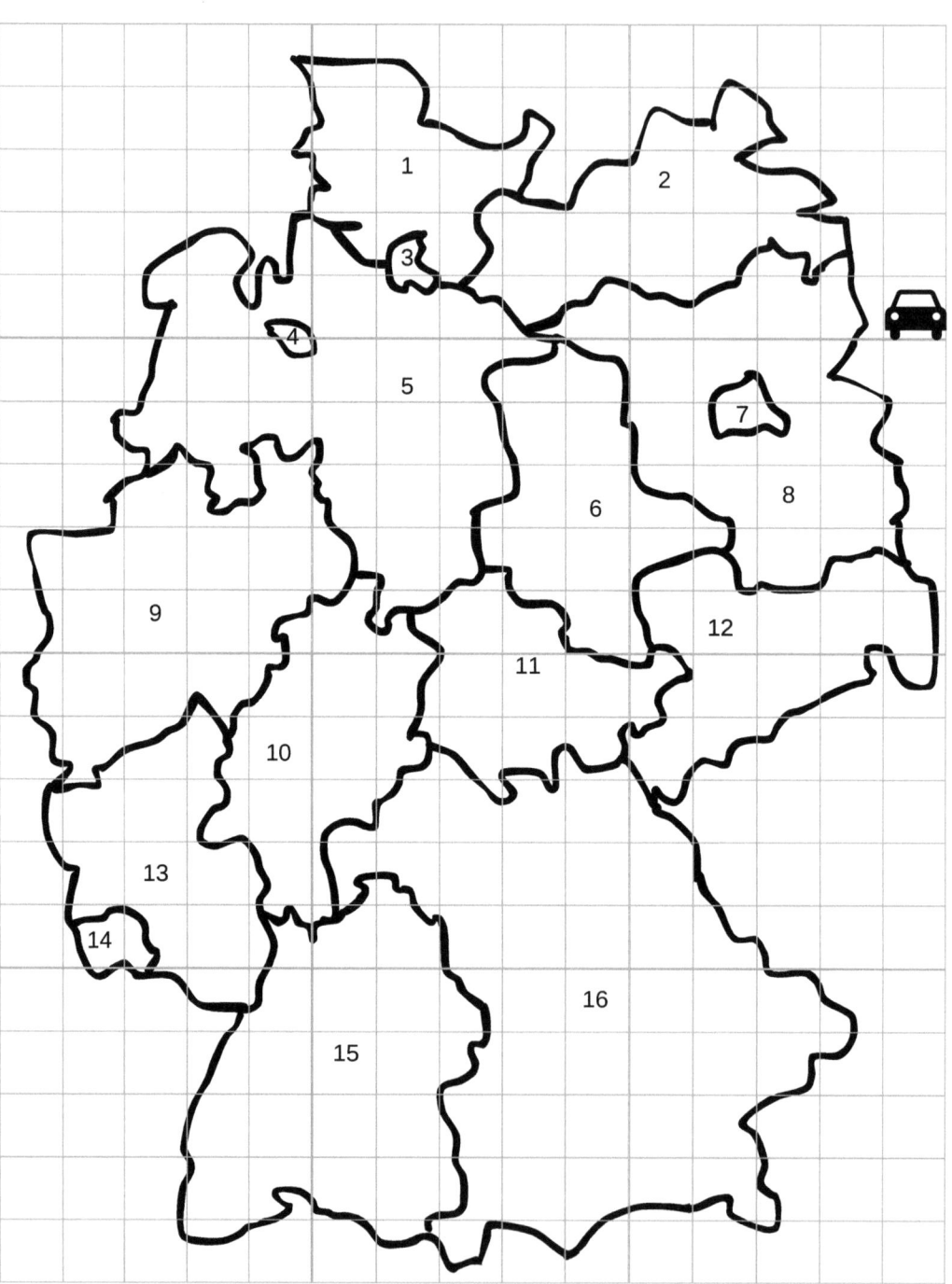

In welches Land wird das Auto kommen, wenn es den Schildern folgt?

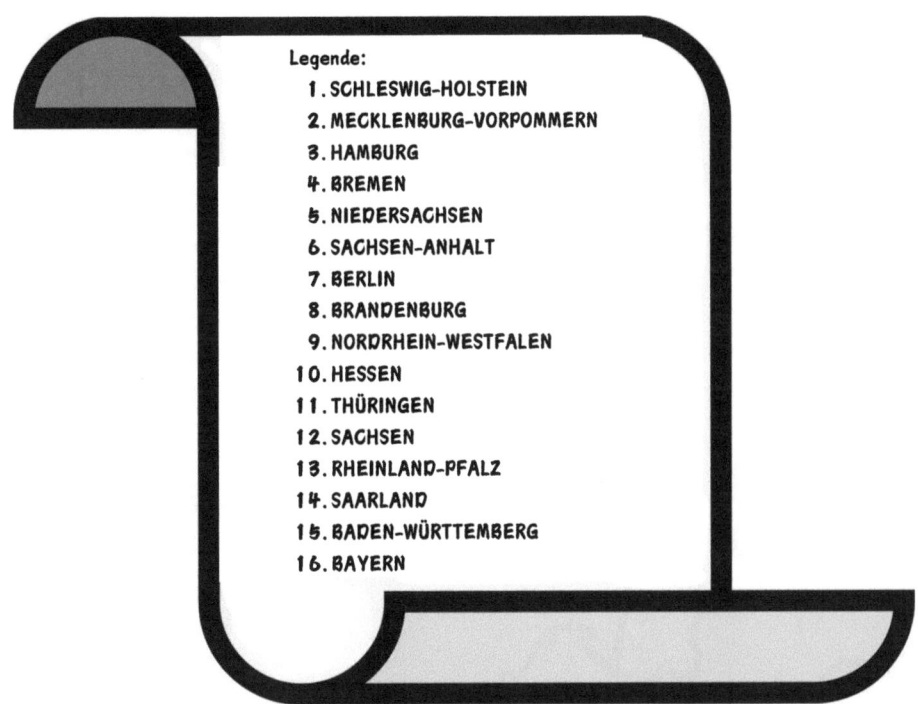

Legende:
1. SCHLESWIG-HOLSTEIN
2. MECKLENBURG-VORPOMMERN
3. HAMBURG
4. BREMEN
5. NIEDERSACHSEN
6. SACHSEN-ANHALT
7. BERLIN
8. BRANDENBURG
9. NORDRHEIN-WESTFALEN
10. HESSEN
11. THÜRINGEN
12. SACHSEN
13. RHEINLAND-PFALZ
14. SAARLAND
15. BADEN-WÜRTTEMBERG
16. BAYERN

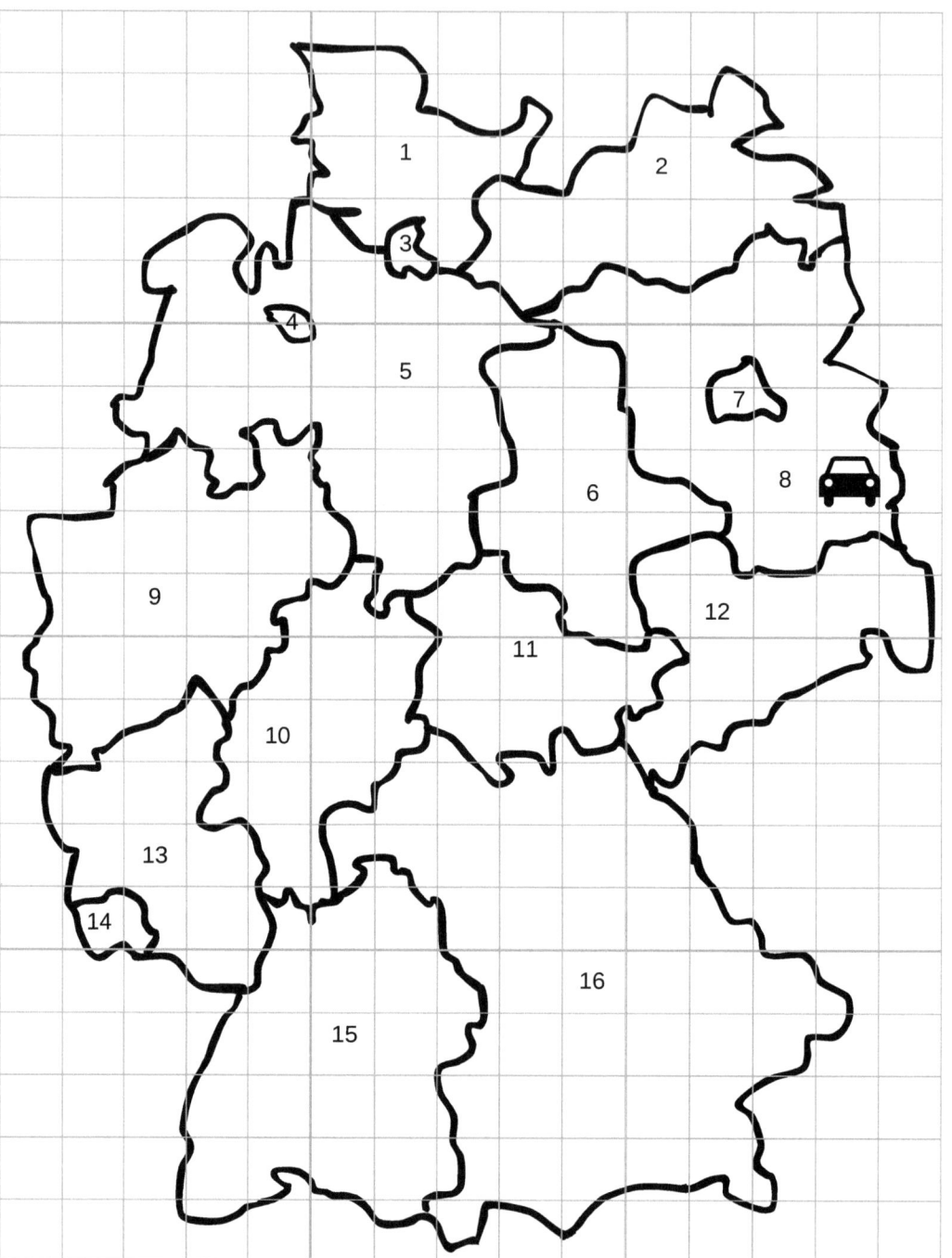

In welches Land wird das Auto kommen, wenn es den Schildern folgt?

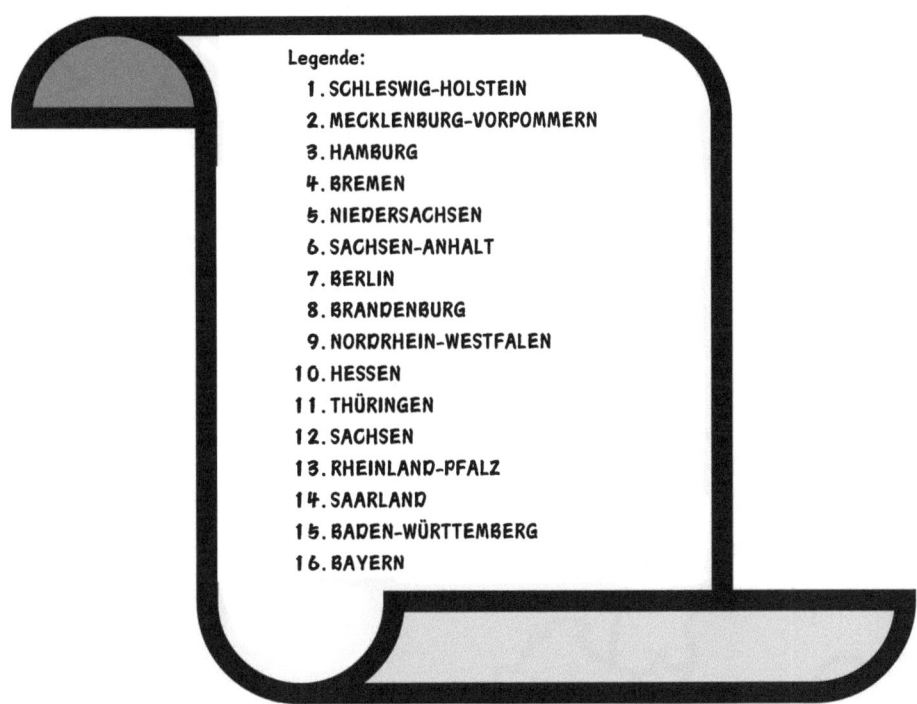

Legende:

1. SCHLESWIG-HOLSTEIN
2. MECKLENBURG-VORPOMMERN
3. HAMBURG
4. BREMEN
5. NIEDERSACHSEN
6. SACHSEN-ANHALT
7. BERLIN
8. BRANDENBURG
9. NORDRHEIN-WESTFALEN
10. HESSEN
11. THÜRINGEN
12. SACHSEN
13. RHEINLAND-PFALZ
14. SAARLAND
15. BADEN-WÜRTTEMBERG
16. BAYERN

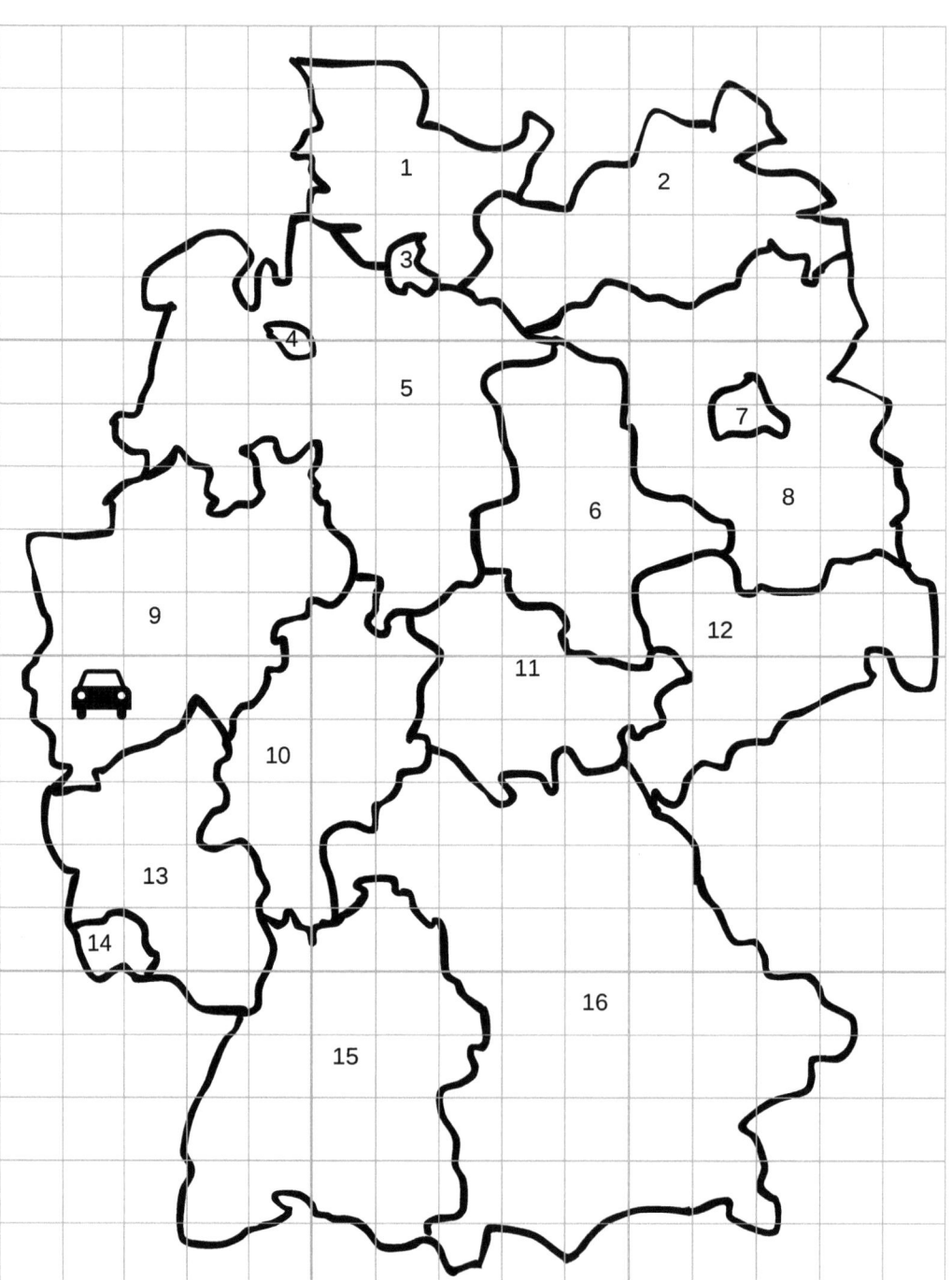

In welches Land wird das Auto kommen, wenn es den Schildern folgt?

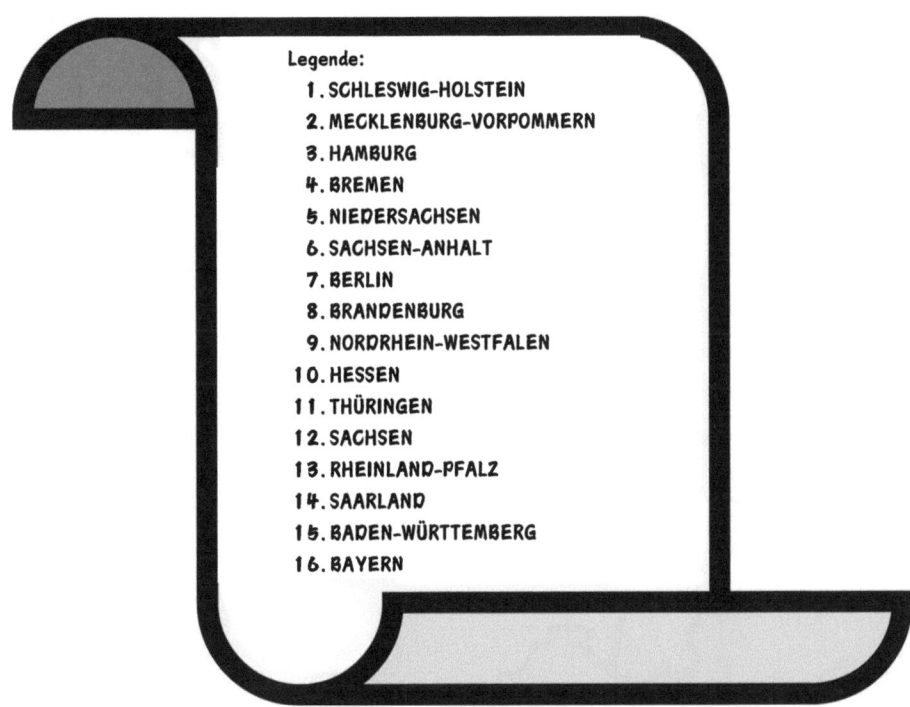

Legende:

1. SCHLESWIG-HOLSTEIN
2. MECKLENBURG-VORPOMMERN
3. HAMBURG
4. BREMEN
5. NIEDERSACHSEN
6. SACHSEN-ANHALT
7. BERLIN
8. BRANDENBURG
9. NORDRHEIN-WESTFALEN
10. HESSEN
11. THÜRINGEN
12. SACHSEN
13. RHEINLAND-PFALZ
14. SAARLAND
15. BADEN-WÜRTTEMBERG
16. BAYERN

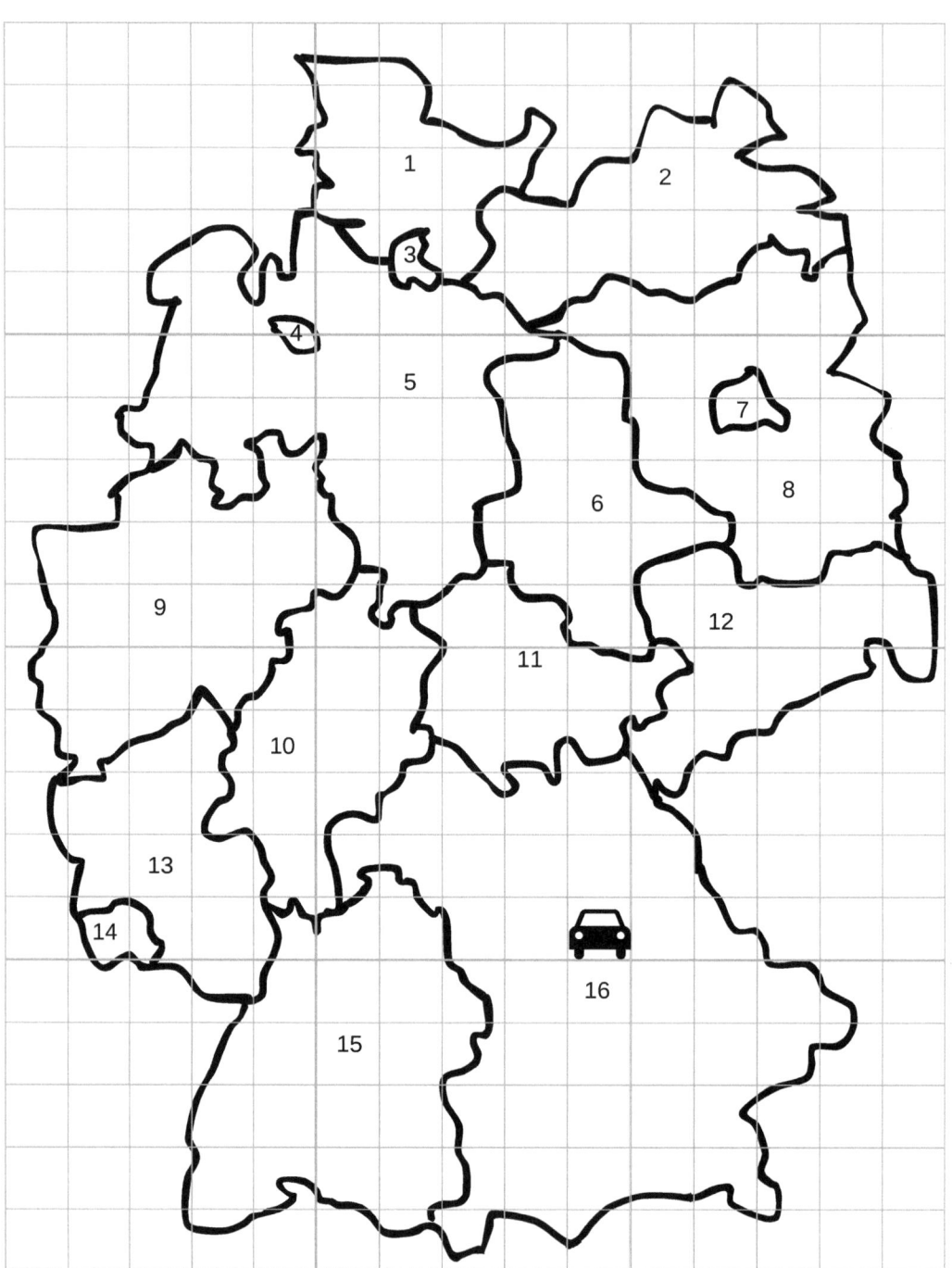

In welches Land wird das Auto kommen, wenn es den Schildern folgt?

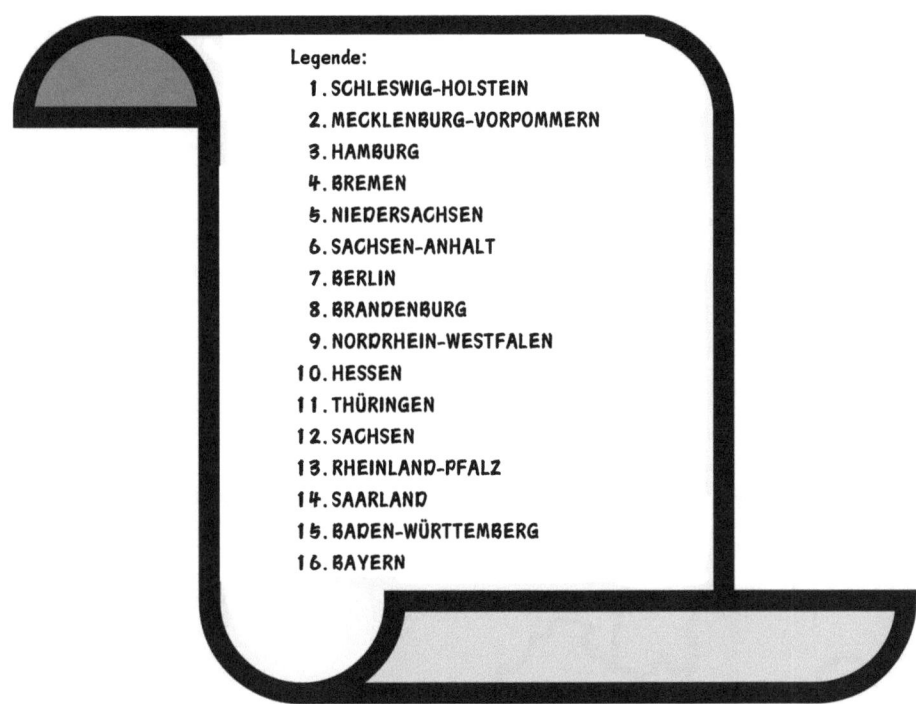

Legende:
1. SCHLESWIG-HOLSTEIN
2. MECKLENBURG-VORPOMMERN
3. HAMBURG
4. BREMEN
5. NIEDERSACHSEN
6. SACHSEN-ANHALT
7. BERLIN
8. BRANDENBURG
9. NORDRHEIN-WESTFALEN
10. HESSEN
11. THÜRINGEN
12. SACHSEN
13. RHEINLAND-PFALZ
14. SAARLAND
15. BADEN-WÜRTTEMBERG
16. BAYERN

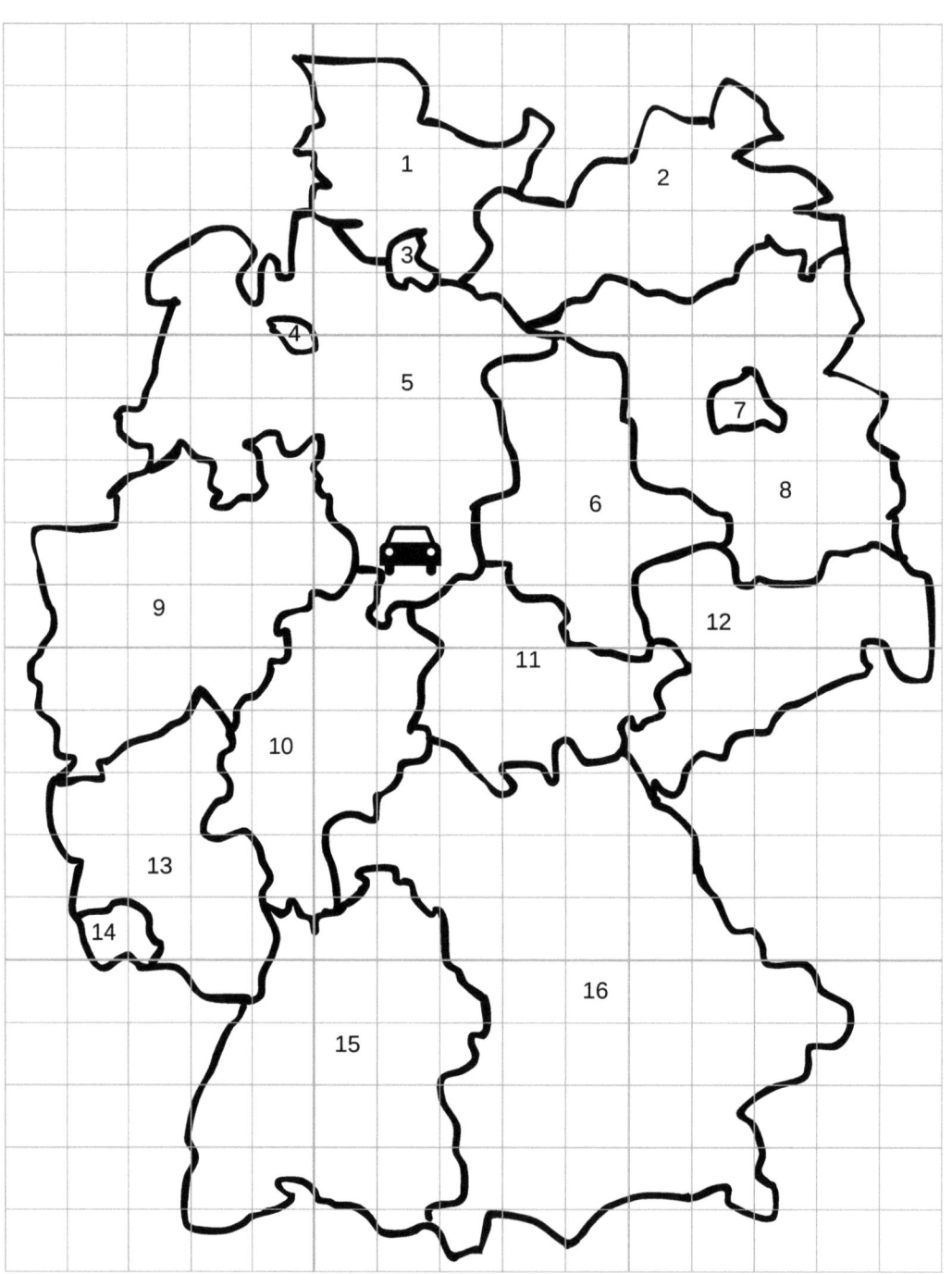

In welches Land wird das Auto kommen, wenn es den Schildern folgt?

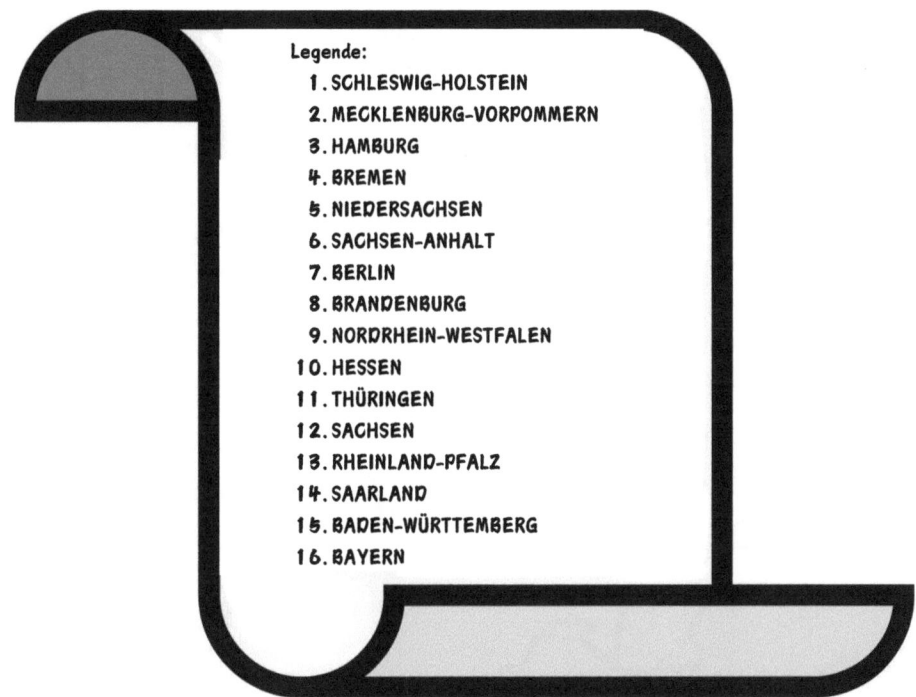

Legende:
1. SCHLESWIG-HOLSTEIN
2. MECKLENBURG-VORPOMMERN
3. HAMBURG
4. BREMEN
5. NIEDERSACHSEN
6. SACHSEN-ANHALT
7. BERLIN
8. BRANDENBURG
9. NORDRHEIN-WESTFALEN
10. HESSEN
11. THÜRINGEN
12. SACHSEN
13. RHEINLAND-PFALZ
14. SAARLAND
15. BADEN-WÜRTTEMBERG
16. BAYERN

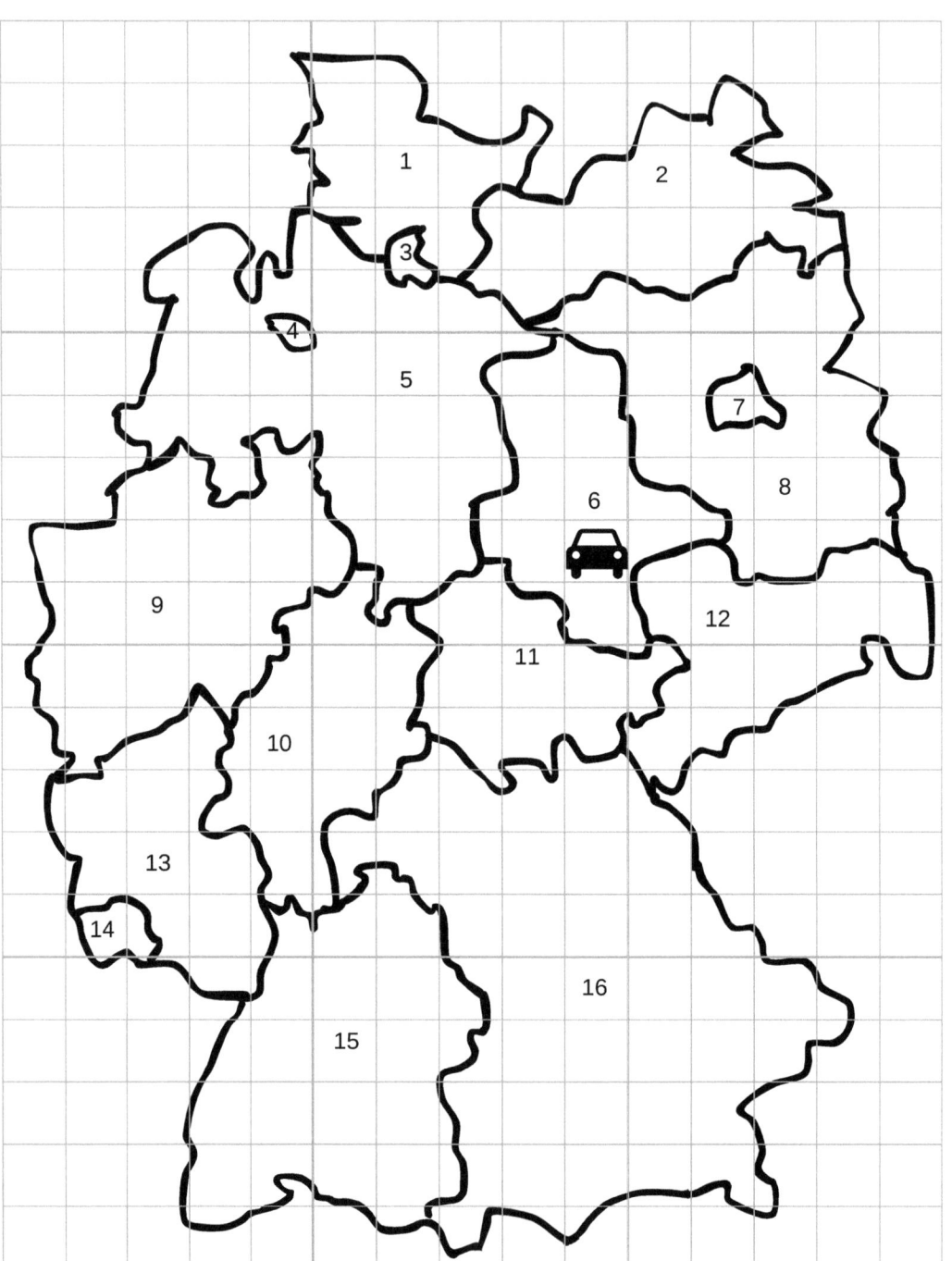

In welches Land wird das Auto kommen, wenn es den Schildern folgt?

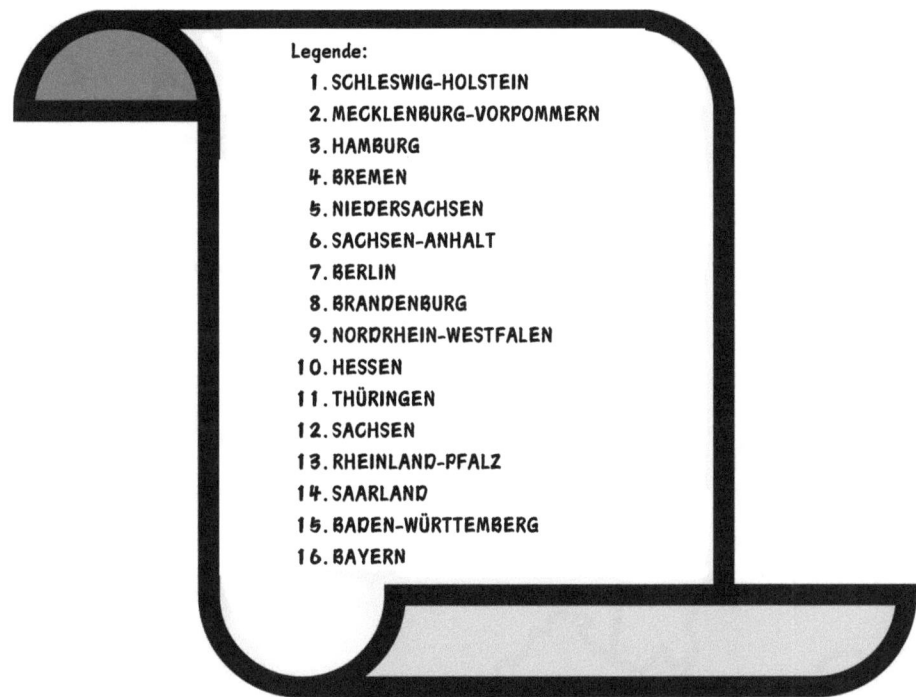

Legende:
1. SCHLESWIG-HOLSTEIN
2. MECKLENBURG-VORPOMMERN
3. HAMBURG
4. BREMEN
5. NIEDERSACHSEN
6. SACHSEN-ANHALT
7. BERLIN
8. BRANDENBURG
9. NORDRHEIN-WESTFALEN
10. HESSEN
11. THÜRINGEN
12. SACHSEN
13. RHEINLAND-PFALZ
14. SAARLAND
15. BADEN-WÜRTTEMBERG
16. BAYERN

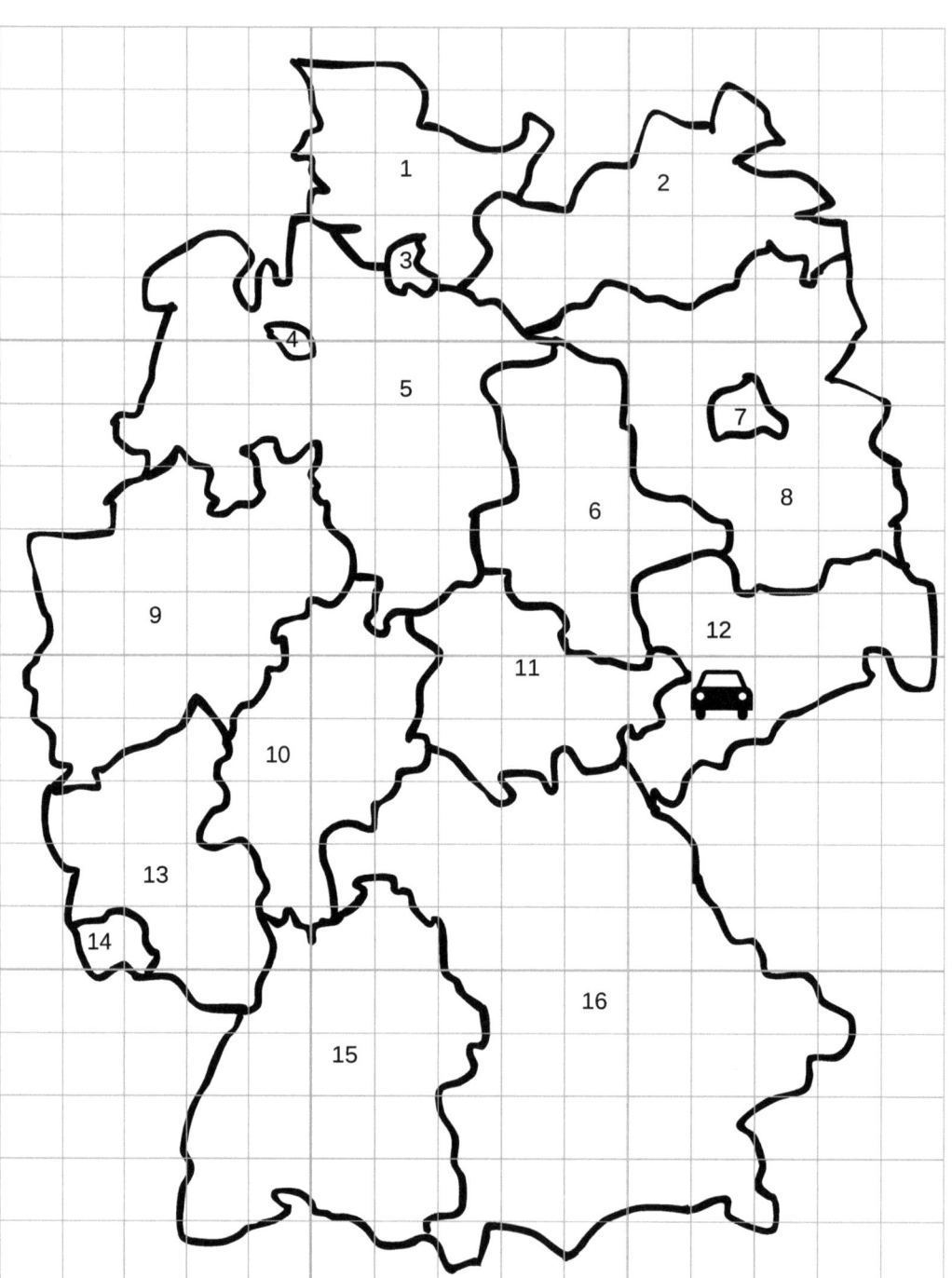

In welches Land wird das Auto kommen, wenn es den Schildern folgt?

Legende:
1. SCHLESWIG-HOLSTEIN
2. MECKLENBURG-VORPOMMERN
3. HAMBURG
4. BREMEN
5. NIEDERSACHSEN
6. SACHSEN-ANHALT
7. BERLIN
8. BRANDENBURG
9. NORDRHEIN-WESTFALEN
10. HESSEN
11. THÜRINGEN
12. SACHSEN
13. RHEINLAND-PFALZ
14. SAARLAND
15. BADEN-WÜRTTEMBERG
16. BAYERN

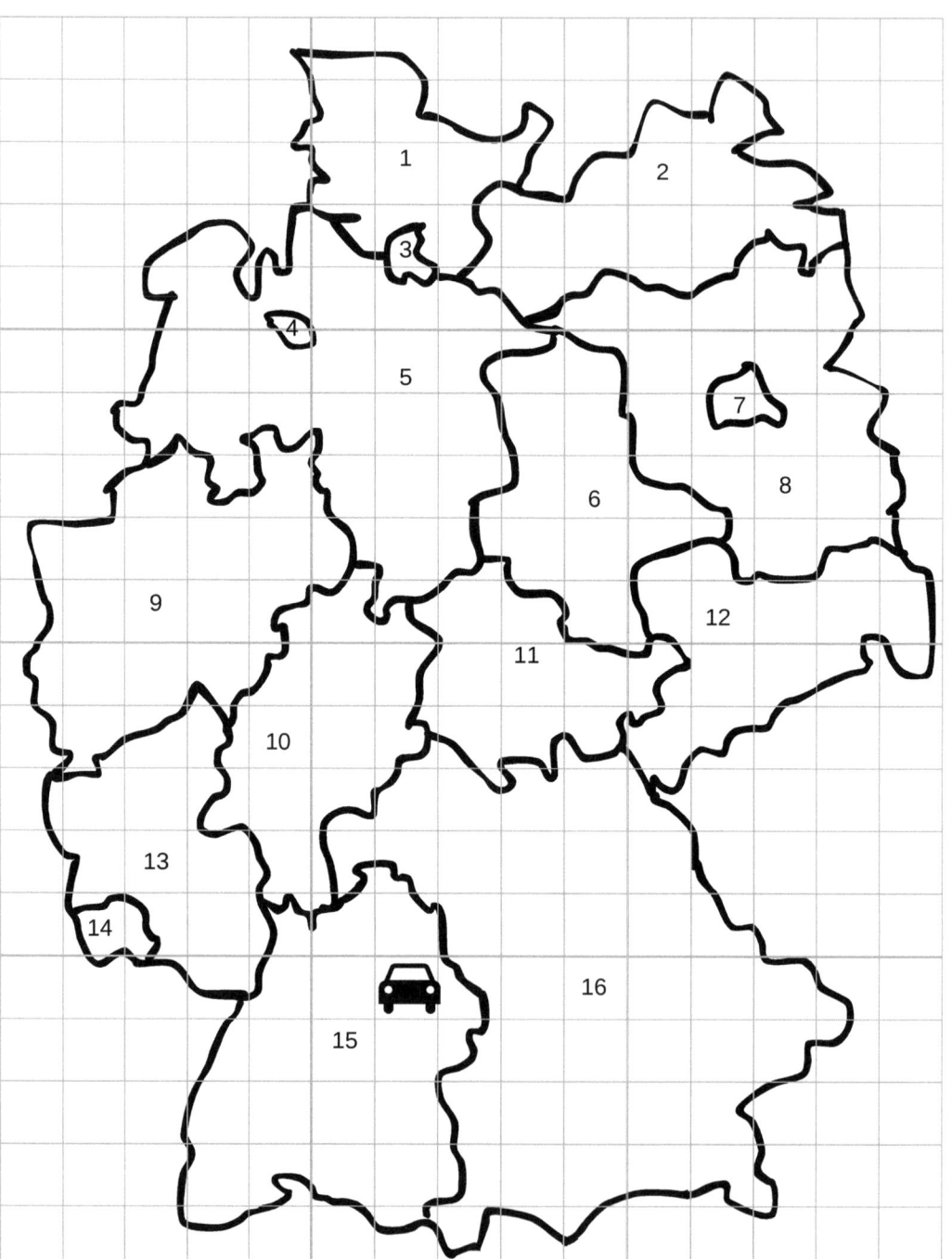

In welches Land wird das Auto kommen, wenn es den Schildern folgt?

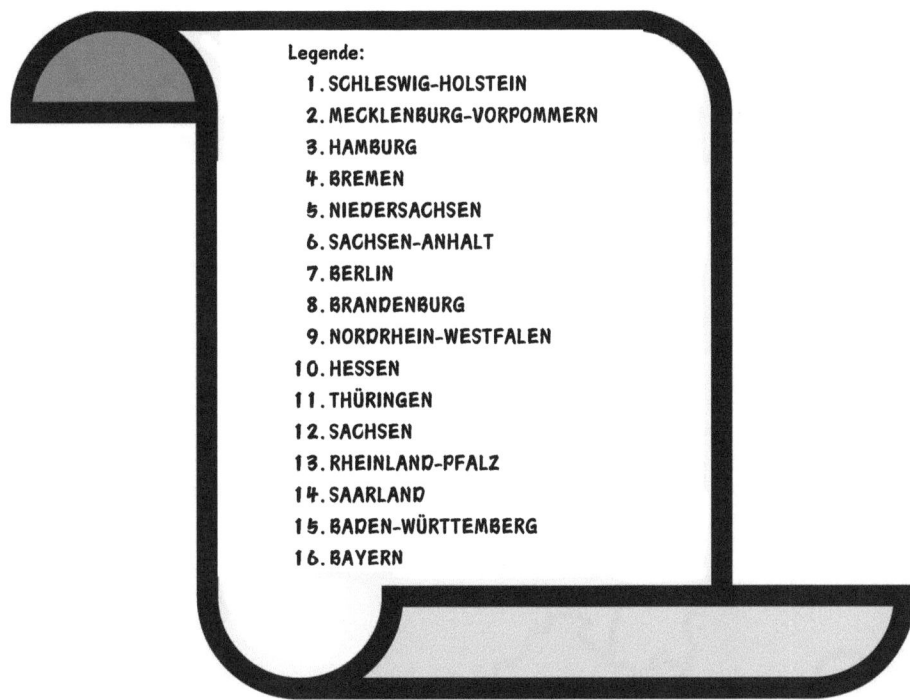

Legende:

1. SCHLESWIG-HOLSTEIN
2. MECKLENBURG-VORPOMMERN
3. HAMBURG
4. BREMEN
5. NIEDERSACHSEN
6. SACHSEN-ANHALT
7. BERLIN
8. BRANDENBURG
9. NORDRHEIN-WESTFALEN
10. HESSEN
11. THÜRINGEN
12. SACHSEN
13. RHEINLAND-PFALZ
14. SAARLAND
15. BADEN-WÜRTTEMBERG
16. BAYERN

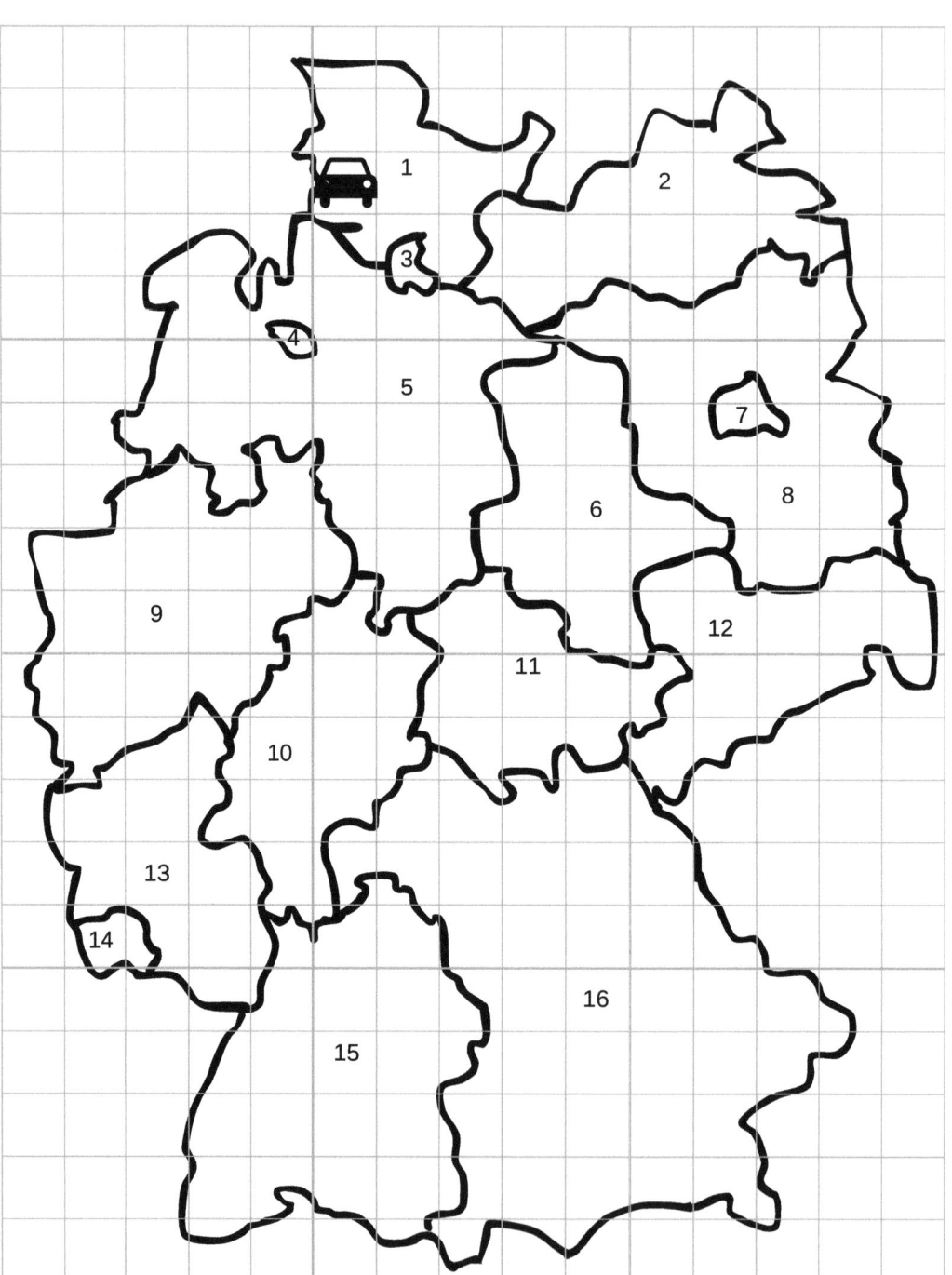

In welches Land wird das Auto kommen, wenn es den Schildern folgt?

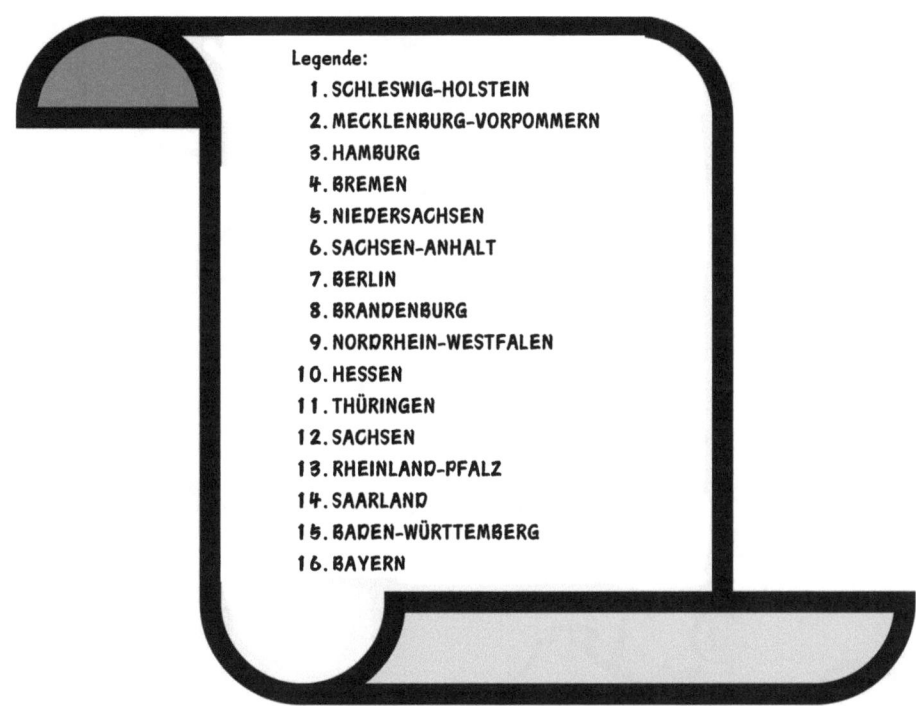

Legende:

1. SCHLESWIG-HOLSTEIN
2. MECKLENBURG-VORPOMMERN
3. HAMBURG
4. BREMEN
5. NIEDERSACHSEN
6. SACHSEN-ANHALT
7. BERLIN
8. BRANDENBURG
9. NORDRHEIN-WESTFALEN
10. HESSEN
11. THÜRINGEN
12. SACHSEN
13. RHEINLAND-PFALZ
14. SAARLAND
15. BADEN-WÜRTTEMBERG
16. BAYERN

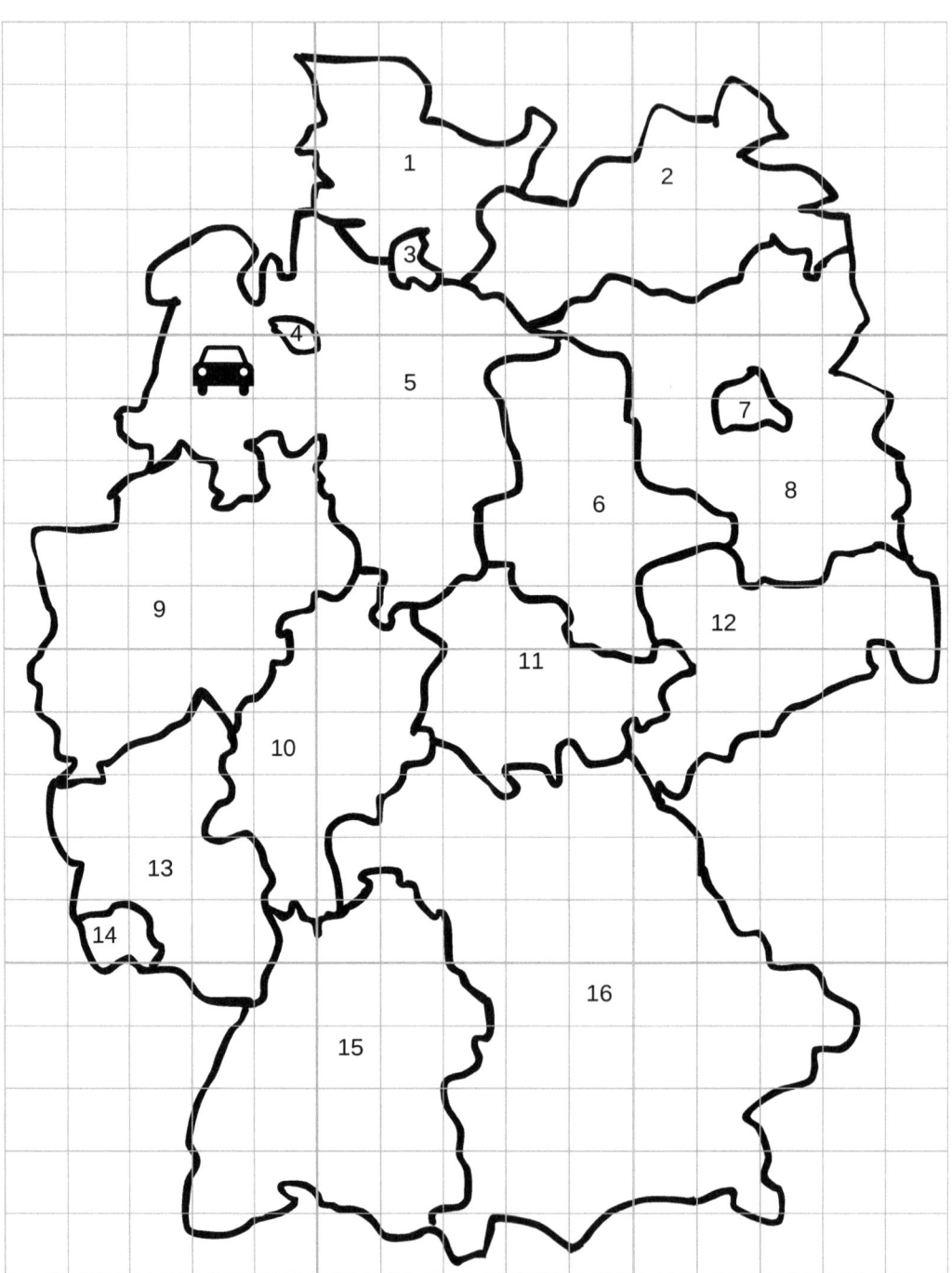

In welches Land wird das Auto kommen, wenn es den Schildern folgt?

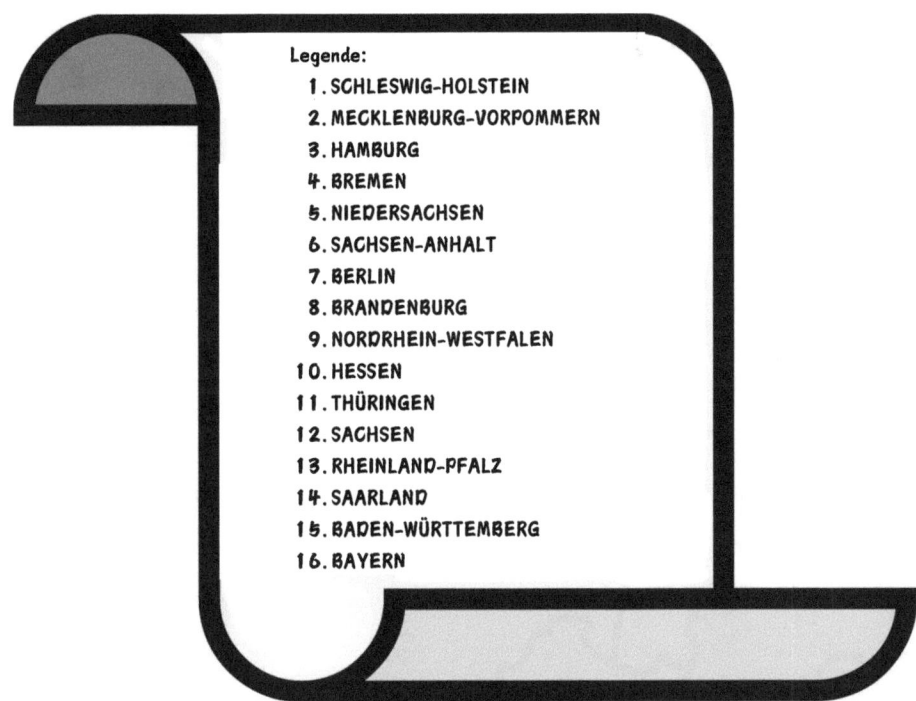

Legende:
1. SCHLESWIG-HOLSTEIN
2. MECKLENBURG-VORPOMMERN
3. HAMBURG
4. BREMEN
5. NIEDERSACHSEN
6. SACHSEN-ANHALT
7. BERLIN
8. BRANDENBURG
9. NORDRHEIN-WESTFALEN
10. HESSEN
11. THÜRINGEN
12. SACHSEN
13. RHEINLAND-PFALZ
14. SAARLAND
15. BADEN-WÜRTTEMBERG
16. BAYERN

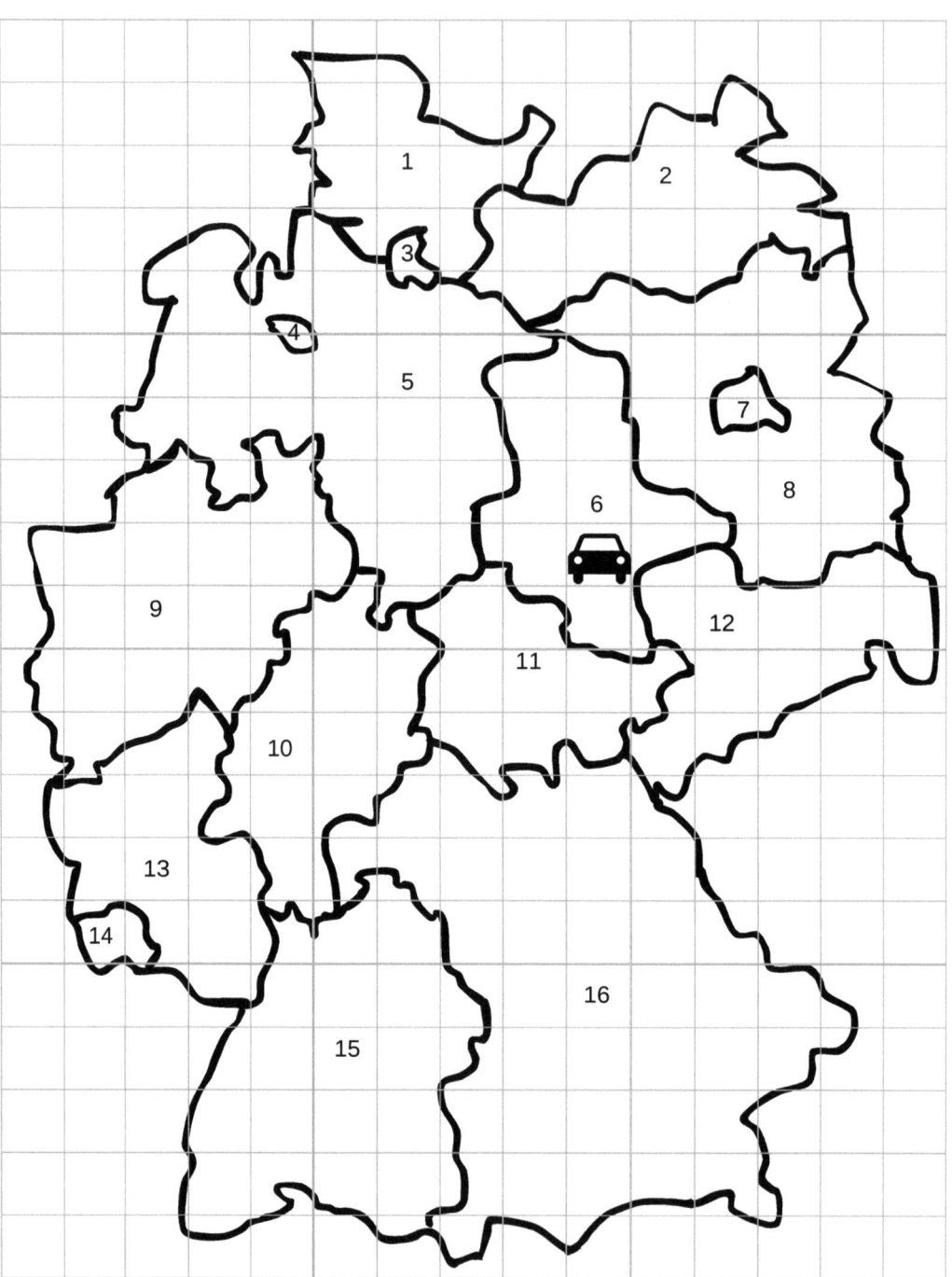

In welches Land wird das Auto kommen, wenn es den Schildern folgt?

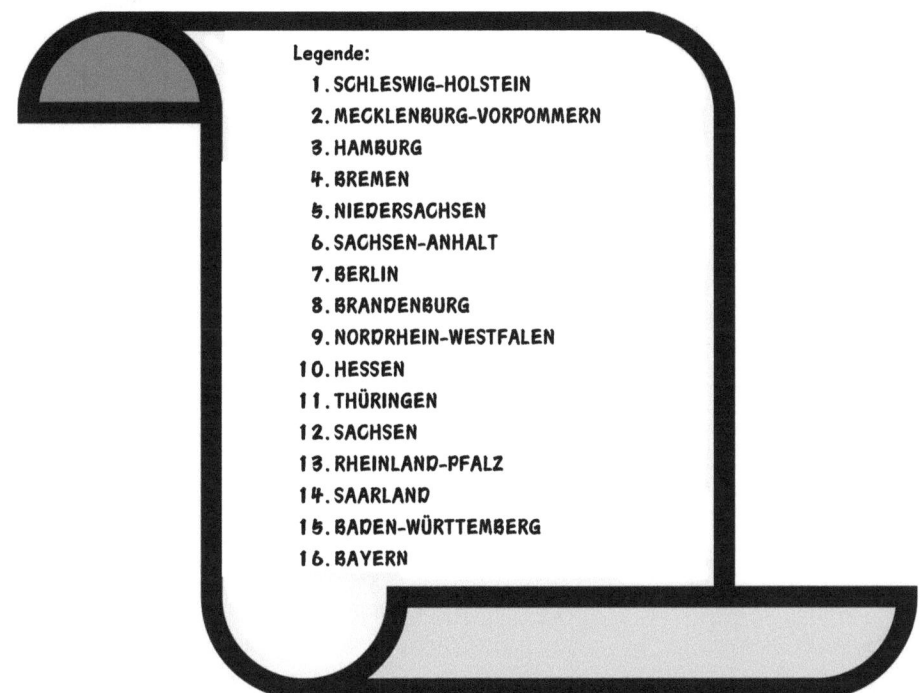

Legende:

1. SCHLESWIG-HOLSTEIN
2. MECKLENBURG-VORPOMMERN
3. HAMBURG
4. BREMEN
5. NIEDERSACHSEN
6. SACHSEN-ANHALT
7. BERLIN
8. BRANDENBURG
9. NORDRHEIN-WESTFALEN
10. HESSEN
11. THÜRINGEN
12. SACHSEN
13. RHEINLAND-PFALZ
14. SAARLAND
15. BADEN-WÜRTTEMBERG
16. BAYERN

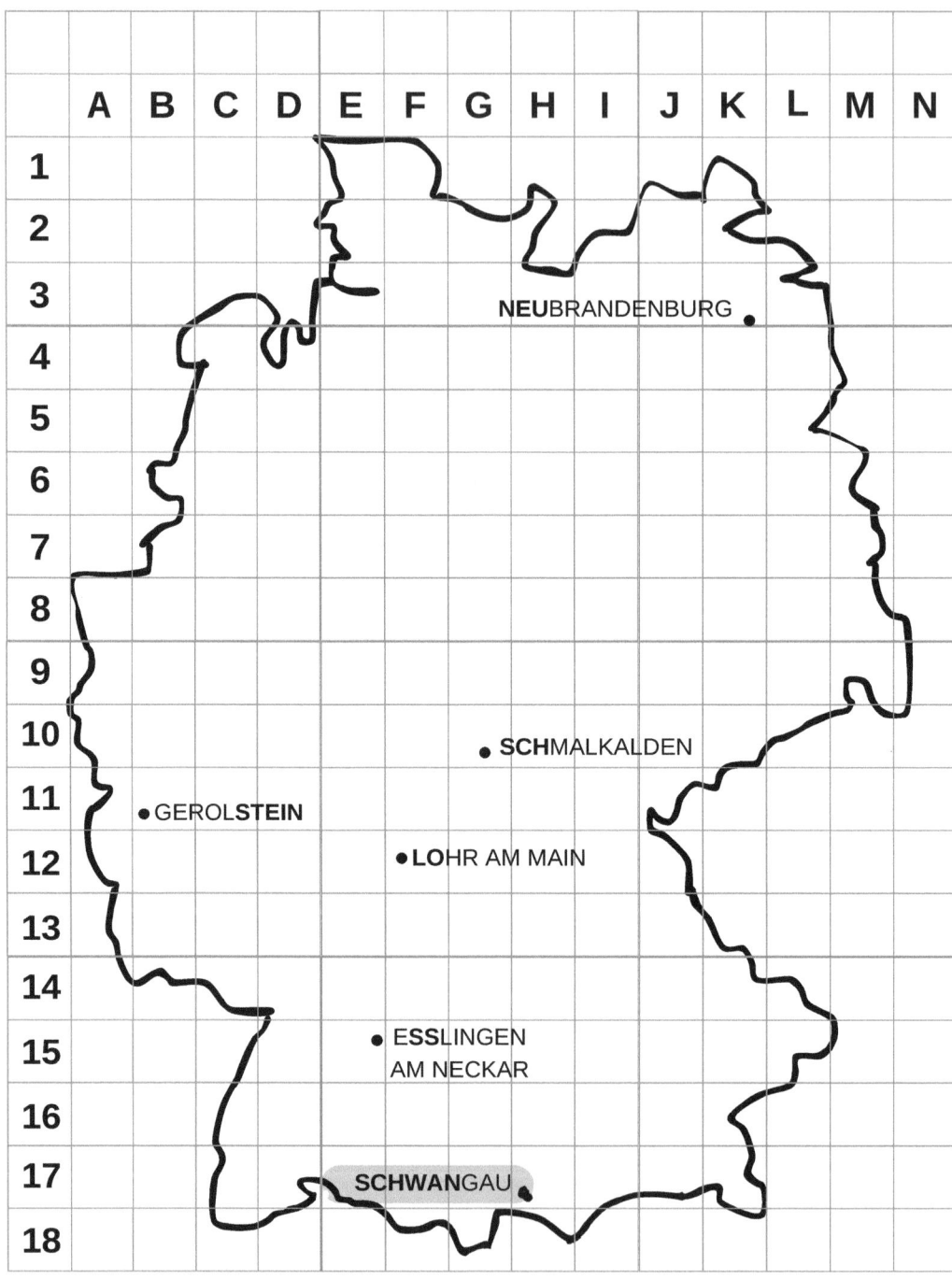

	A	B	C	D	E	F	G	H	I	J	K	L	M	N
1														
2														
3								**NEU**BRANDENBURG •						
4														
5														
6														
7														
8														
9														
10							• **SCH**MALKALDEN							
11		• GEROL**STEIN**												
12						• **LO**HR AM MAIN								
13														
14														
15					• **ESS**LINGEN AM NECKAR									
16														
17					**SCHWAN**GAU •									
18														

Schreibe die dick markierten Buchstaben von den Städten, die in den Boxen angegeben sind. Wenn du sie von oben nach unten liest, ergeben sie die Lösung.

G10:

F12:

E15:

K3:

H17:

B11:

Die Lösung:

□□□□□□

□□□□□□□□□□□□□□

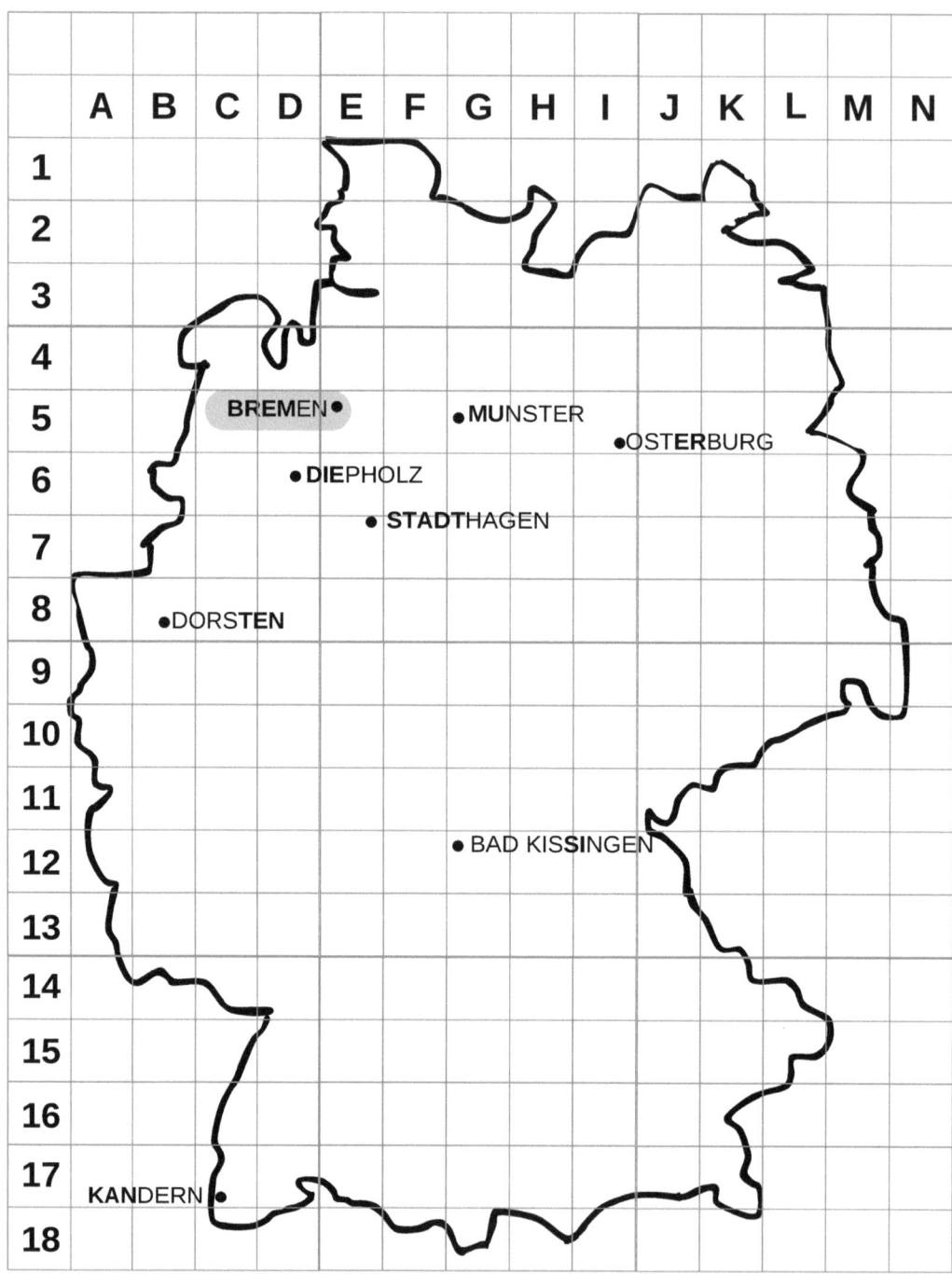

	A	B	C	D	E	F	G	H	I	J	K	L	M	N
1														
2														
3														
4														
5				BREMEN●			●MUNSTER		●OSTERBURG					
6				●DIEPHOLZ										
7				●STADTHAGEN										
8		●DORSTEN												
9														
10														
11														
12							●BAD KISSINGEN							
13														
14														
15														
16														
17	KANDERN●													
18														

Schreibe die dick markierten Buchstaben von den Städten, die in den Boxen angegeben sind. Wenn du sie von oben nach unten liest, ergeben sie die Lösung.

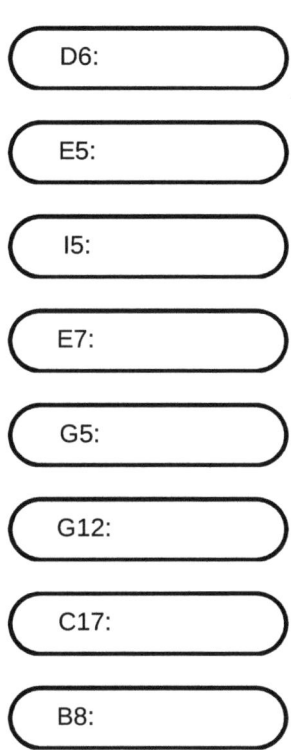

D6:

E5:

I5:

E7:

G5:

G12:

C17:

B8:

Die Lösung:

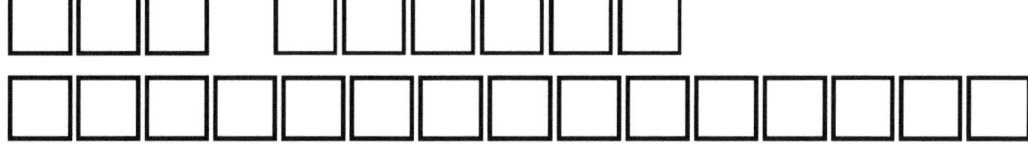

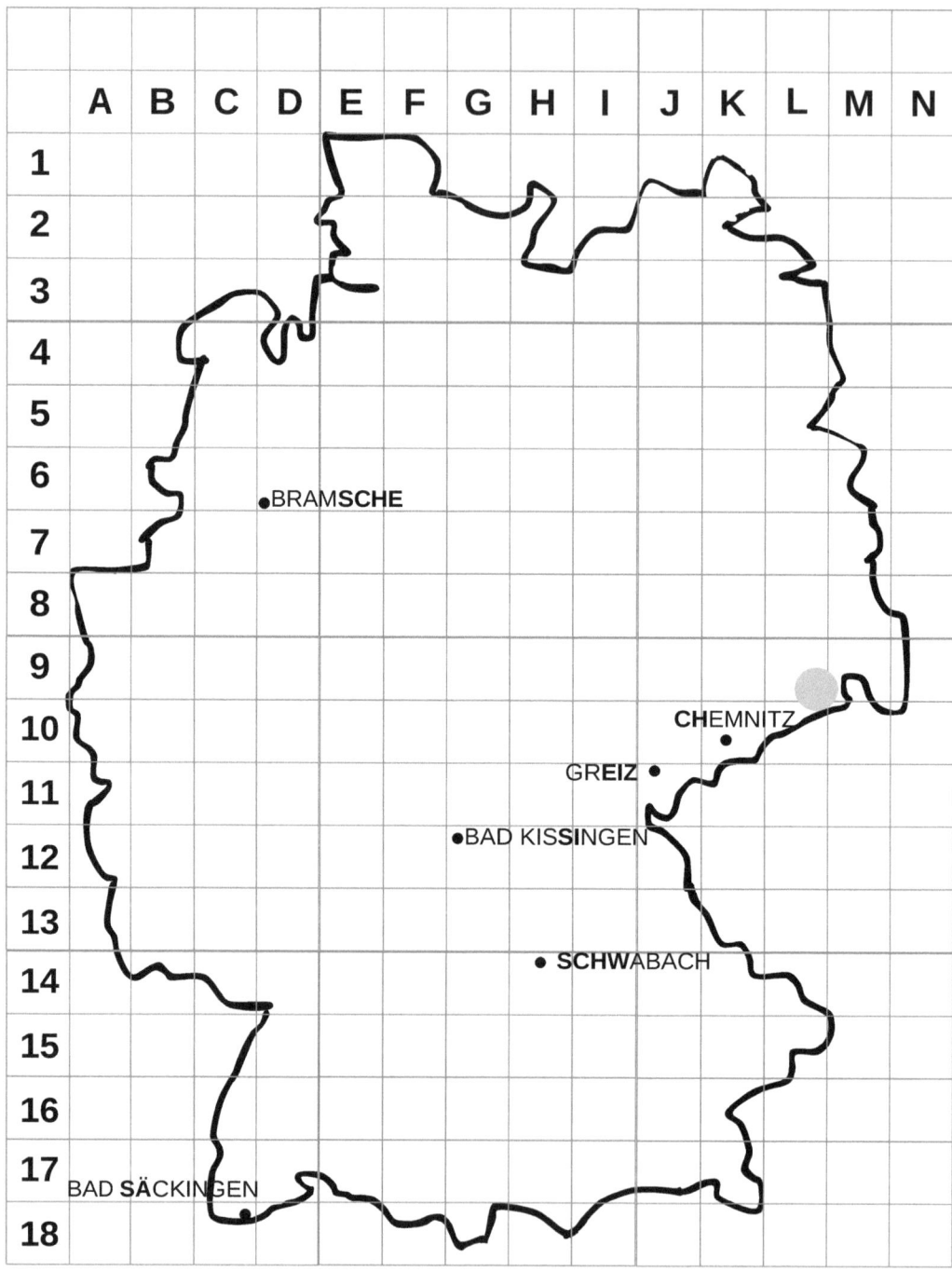

	A	B	C	D	E	F	G	H	I	J	K	L	M	N
1
2
3
4
5
6
7
8
9
10
11
12
13
14
15
16
17
18

•BRAMSCHE

CHEMNITZ

GREIZ •

•BAD KISSINGEN

• SCHWABACH

BAD SÄCKINGEN

Schreibe die dick markierten Buchstaben von den Städten, die in den Boxen angegeben sind. Wenn du sie von oben nach unten liest, ergeben sie die Lösung.

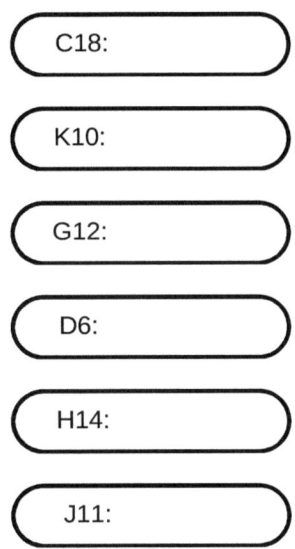

C18:

K10:

G12:

D6:

H14:

J11:

Die Lösung:

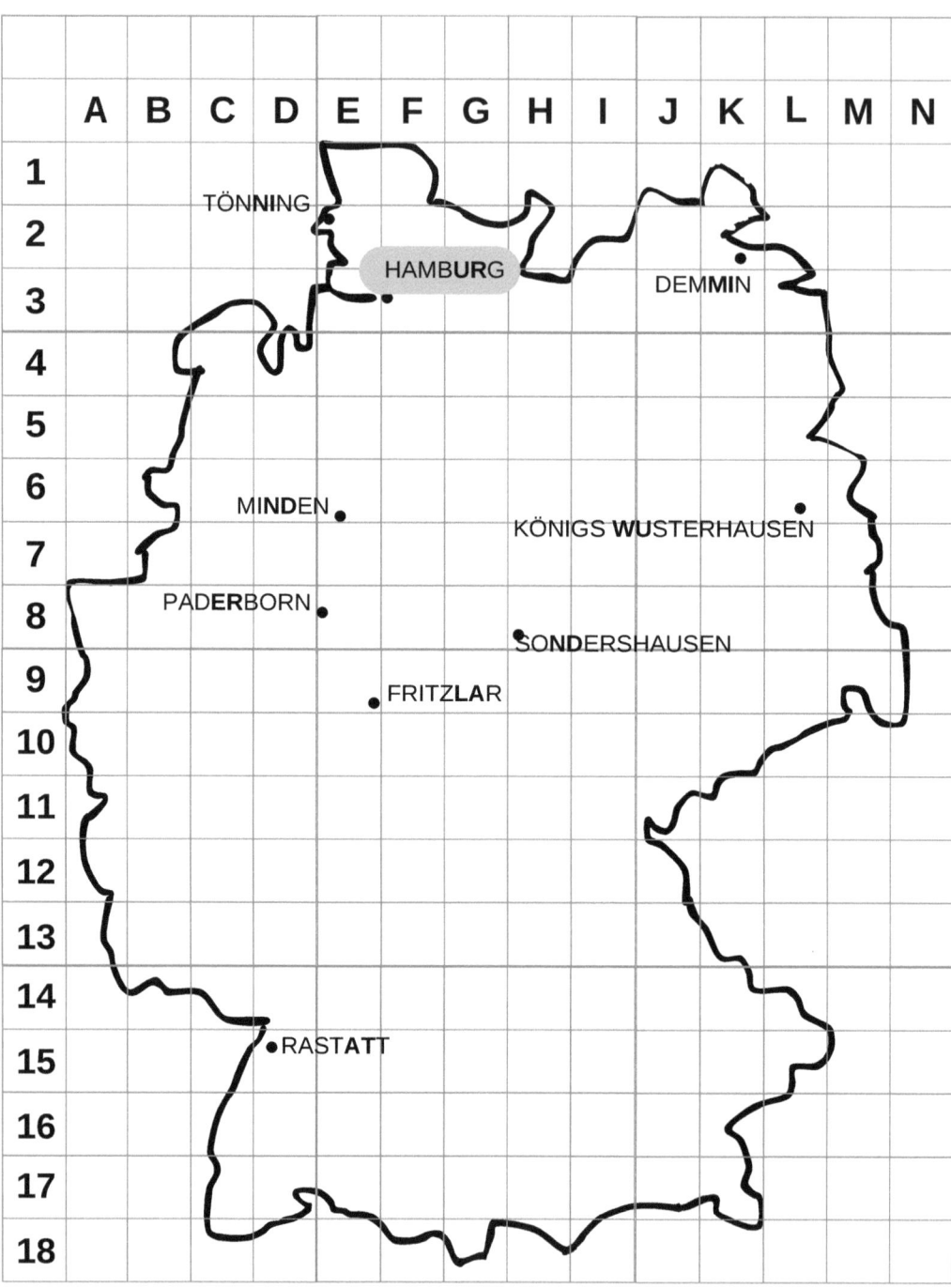

	A	B	C	D	E	F	G	H	I	J	K	L	M	N
1														
2			TÖNNING								DEMMIN			
3						HAMBURG								
4														
5														
6			MINDEN											
7							KÖNIGS WUSTERHAUSEN							
8			PADERBORN						SONDERSHAUSEN					
9					FRITZLAR									
10														
11														
12														
13														
14														
15			RASTATT											
16														
17														
18														

Schreibe die dick markierten Buchstaben von den Städten, die in den Boxen angegeben sind. Wenn du sie von oben nach unten liest, ergeben sie die Lösung.

K2:

E2:

D15:

F3:

L6:

E6:

E8:

E9:

H8:

Die Lösung:

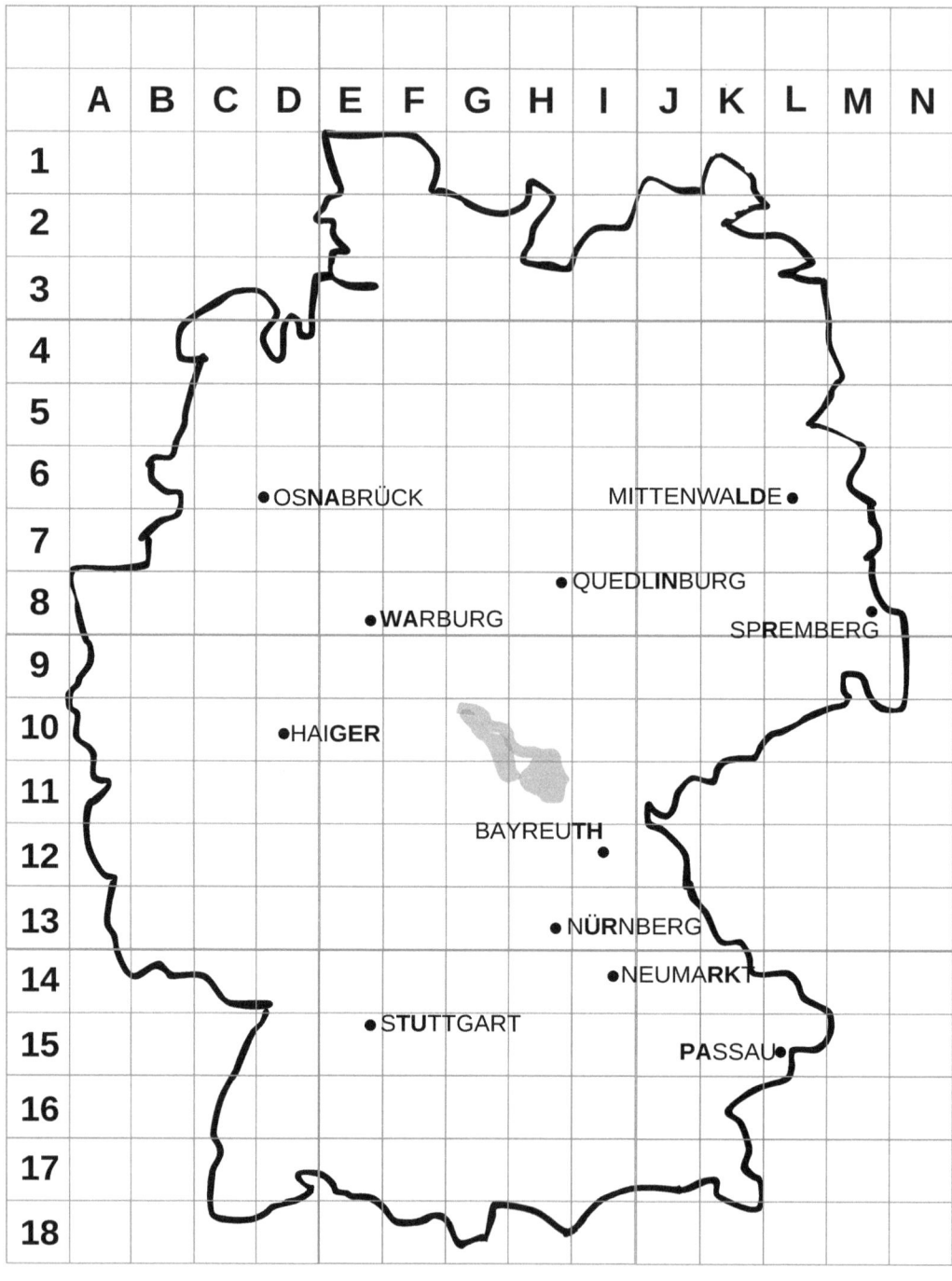

	A	B	C	D	E	F	G	H	I	J	K	L	M	N
1
2
3
4
5
6
7
8
9
10
11
12
13
14
15
16
17
18

• OSNABRÜCK

MITTENWALDE •

• QUEDLINBURG

• WARBURG

SPREMBERG

• HAIGER

BAYREUTH
•

• NÜRNBERG

• NEUMARKT

• STUTTGART

PASSAU •

Schreibe die dick markierten Buchstaben von den Städten, die in den Boxen angegeben sind. Wenn du sie von oben nach unten liest, ergeben sie die Lösung.

D6:

E15:

M8:

L15:

I14:

I12:

H13:

H8:

D10:

E8:

L6:

Die Lösung:

☐☐☐☐☐☐☐☐☐

☐☐☐☐☐☐☐☐☐   ☐☐☐☐

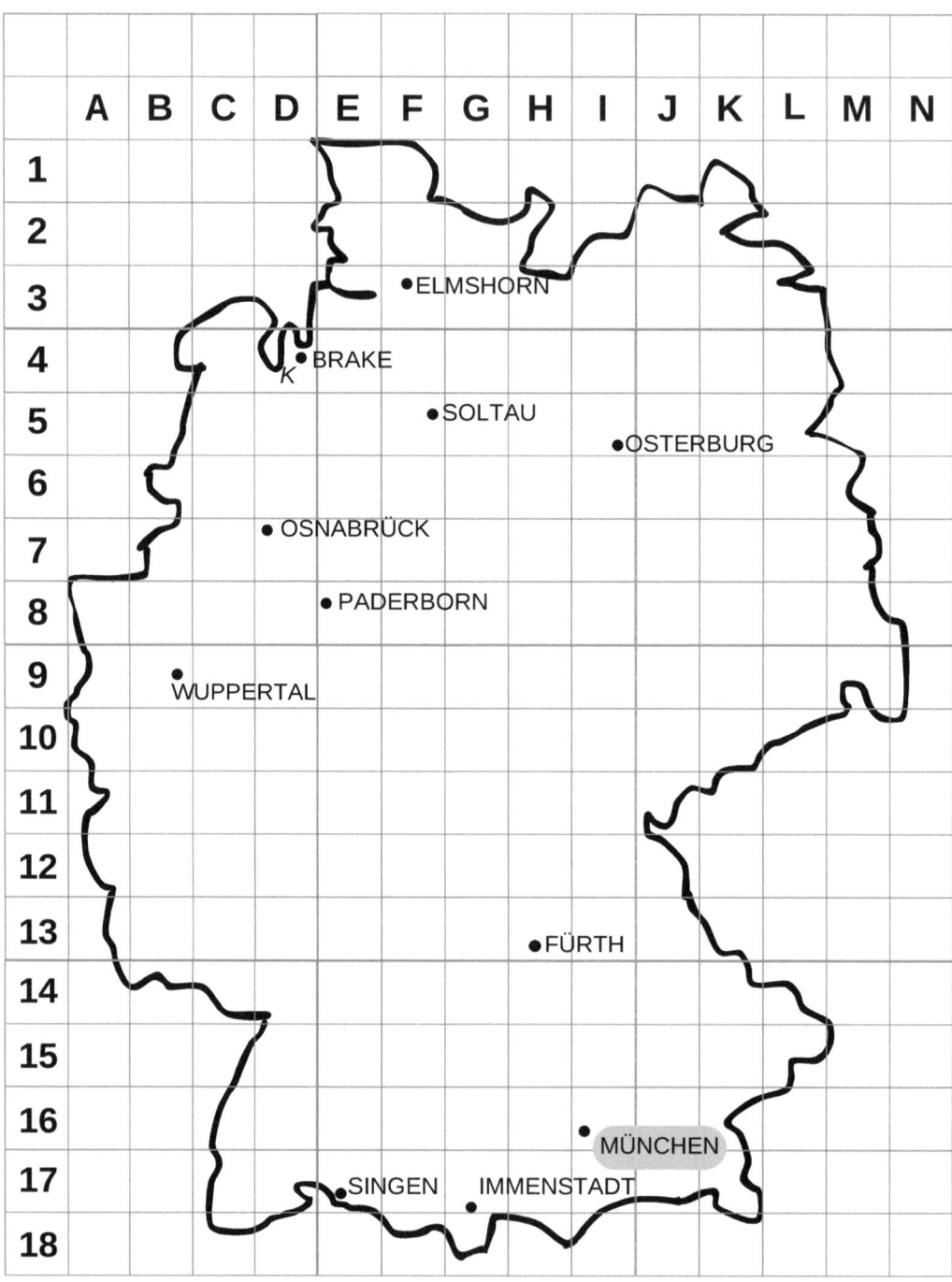

	A	B	C	D	E	F	G	H	I	J	K	L	M	N
1
2
3						•ELMSHORN
4				K	•BRAKE
5						•SOLTAU
6									•OSTERBURG
7			•OSNABRÜCK
8				•PADERBORN
9		•WUPPERTAL
10
11
12
13							•FÜRTH
14
15
16								•MÜNCHEN
17				•SINGEN	IMMENSTADT
18

Löse die Rechnungen und trage die Buchstaben der gesuchten Stadt in die Felder ein. Jene Buchstaben bilden die Lösung.

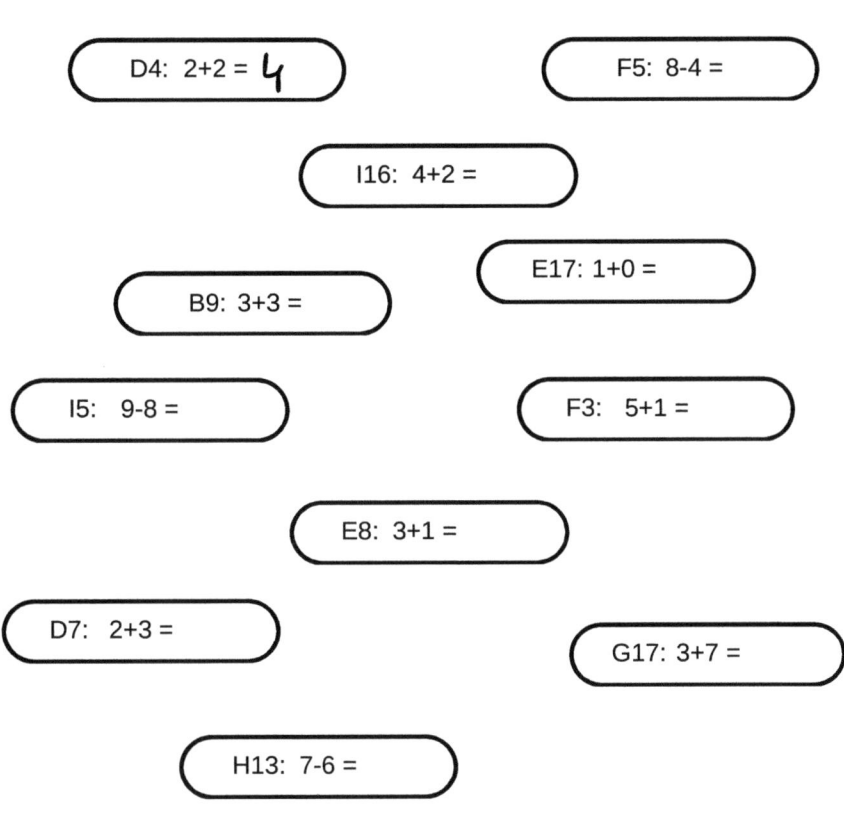

D4: 2+2 = 4

F5: 8-4 =

I16: 4+2 =

E17: 1+0 =

B9: 3+3 =

I5: 9-8 =

F3: 5+1 =

E8: 3+1 =

D7: 2+3 =

G17: 3+7 =

H13: 7-6 =

Die Lösung:

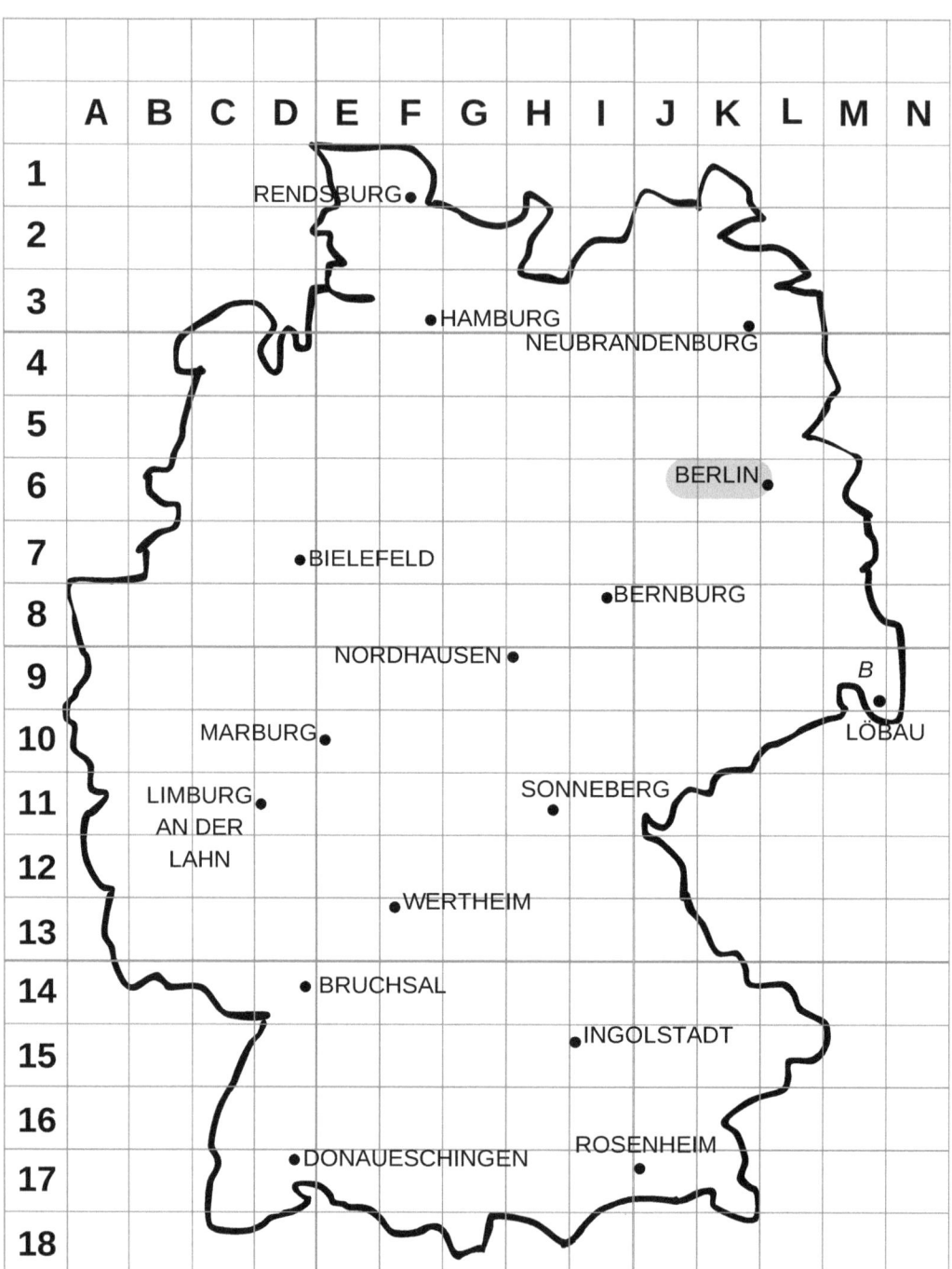

	A	B	C	D	E	F	G	H	I	J	K	L	M	N
1					RENDSBURG•									
2														
3						•HAMBURG			•NEUBRANDENBURG					
4														
5														
6										BERLIN•				
7				•BIELEFELD										
8									•BERNBURG					
9					NORDHAUSEN•								B	
10			•MARBURG									LÖBAU		
11			LIMBURG•					•SONNEBERG						
12			AN DER LAHN											
13					•WERTHEIM									
14				•BRUCHSAL										
15							•INGOLSTADT							
16														
17				•DONAUESCHINGEN			•ROSENHEIM							
18														

Löse die Rechnungen und trage die Buchstaben der gesuchten Stadt in die Felder ein. Jene Buchstaben bilden die Lösung.

M9: 2+1 = 3

D7: 5+4 =

I15: 4+3 =

K3: 7-1 =

H11: 2+7 =

D11: 3+3 =

F1: 4+2 =

I8: 1+1 =

D17: 7-5 =

H9: 7+3 =

F13: 0+2 =

F3: 3+3 =

D14: 4-2 =

E10: 1+4 =

L6: 2+4 =

J17: 9-8 =

Die Lösung:

▢▢▢▢▢▢▢▢▢▢▢▢

▢▢▢

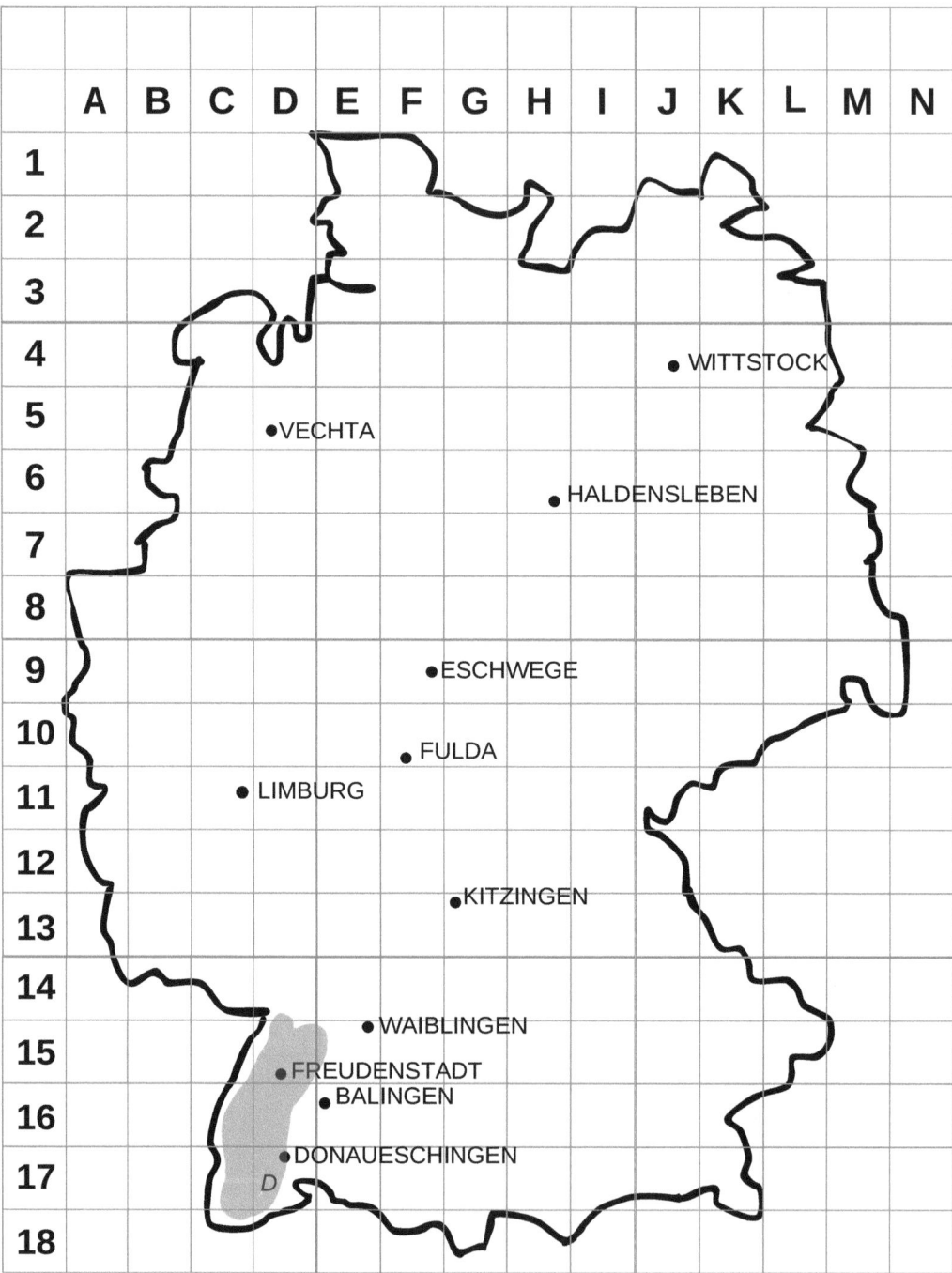

	A	B	C	D	E	F	G	H	I	J	K	L	M	N
1
2
3
4											WITTSTOCK
5			•VECHTA
6								•HALDENSLEBEN
7
8
9						•ESCHWEGE
10						•FULDA
11			•LIMBURG
12
13						•KITZINGEN
14
15					•WAIBLINGEN
16			•FREUDENSTADT •BALINGEN
17			•DONAUESCHINGEN
18

Löse die Rechnungen und trage die Buchstaben der gesuchten Stadt in die Felder ein. Jene Buchstaben bilden die Lösung.

D17: 0+1 = 1

F9: 10-5 =

D5: 6-3 =

C11: 2+4 =

G13: 4+0 =

E15: 8-7 =

J4: 3+2 =

F10: 7-2 =

E16: 1+2 =

H6: 4-3 =

D15: 6+4 =

Die Lösung:

□ □ □ □ □ □ □ □ □ □ □

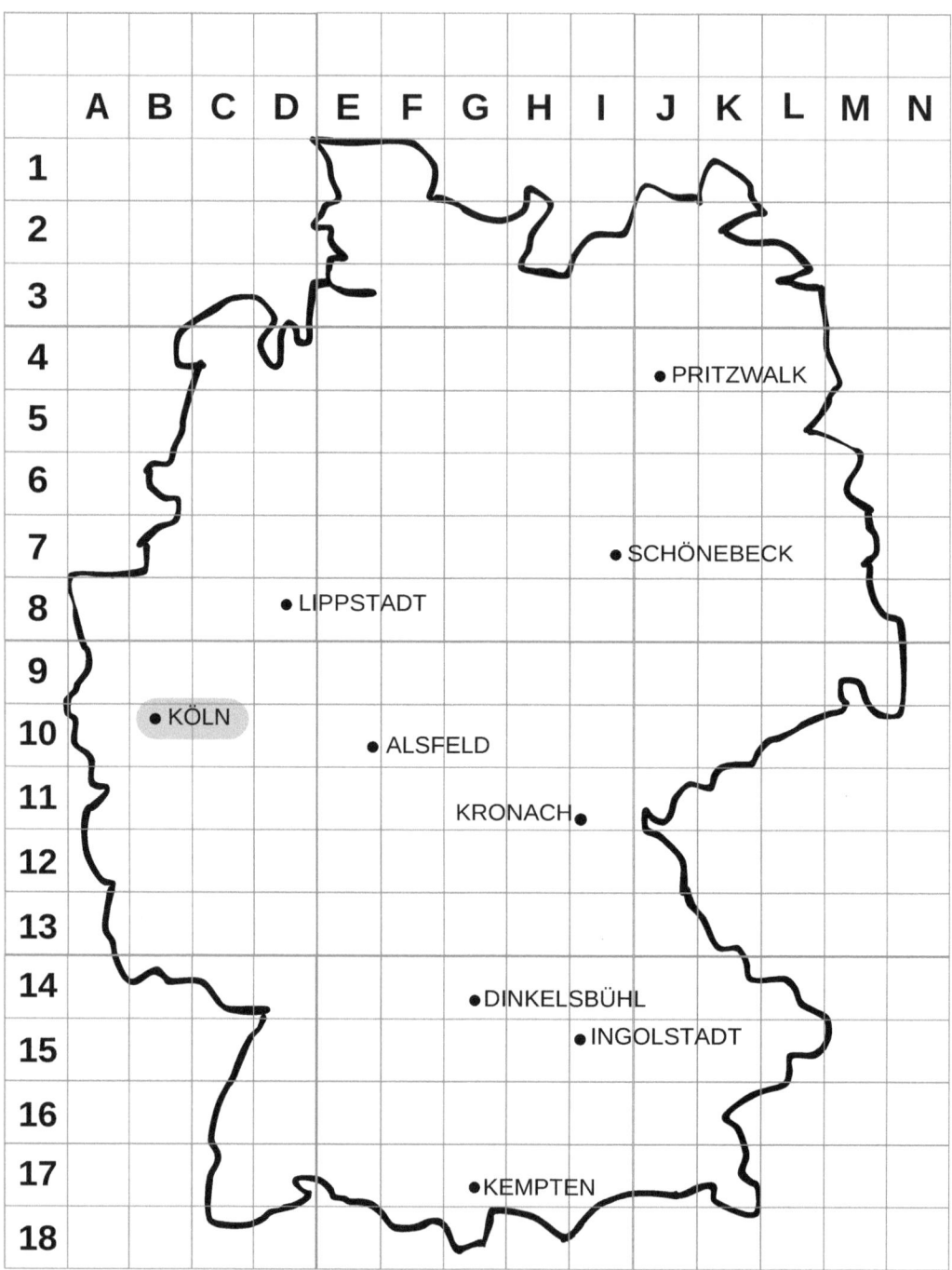

Löse die Rechnungen und trage die Buchstaben der gesuchten Stadt in die Felder ein. Jene Buchstaben bilden die Lösung.

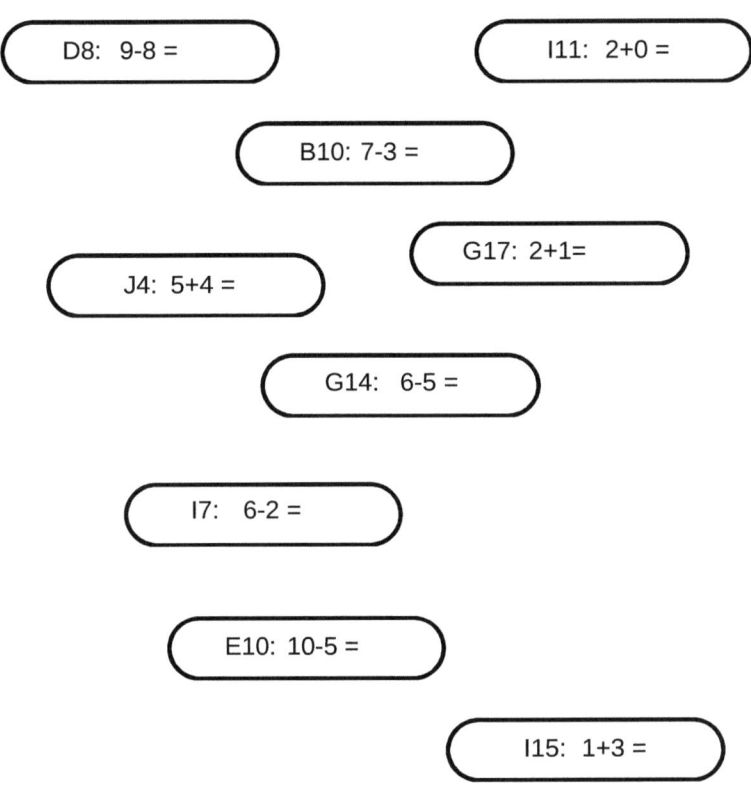

D8: 9-8 =

I11: 2+0 =

B10: 7-3 =

G17: 2+1=

J4: 5+4 =

G14: 6-5 =

I7: 6-2 =

E10: 10-5 =

I15: 1+3 =

Die Lösung:

☐ ☐ ☐ ☐ ☐ ☐   ☐ ☐ ☐

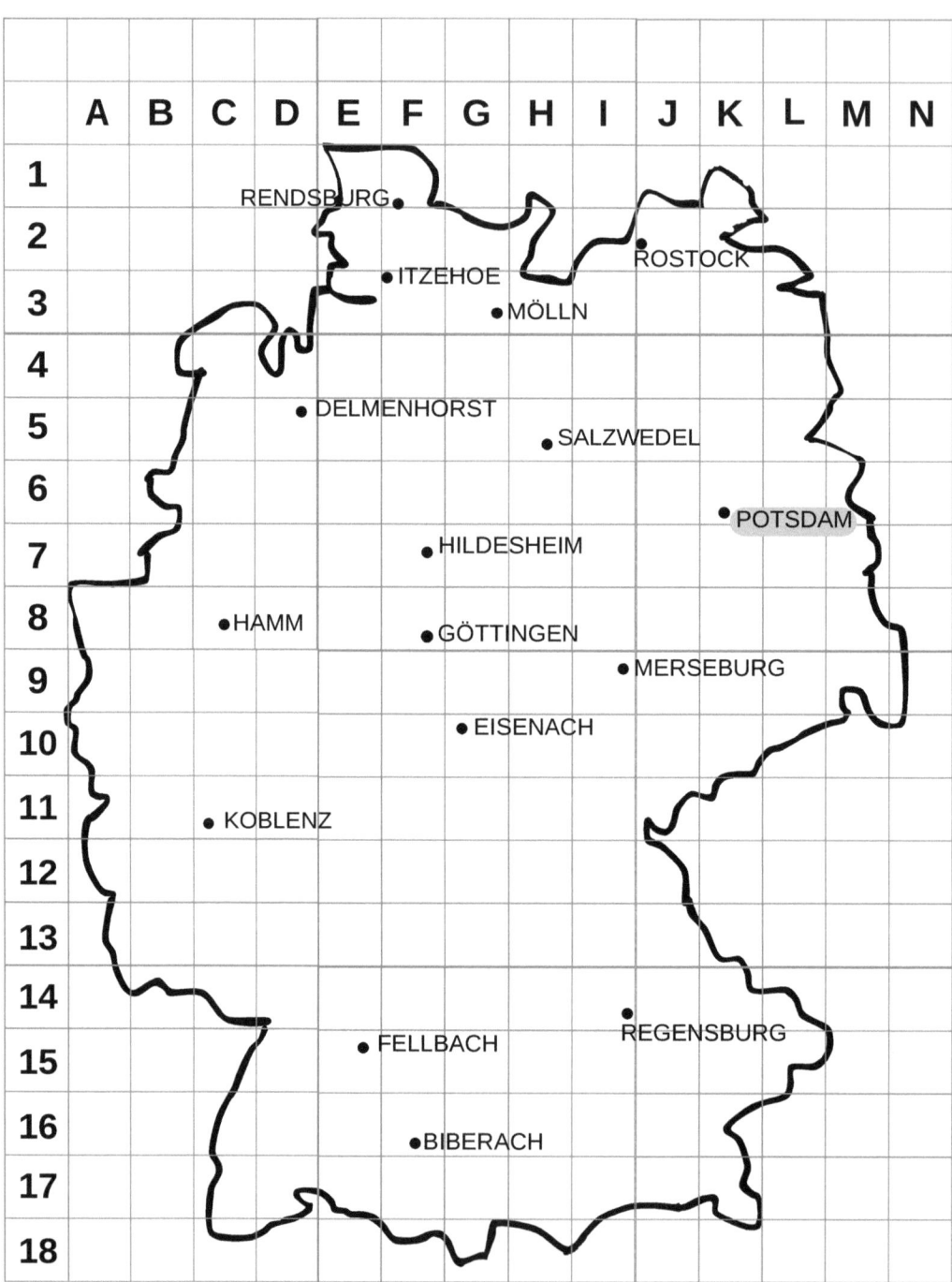

	A	B	C	D	E	F	G	H	I	J	K	L	M	N
1														
2					RENDSBURG •					ROSTOCK				
3						• ITZEHOE								
4							• MÖLLN							
5				• DELMENHORST				• SALZWEDEL						
6														
7						• HILDESHEIM					• POTSDAM			
8			• HAMM			• GÖTTINGEN								
9									• MERSEBURG					
10						• EISENACH								
11			• KOBLENZ											
12														
13														
14										REGENSBURG				
15					• FELLBACH									
16					• BIBERACH									
17														
18														

Löse die Rechnungen und trage die Buchstaben der gesuchten Stadt in die Felder ein. Jene Buchstaben bilden die Lösung.

J2: 9-3=

D5: 5+3 =

K6: 8-4 =

C8: 1+1 =

F3: 4+1=

H5: 5-4 =

F8:   4+3=

I9: 9-5 =

E15: 5+2 =

F1:   2+3 =

G10: 3+0 =

F16: 1+1 =

G3: 10-7 =

C11:   8-6 =

I14: 3+5 =

F7: 3+3 =

Die Lösung:

☐ ☐ ☐ ☐ ☐ ☐ ☐

☐ ☐ ☐ ☐ ☐ ☐ ☐ ☐ ☐

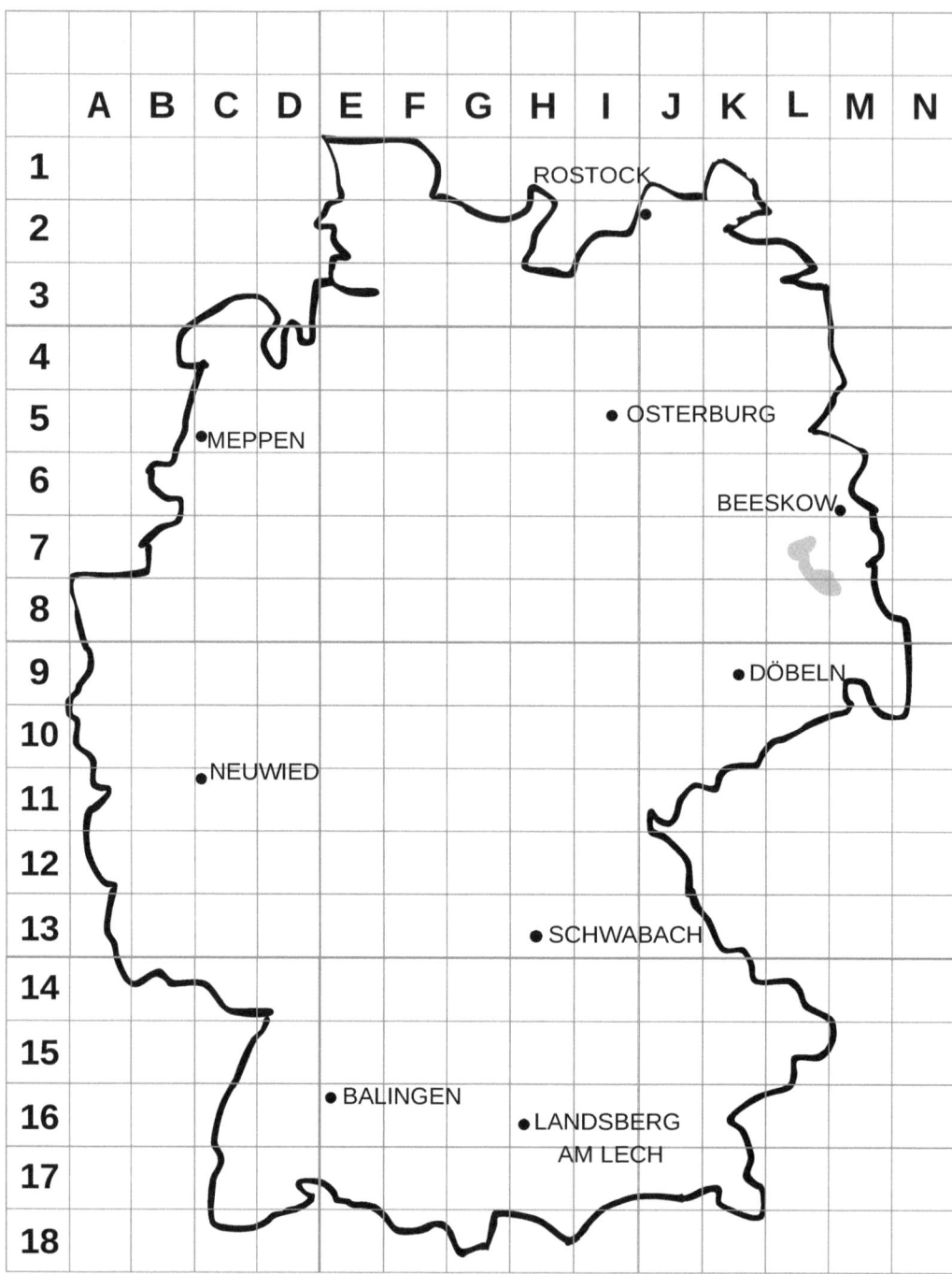

	A	B	C	D	E	F	G	H	I	J	K	L	M	N
1								ROSTOCK						
2														
3														
4														
5									OSTERBURG					
6														
7			MEPPEN								BEESKOW			
8														
9											DÖBELN			
10														
11			NEUWIED											
12														
13								SCHWABACH						
14														
15														
16					BALINGEN			LANDSBERG AM LECH						
17														
18														

Löse die Rechnungen und trage die Buchstaben der gesuchten Stadt in die Felder ein. Jene Buchstaben bilden die Lösung.

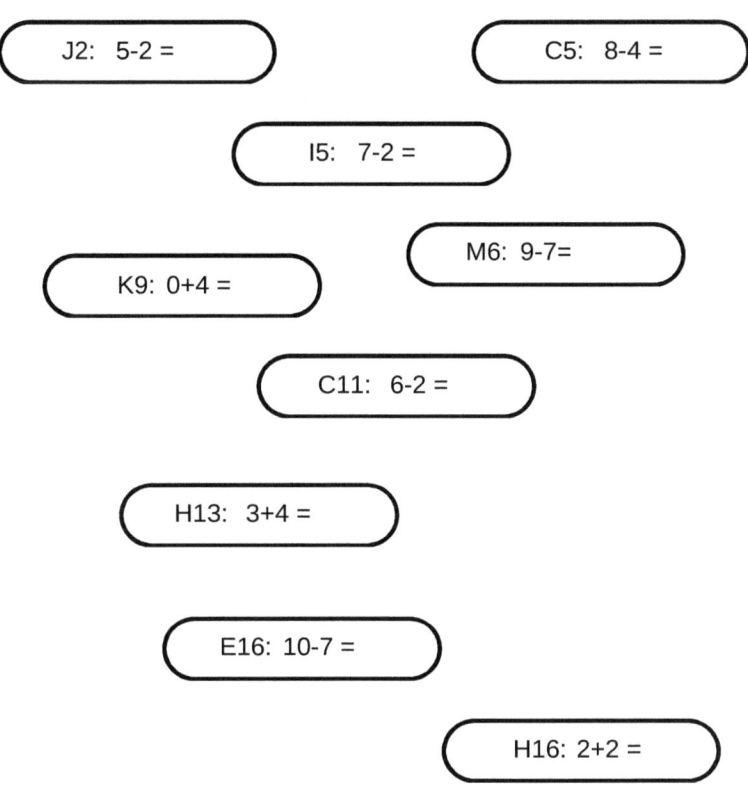

J2: 5-2 =

C5: 8-4 =

I5: 7-2 =

M6: 9-7=

K9: 0+4 =

C11: 6-2 =

H13: 3+4 =

E16: 10-7 =

H16: 2+2 =

Die Lösung:

Markiere die Flüsse: Donau, Havel und Elbe in blauer Farbe.

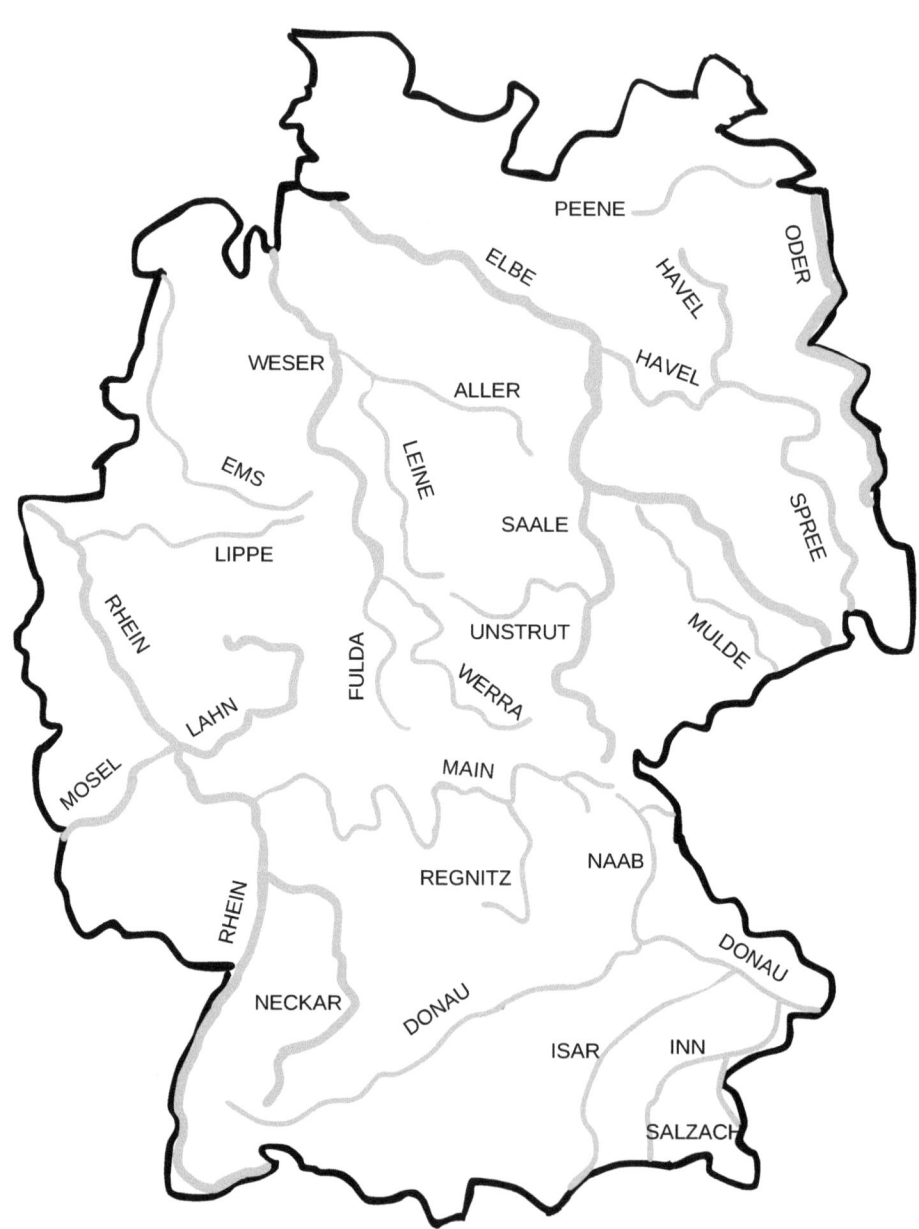

Markiere die Flüsse: Elbe, Weser und Spree in blauer Farbe.

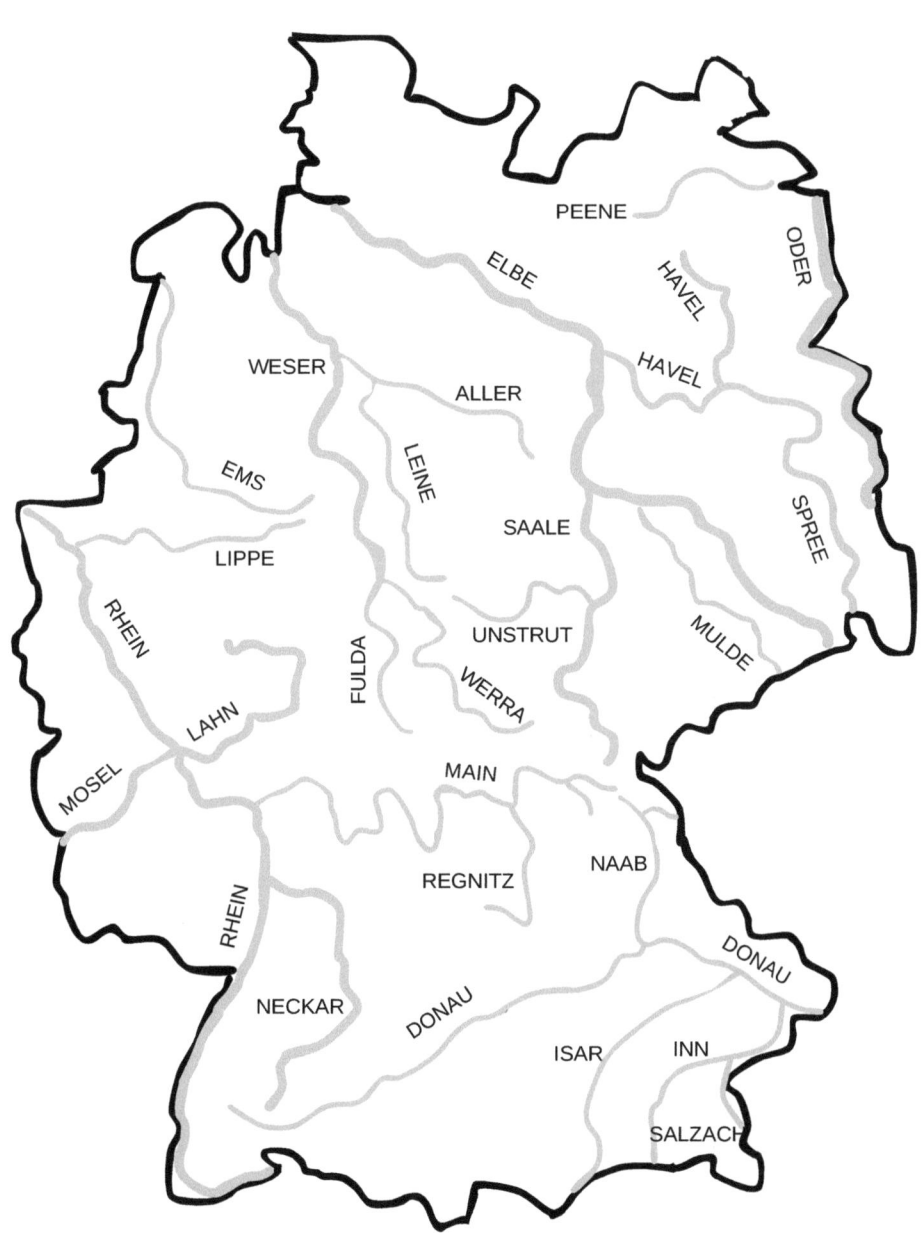

Markiere die Flüsse: Rhein, Mosel und Lahn in blauer Farbe.

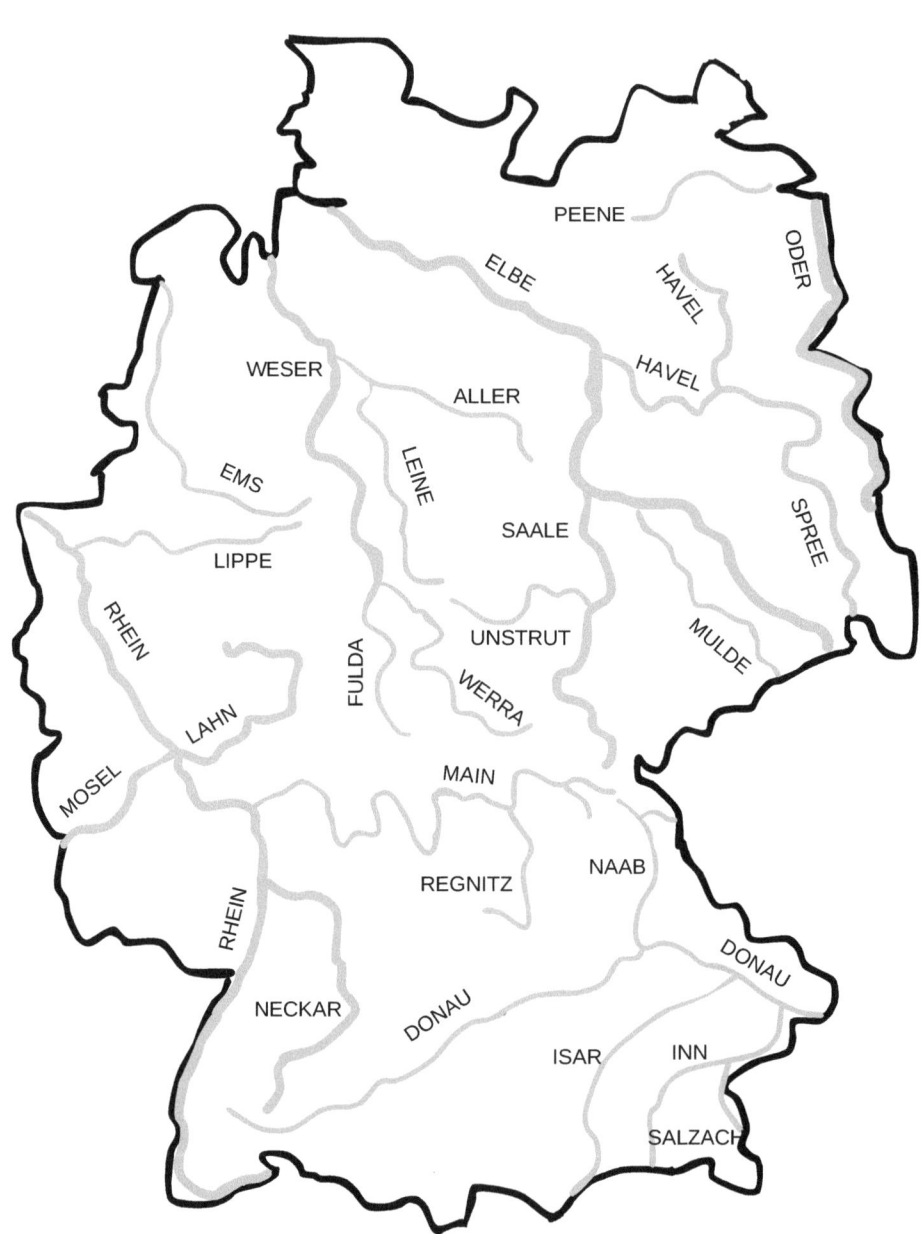

Markiere die Flüsse: Oder, Lippe und Ems in blauer Farbe.

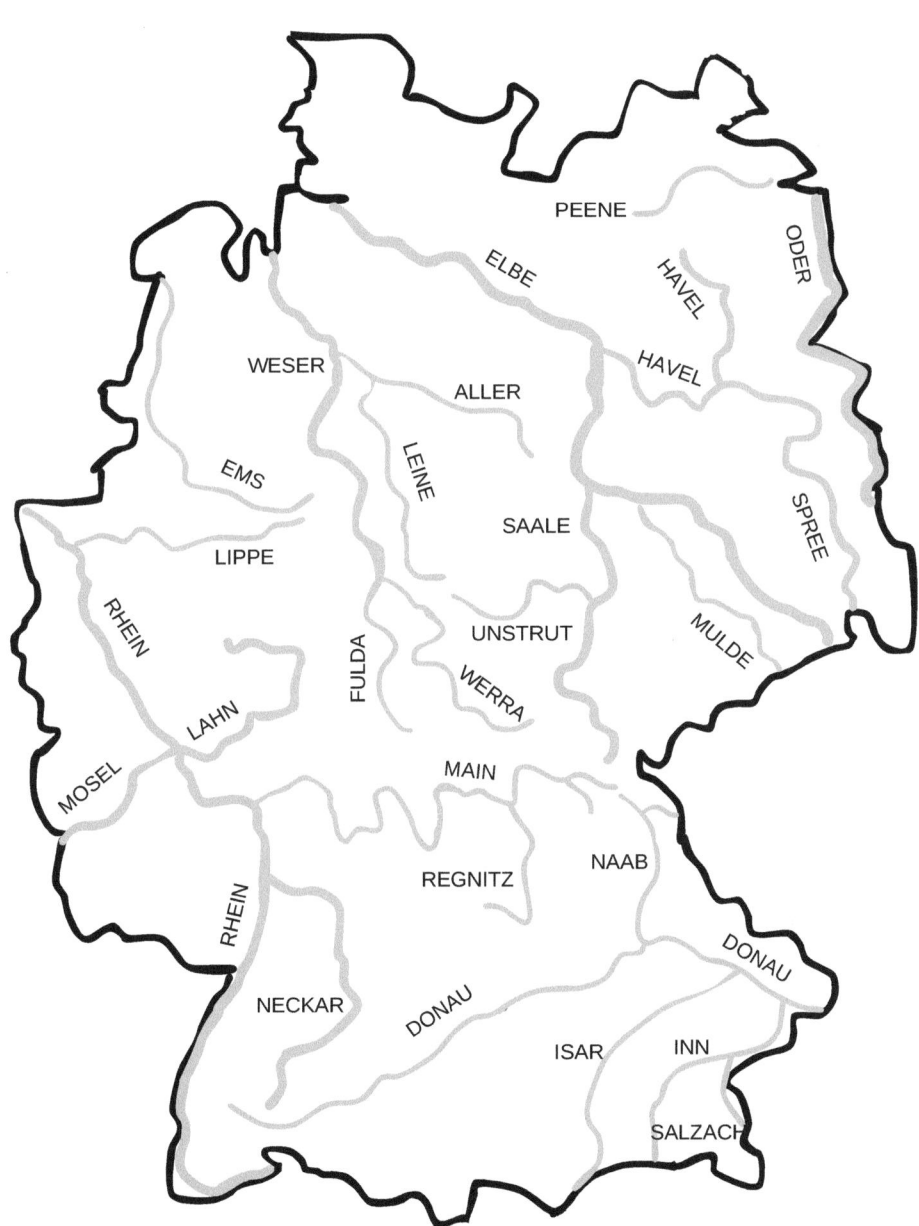

Markiere die Flüsse: Main, Regnitz und Unstrut in blauer Farbe.

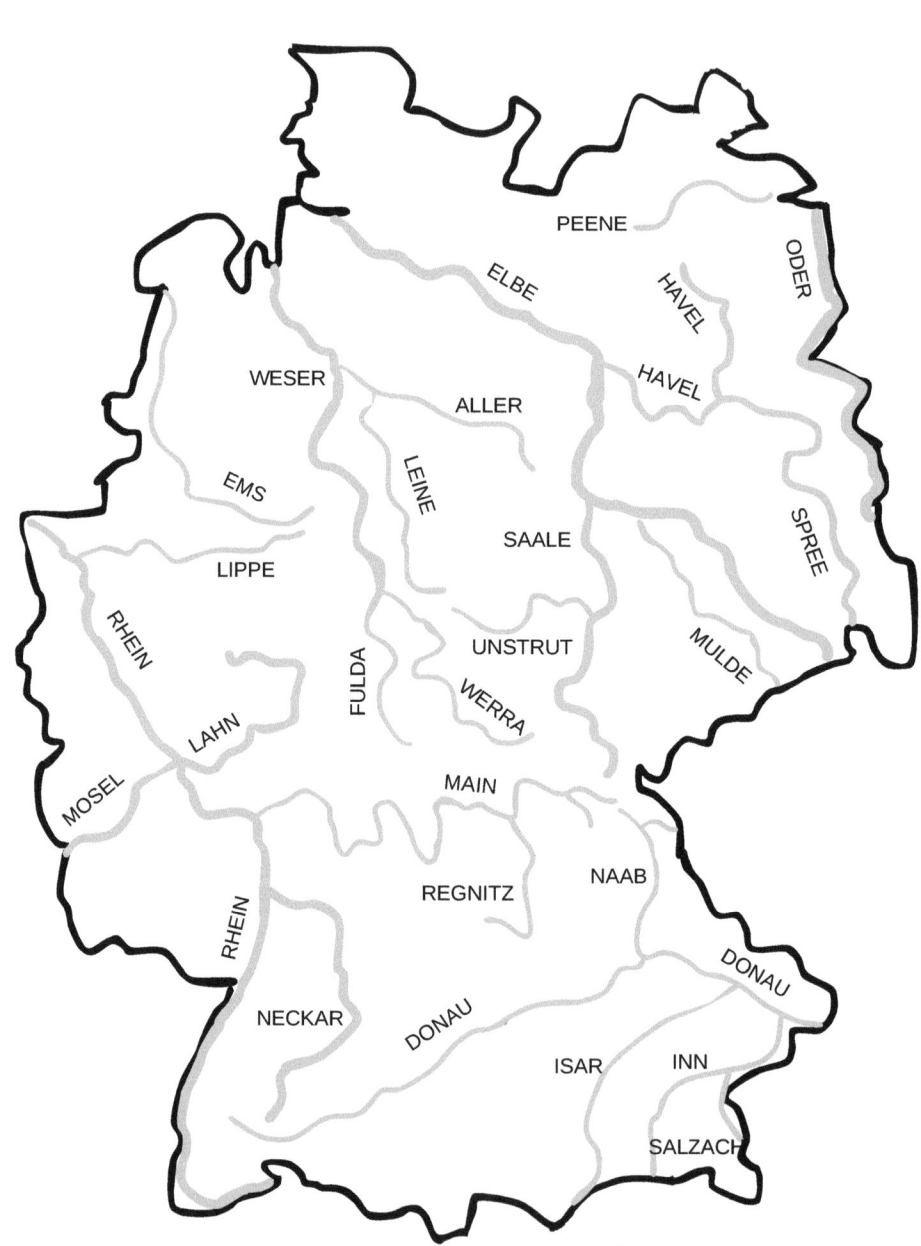

Markiere die Flüsse: Oder, Donau und Elbe in blauer Farbe.

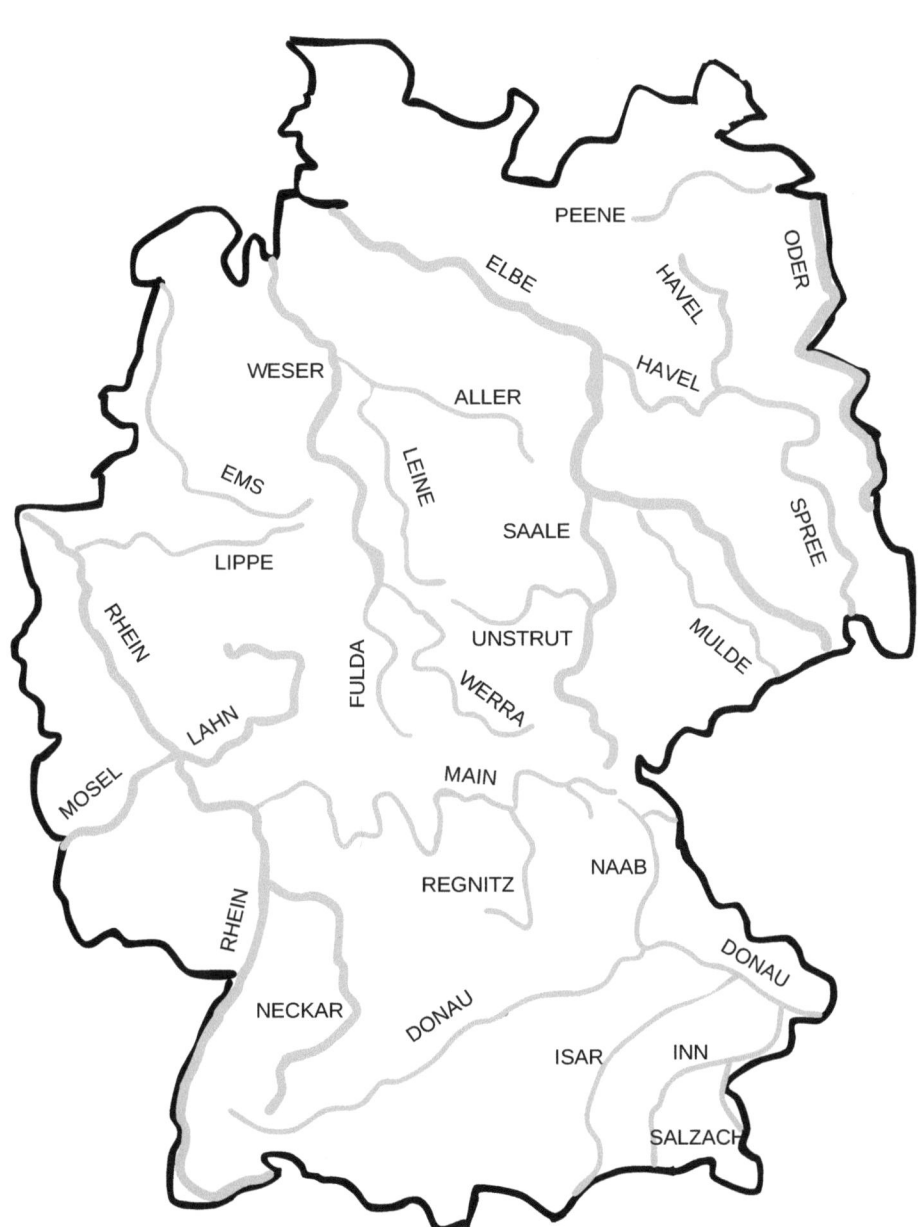

Markiere die Flüsse: Fulda, Mulde und Naab in blauer Farbe.

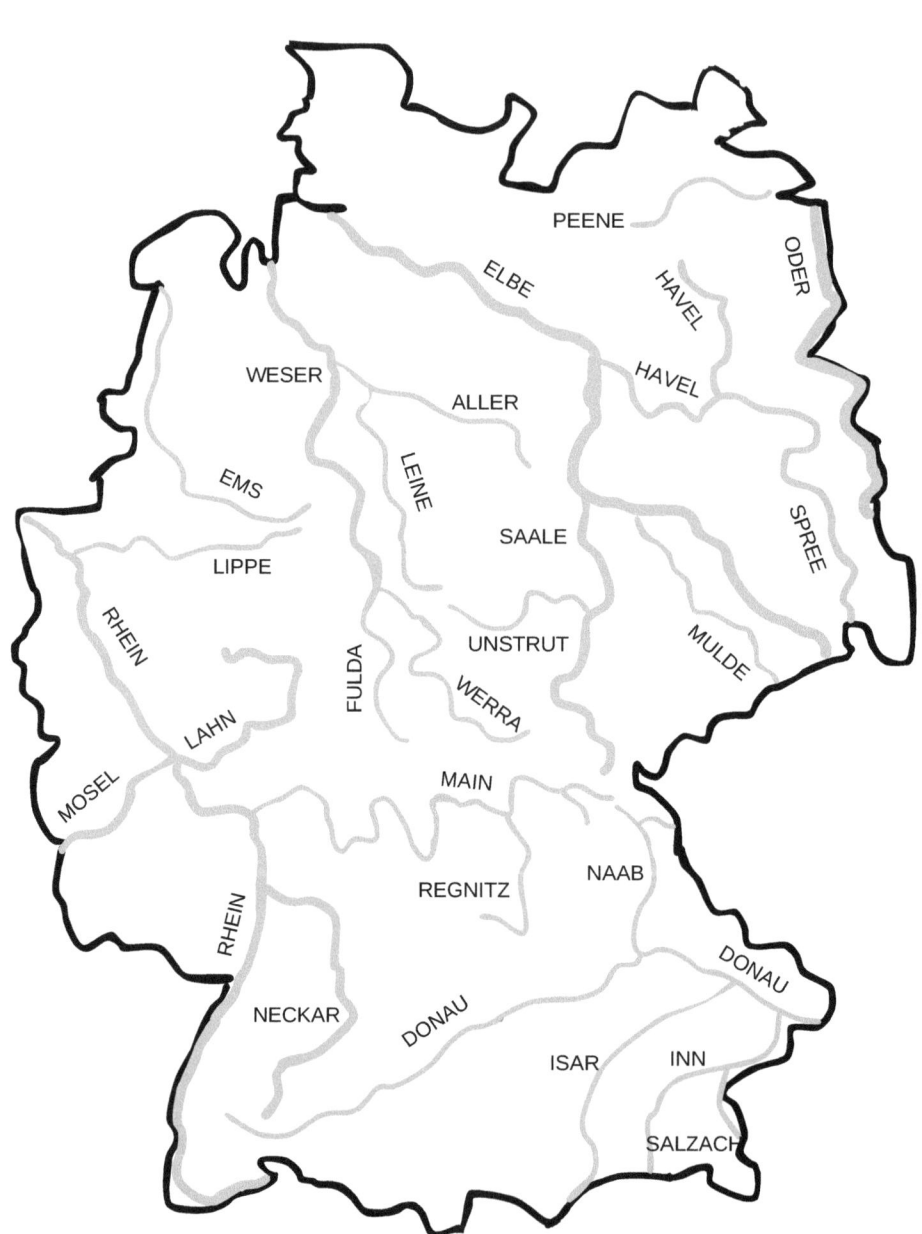

Markiere die Flüsse: Havel, Main und Elbe in blauer Farbe.

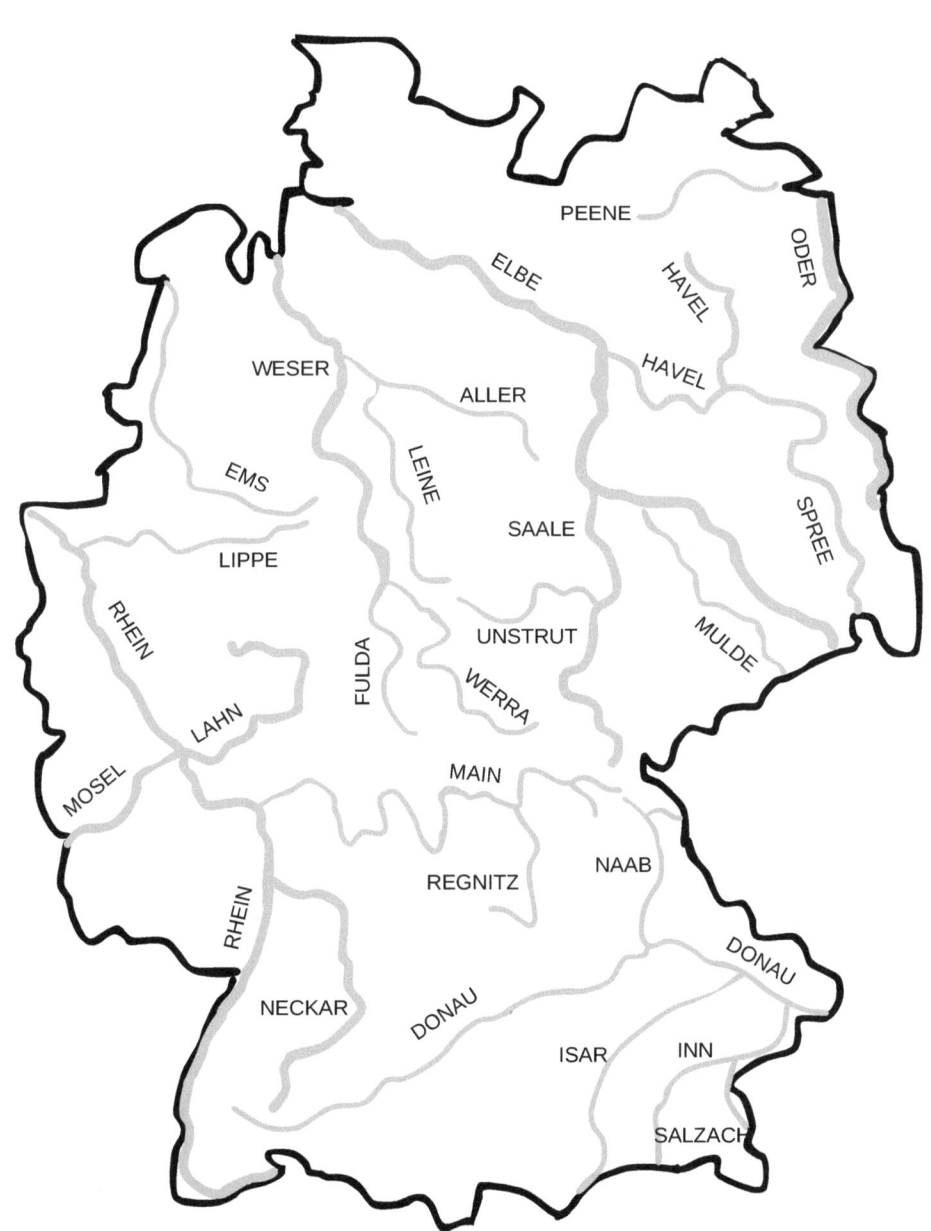

Markiere die Flüsse: Weser, Neckar und Havel in blauer Farbe.

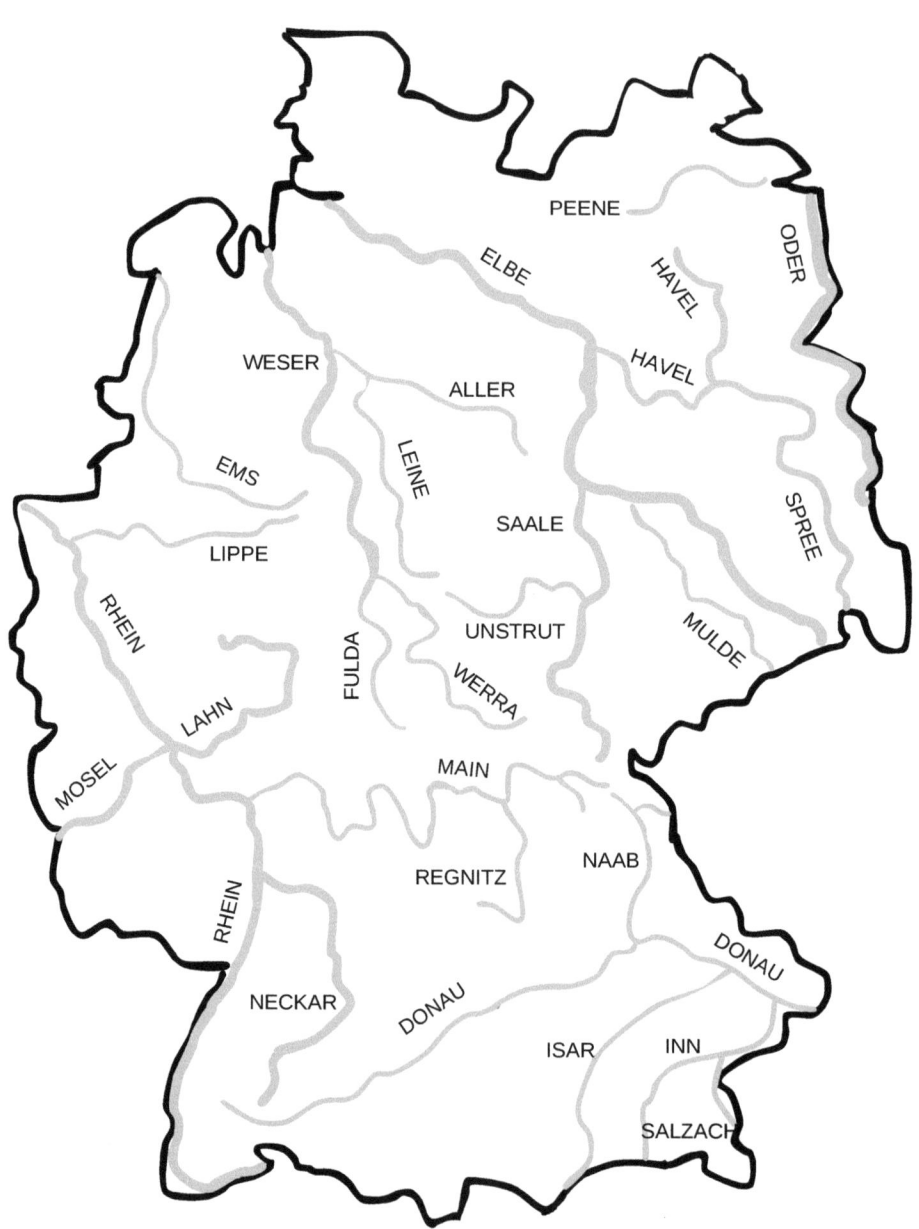

PEENE

ELBE

HAVEL

HAVEL

ODER

WESER

ALLER

EMS

LEINE

SAALE

SPREE

LIPPE

RHEIN

FULDA

UNSTRUT

MULDE

LAHN

WERRA

MOSEL

MAIN

RHEIN

REGNITZ

NAAB

DONAU

NECKAR

DONAU

ISAR

INN

SALZACH

Markiere den Fluss, der durch Magdeburg fließt in blau.

Verbinde die Städte mit den Flüssen, die durch sie fließen.

MAGDEBURG

ELBE

WIESBADEN

DONAU

ULM

RHEIN

Markiere den Fluss, der durch Duisburg, Köln und Wiesbaden fließt, in blau.

Verbinde die Städte mit den Flüssen, die durch sie fließen.

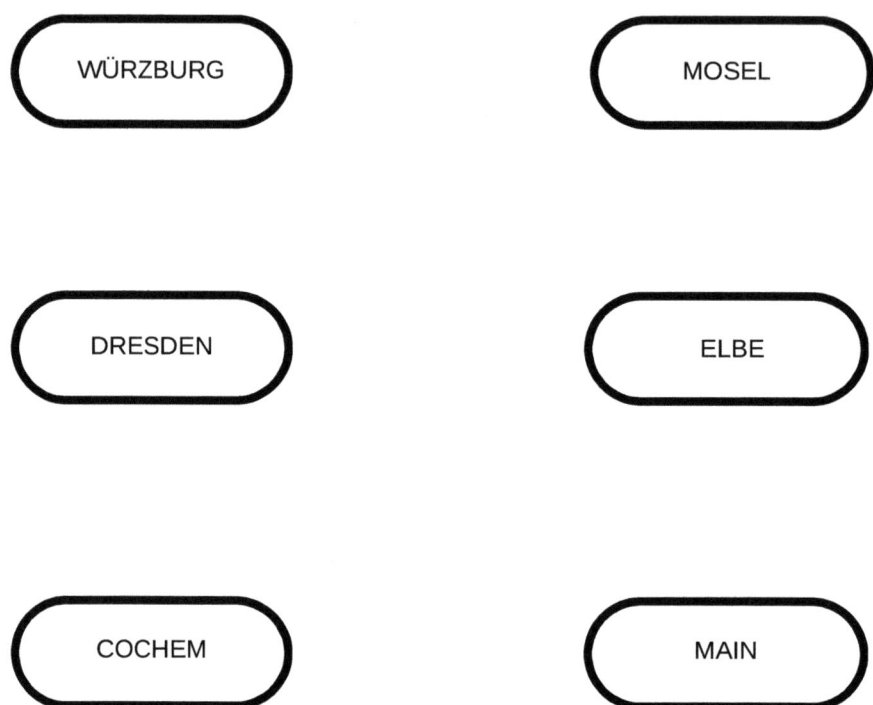

WÜRZBURG

MOSEL

DRESDEN

ELBE

COCHEM

MAIN

Markiere den Fluss, der durch Würzburg fließt, in blau.

Verbinde die Städte mit den Flüssen, die durch sie fließen.

TÜBINGEN

HAVEL

BREMEN

NECKAR

POTSDAM

WESER

Markiere die Flüsse, die durch Potsdam und München fließen, in blau.

Verbinde die Städte mit den Flüssen, die durch sie fließen.

MÜNCHEN

NECKAR

STUTTGART

ISAR

KÖLN

RHEIN

Markiere den Fluss, der durch Stuttgart fließt, in blau.

Verbinde die Städte mit den Flüssen, die durch sie fließen.

FRANKFURT	DONAU
REGENSBURG	MAIN
FRANKFURT	ODER

Markiere den Fluss, der durch Bremen fließt, in blau.

Verbinde die Städte mit den Flüssen, die durch sie fließen.

PASSAU

NECKAR

BREMERHAVEN

DONAU

HEIDELBERG

WESER

Hilf dem Touristen, die Spitze zu erreichen.

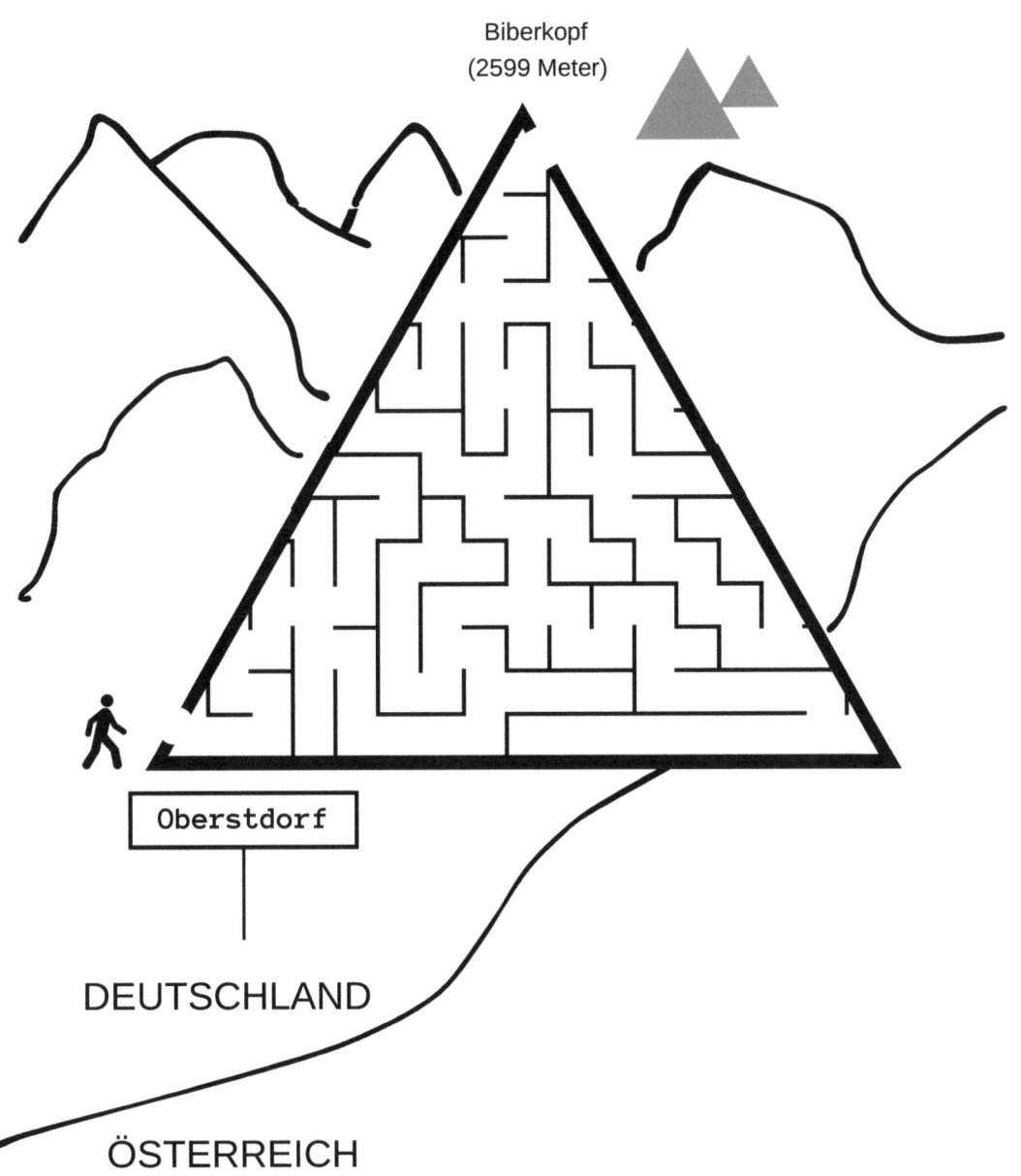

Biberkopf
(2599 Meter)

Oberstdorf

DEUTSCHLAND

ÖSTERREICH

Hilf dem Touristen, die Spitze zu erreichen.

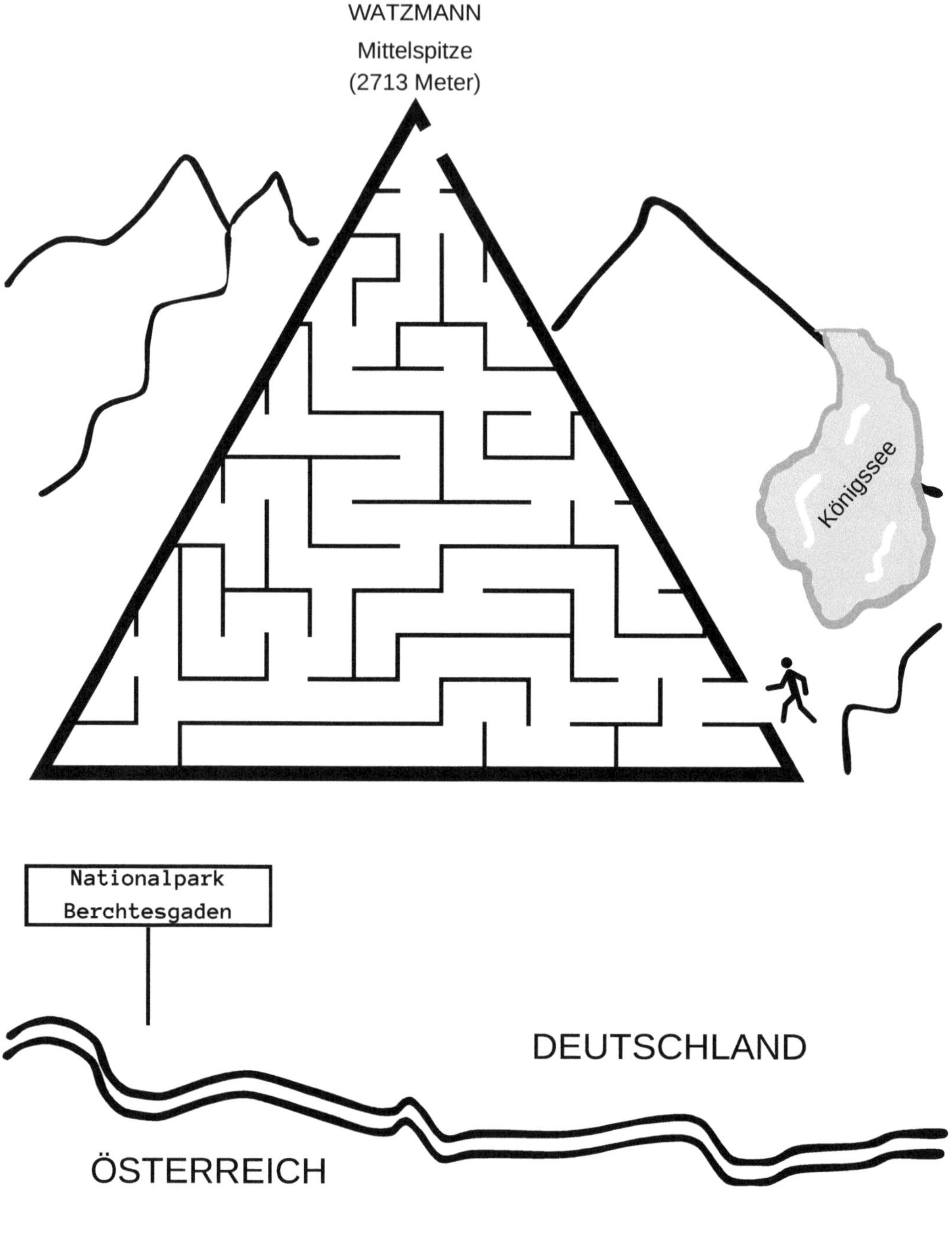

WATZMANN

Mittelspitze
(2713 Meter)

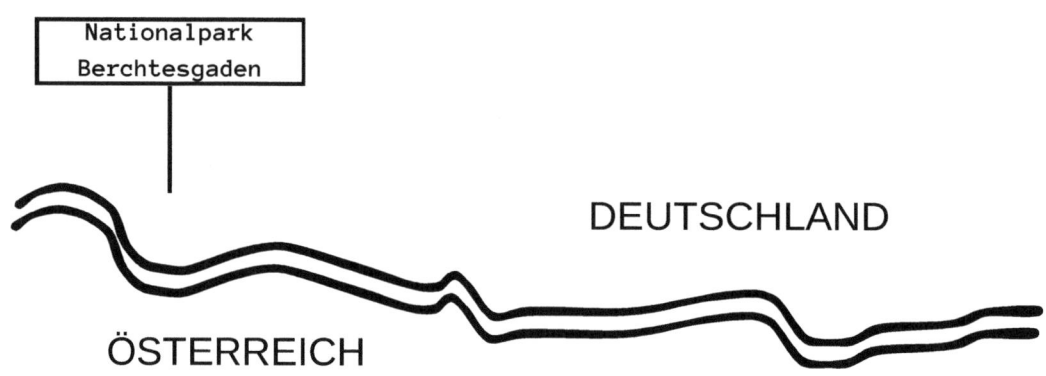

Königssee

Nationalpark
Berchtesgaden

DEUTSCHLAND

ÖSTERREICH

Hilf dem Skifahrer von der Spitze herunter.

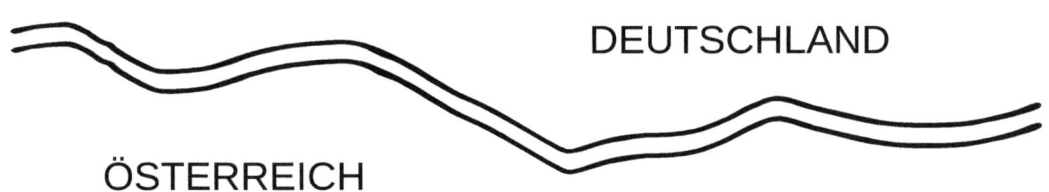

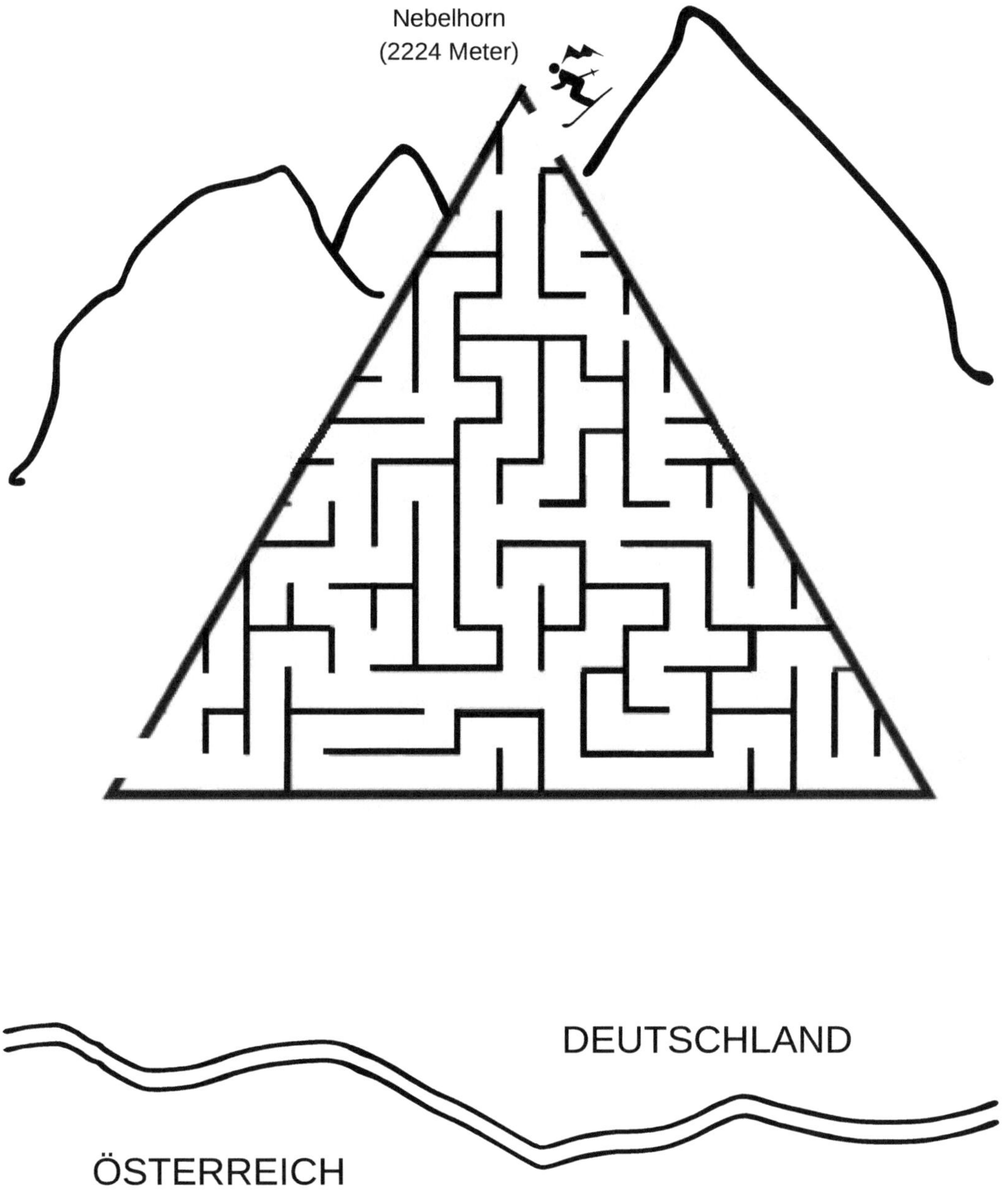

Nebelhorn
(2224 Meter)

DEUTSCHLAND

ÖSTERREICH

Hilf dem Touristen, die Spitze zu erreichen.

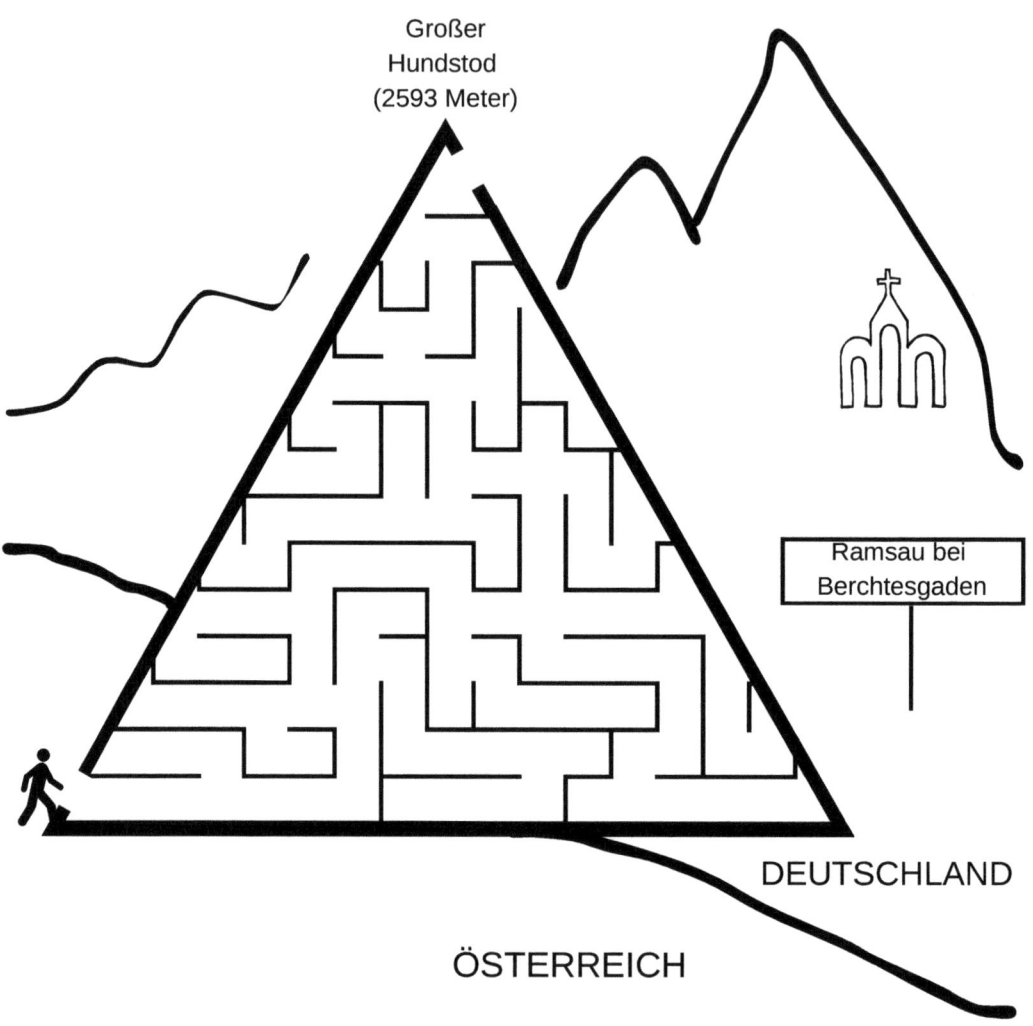

Großer
Hundstod
(2593 Meter)

Ramsau bei
Berchtesgaden

DEUTSCHLAND

ÖSTERREICH

Hilf dem Touristen, die Spitze zu erreichen.

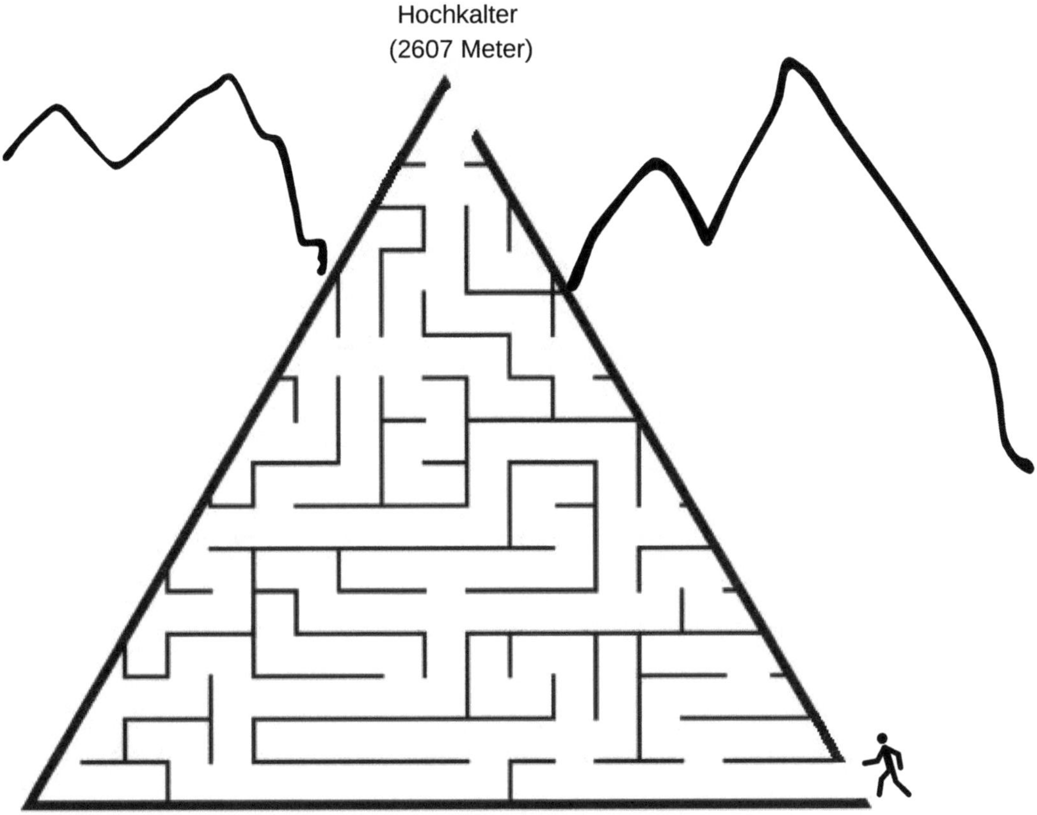

Hochkalter
(2607 Meter)

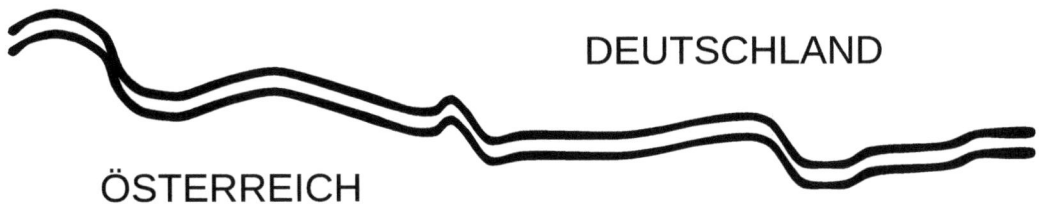

DEUTSCHLAND

ÖSTERREICH

Hilf dem Touristen, die Spitze zu erreichen.

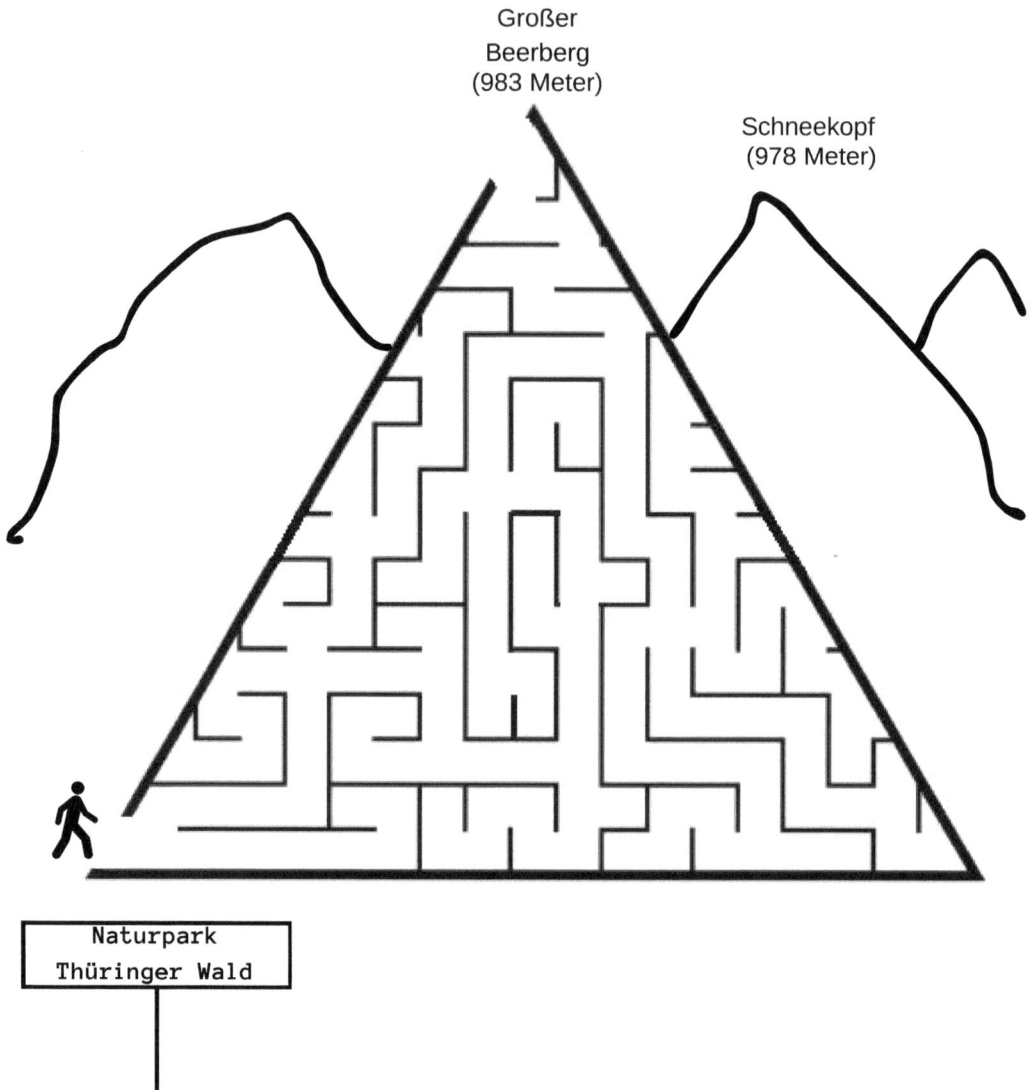

Großer
Beerberg
(983 Meter)

Schneekopf
(978 Meter)

Naturpark
Thüringer Wald

Hilf dem Touristen, die Spitze zu erreichen.

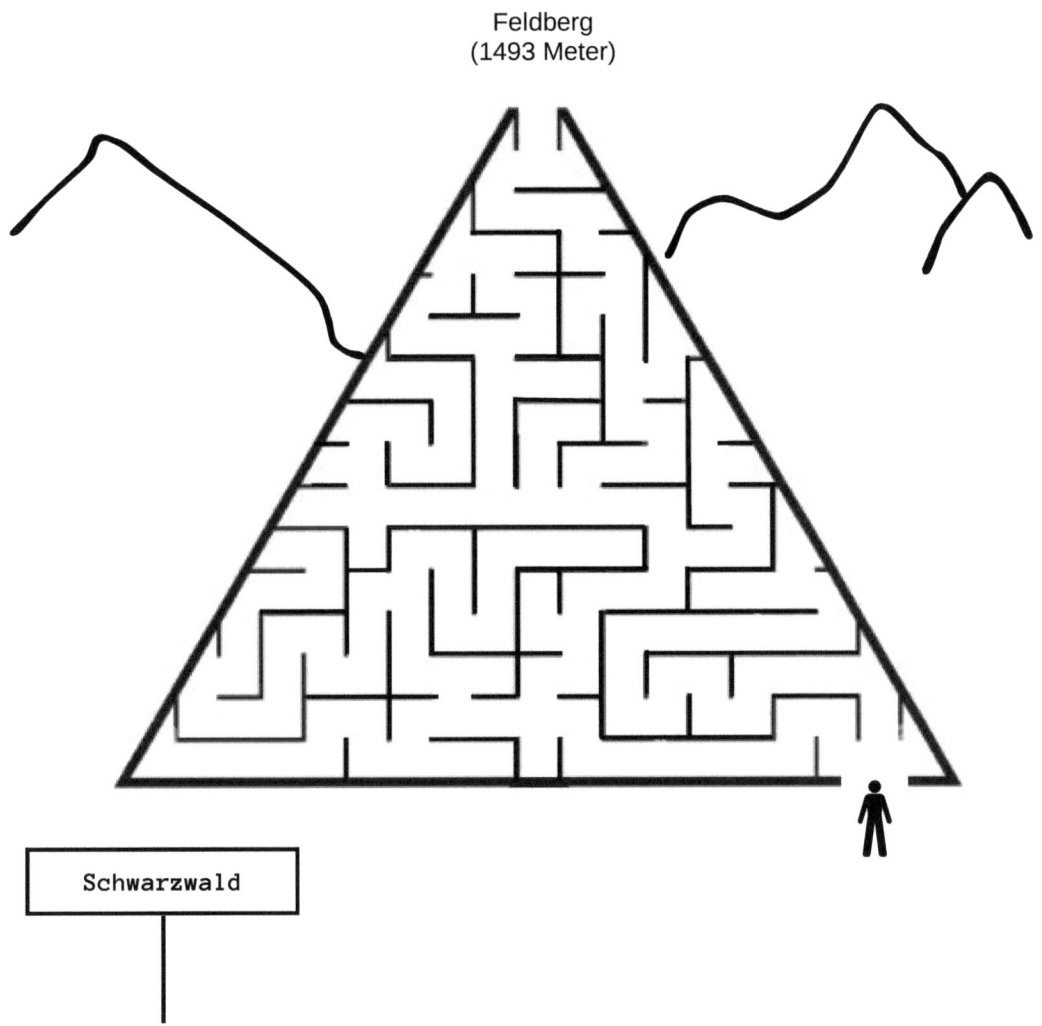

Feldberg
(1493 Meter)

Schwarzwald

Hilf dem Touristen, die Spitze zu erreichen.

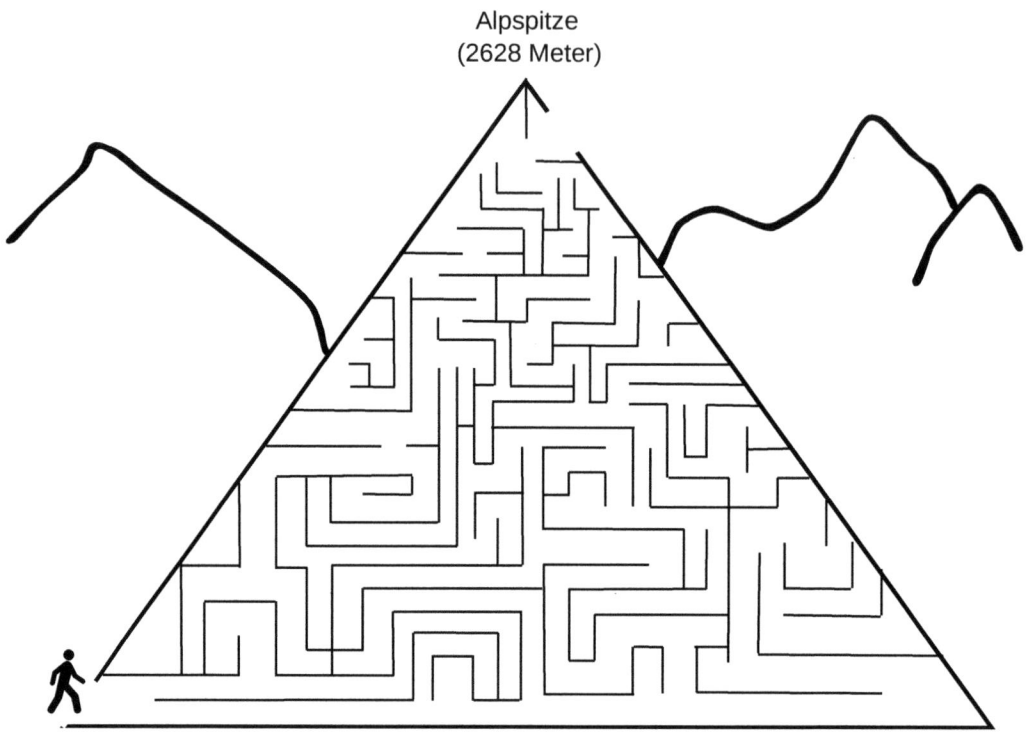

Alpspitze
(2628 Meter)

Hilf dem Touristen von der Spitze herunter.

Hochblassen
(2707 Meter)

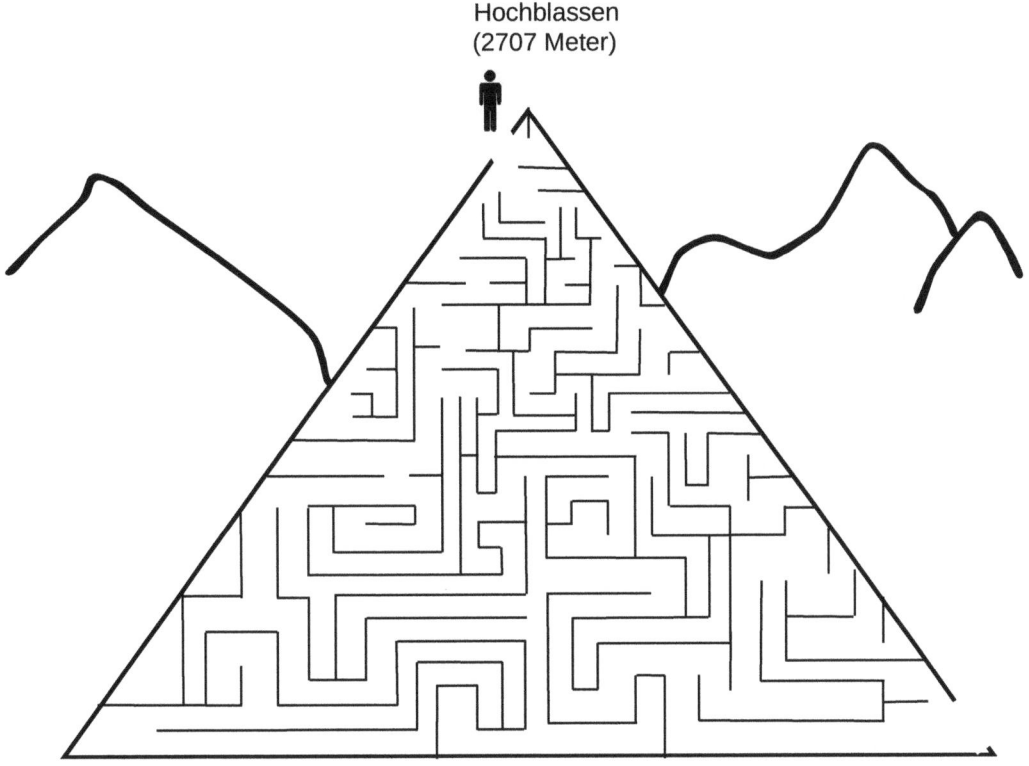

Hilf dem Touristen, die Spitze zu erreichen.

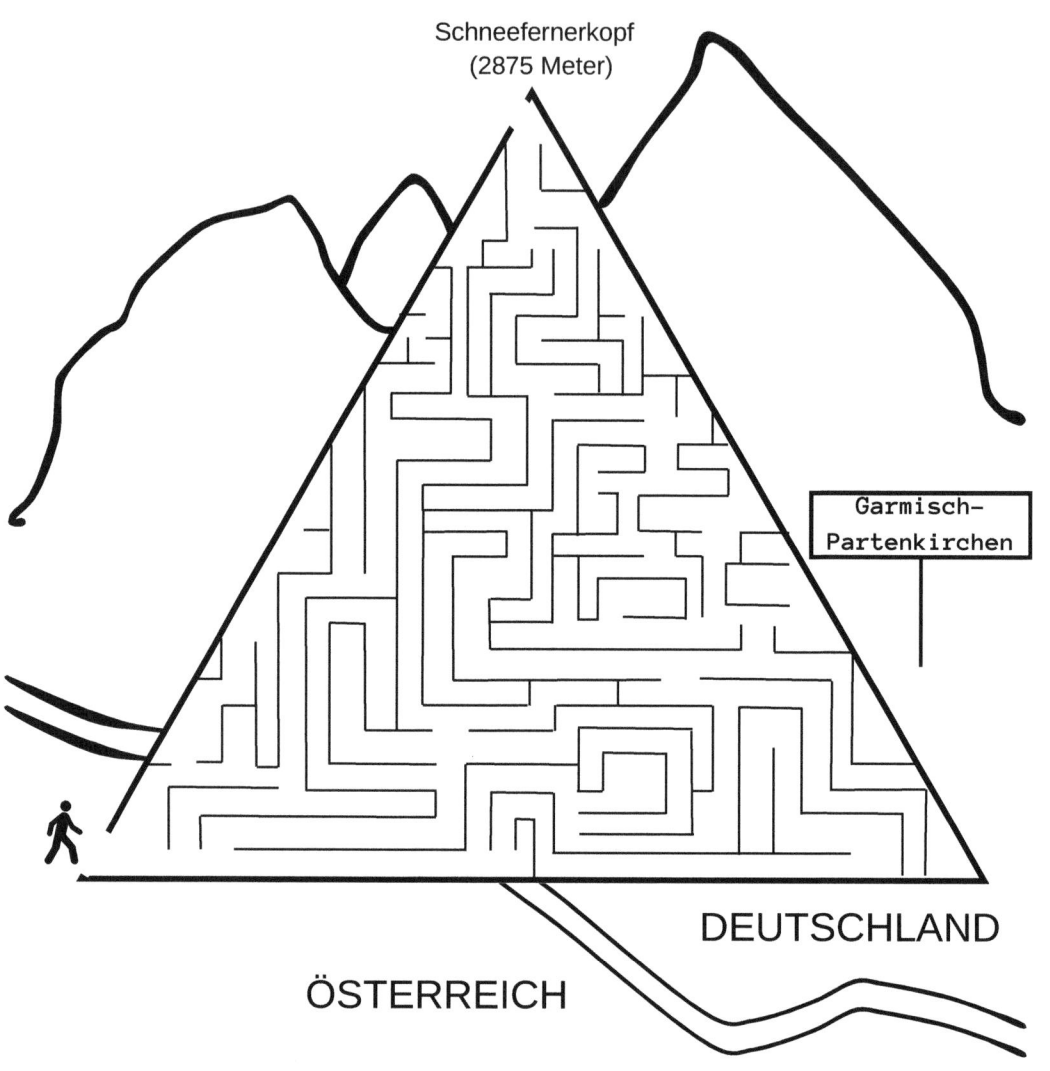

Schneefernerkopf
(2875 Meter)

Garmisch-
Partenkirchen

DEUTSCHLAND

ÖSTERREICH

Hilf dem Touristen, die Spitze zu erreichen.

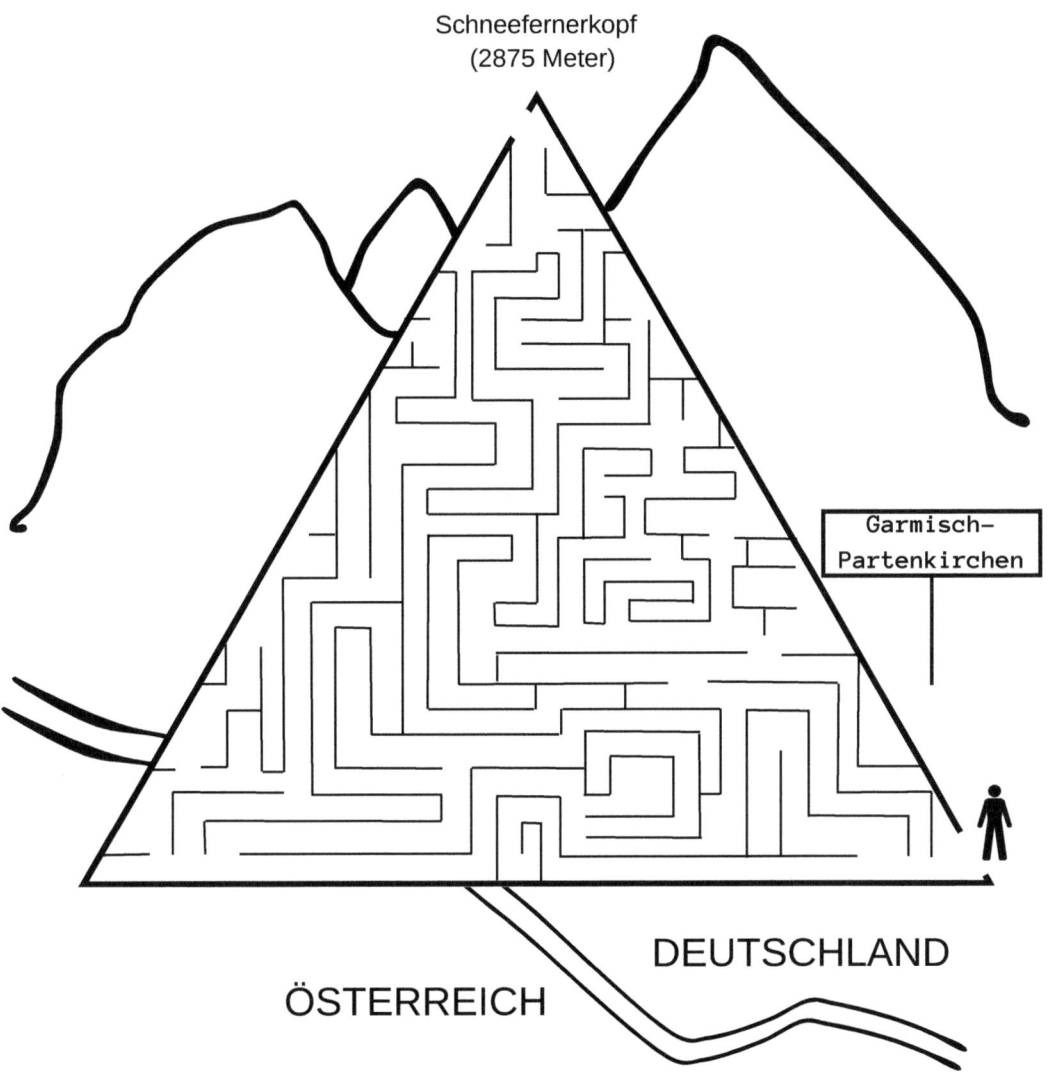

Schneefernerkopf
(2875 Meter)

Garmisch-
Partenkirchen

DEUTSCHLAND

ÖSTERREICH

Hilf dem Skifahrer von der Spitze herunter.

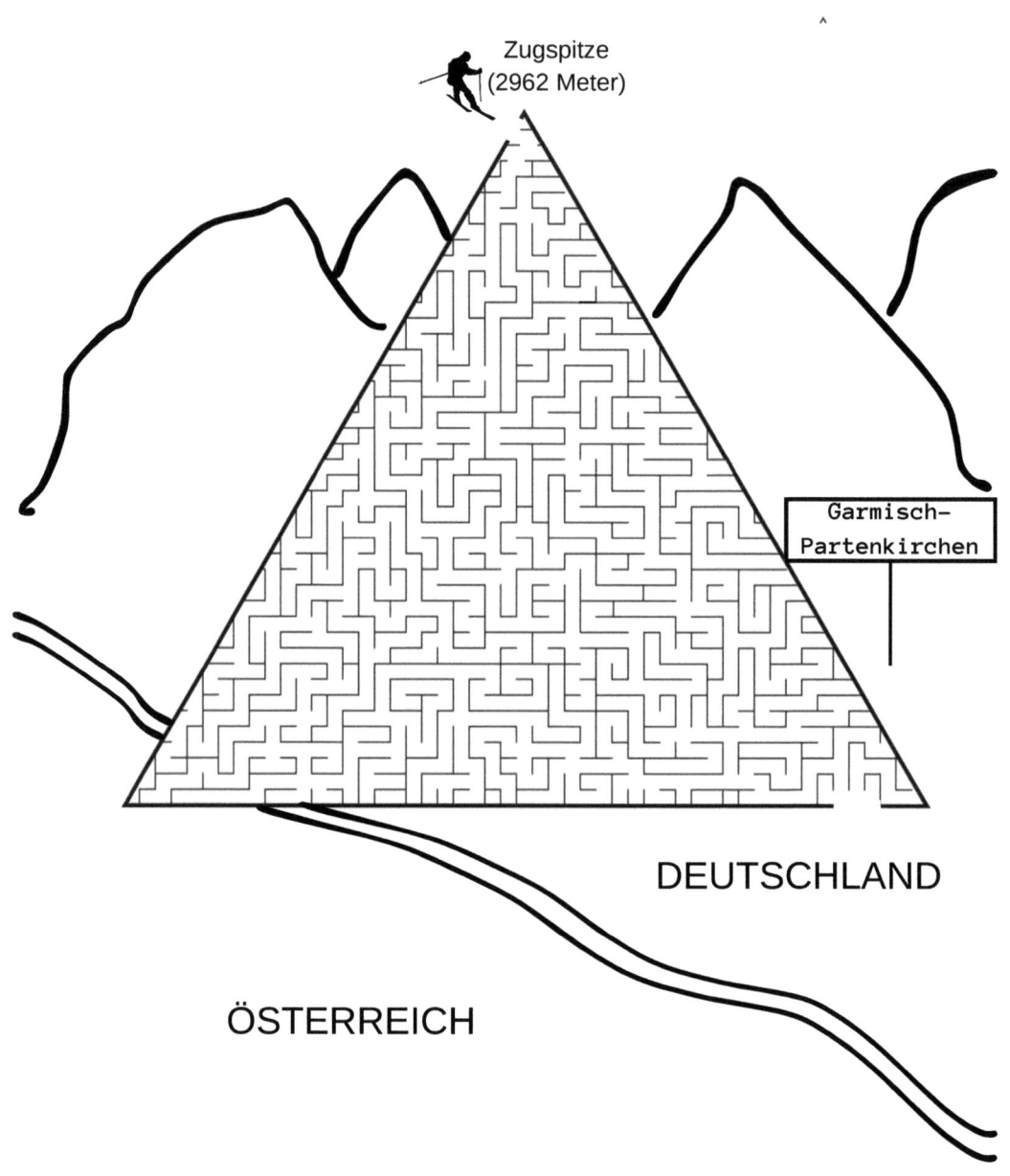

Zugspitze
(2962 Meter)

Garmisch-
Partenkirchen

DEUTSCHLAND

ÖSTERREICH

Hilf dem Touristen, die Spitze zu erreichen.

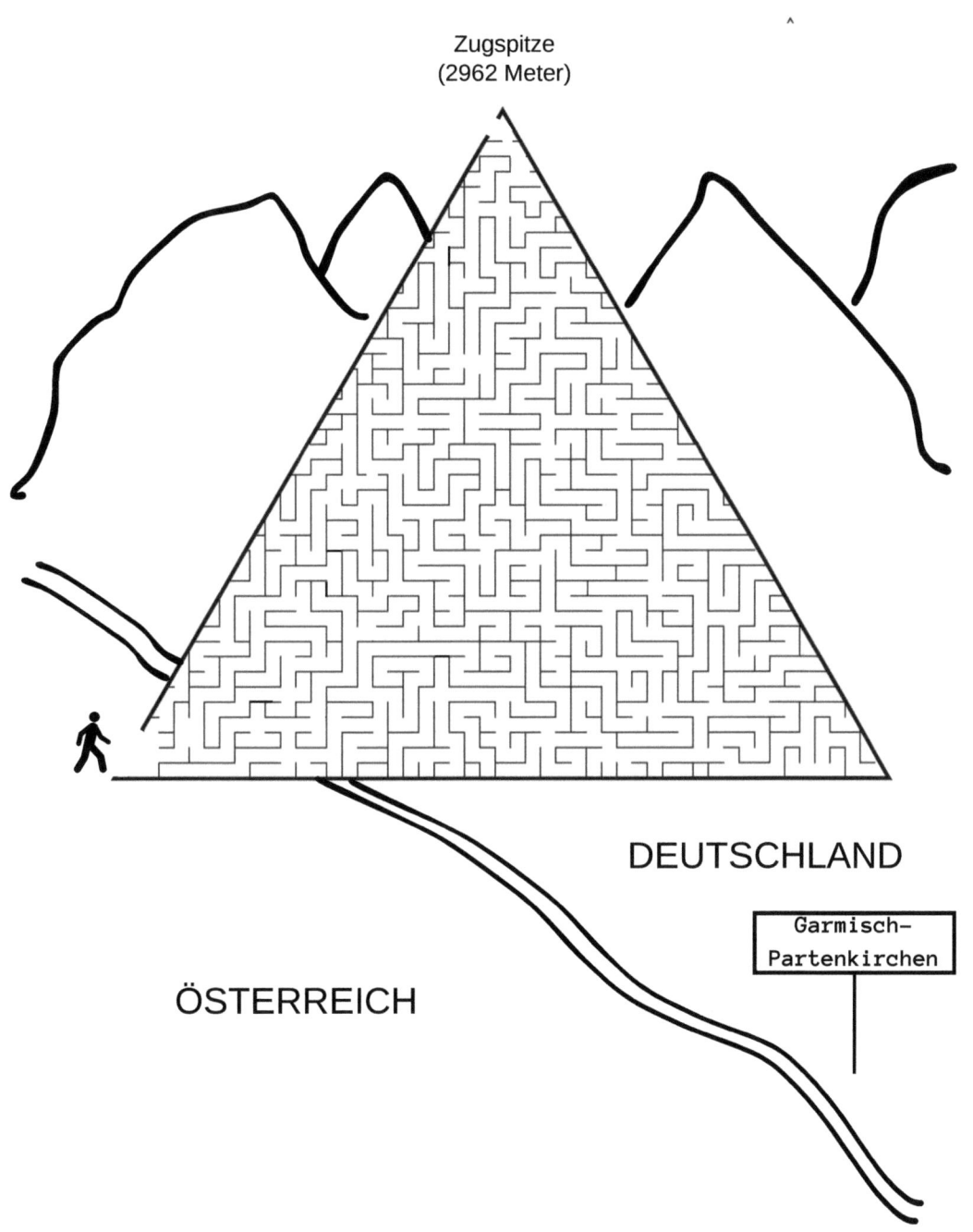

Zugspitze
(2962 Meter)

DEUTSCHLAND

Garmisch-
Partenkirchen

ÖSTERREICH

Male jedes Nachbarland Deutschlands mit einer anderen Farbe aus.

Welches Flugzeug wird Österreich erreichen?

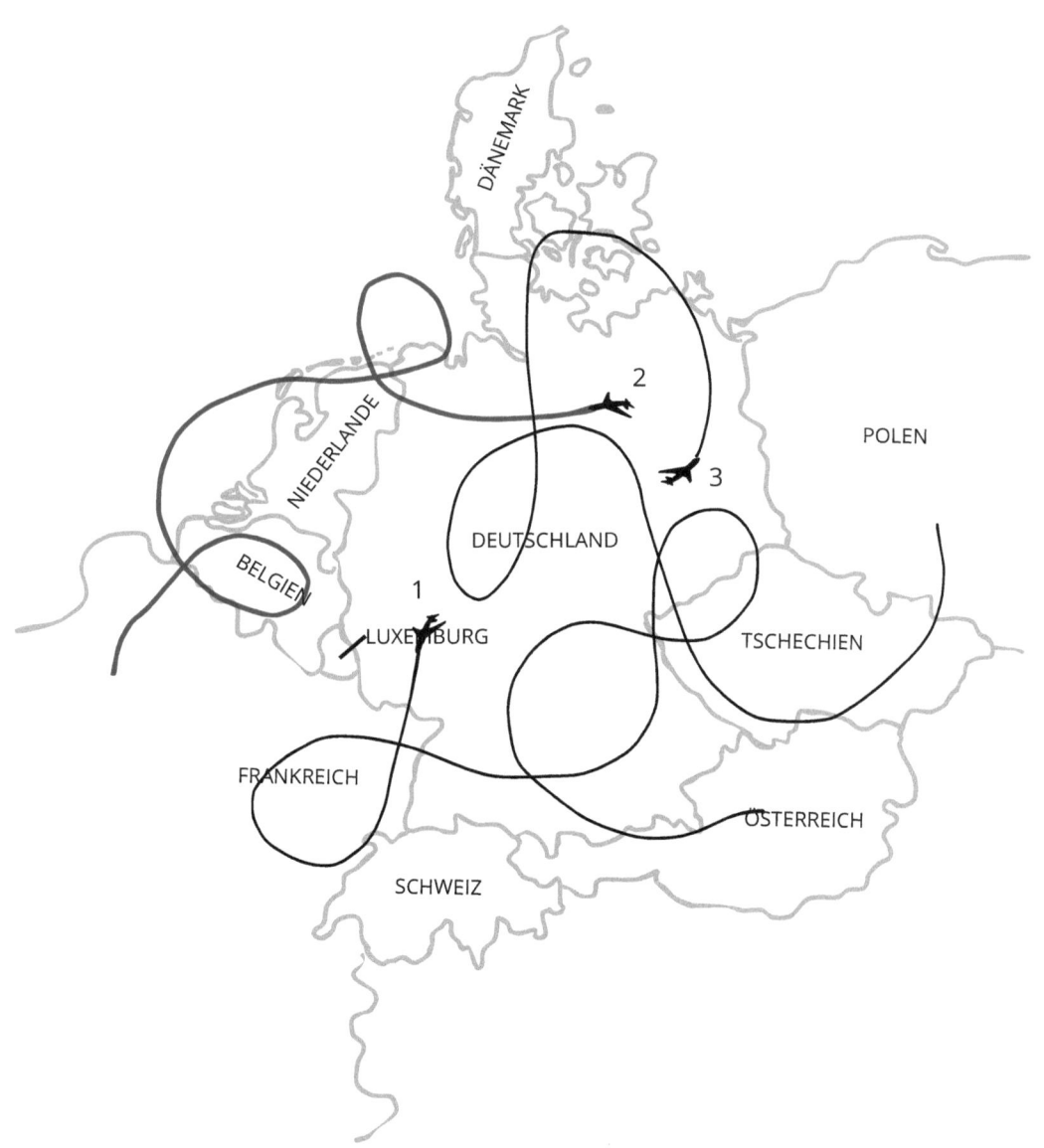

Welches Flugzeug wird durch Luxemburg fliegen?

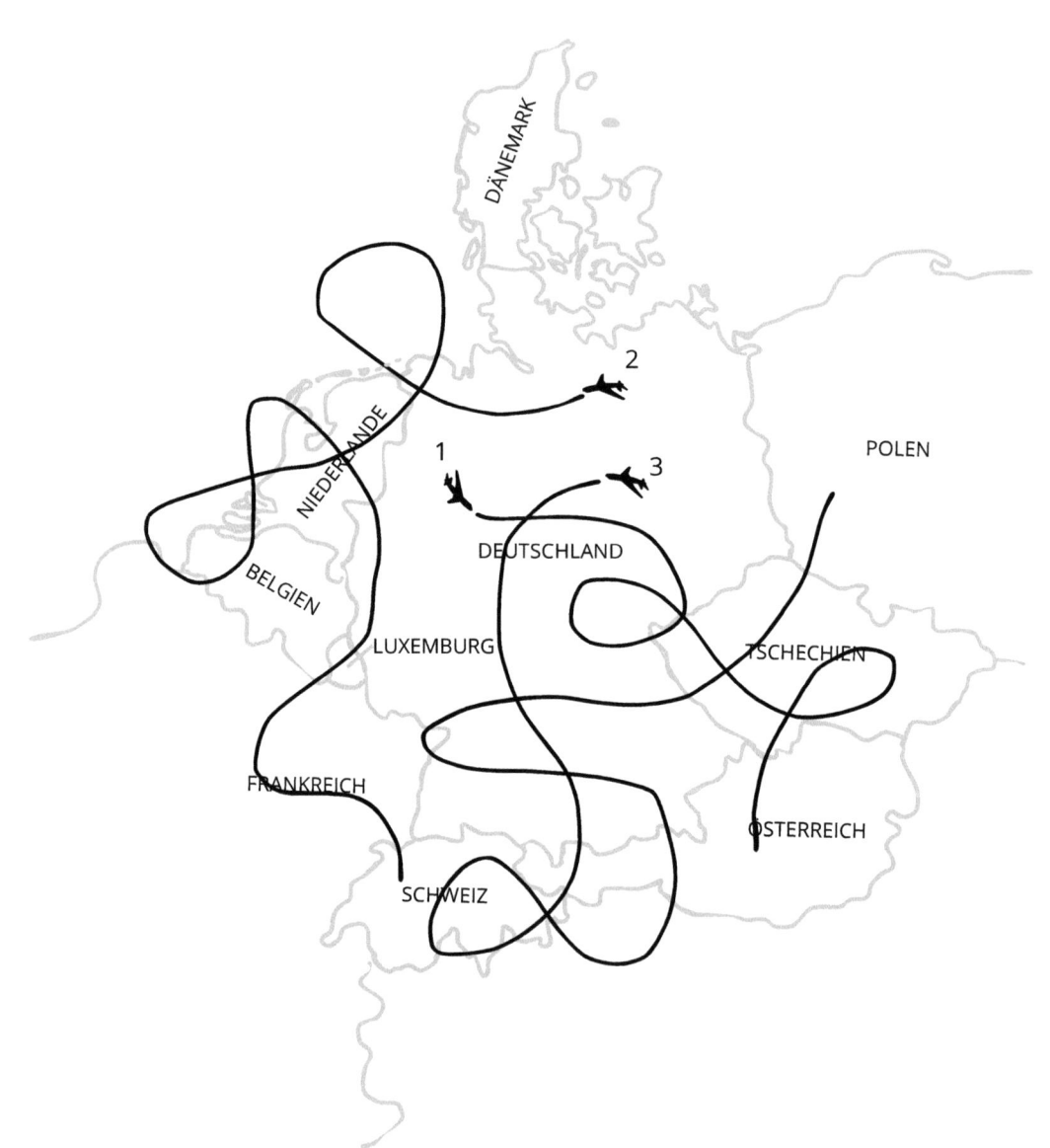

Welches Flugzeug wird Belgien erreichen und durch Polen fliegen?

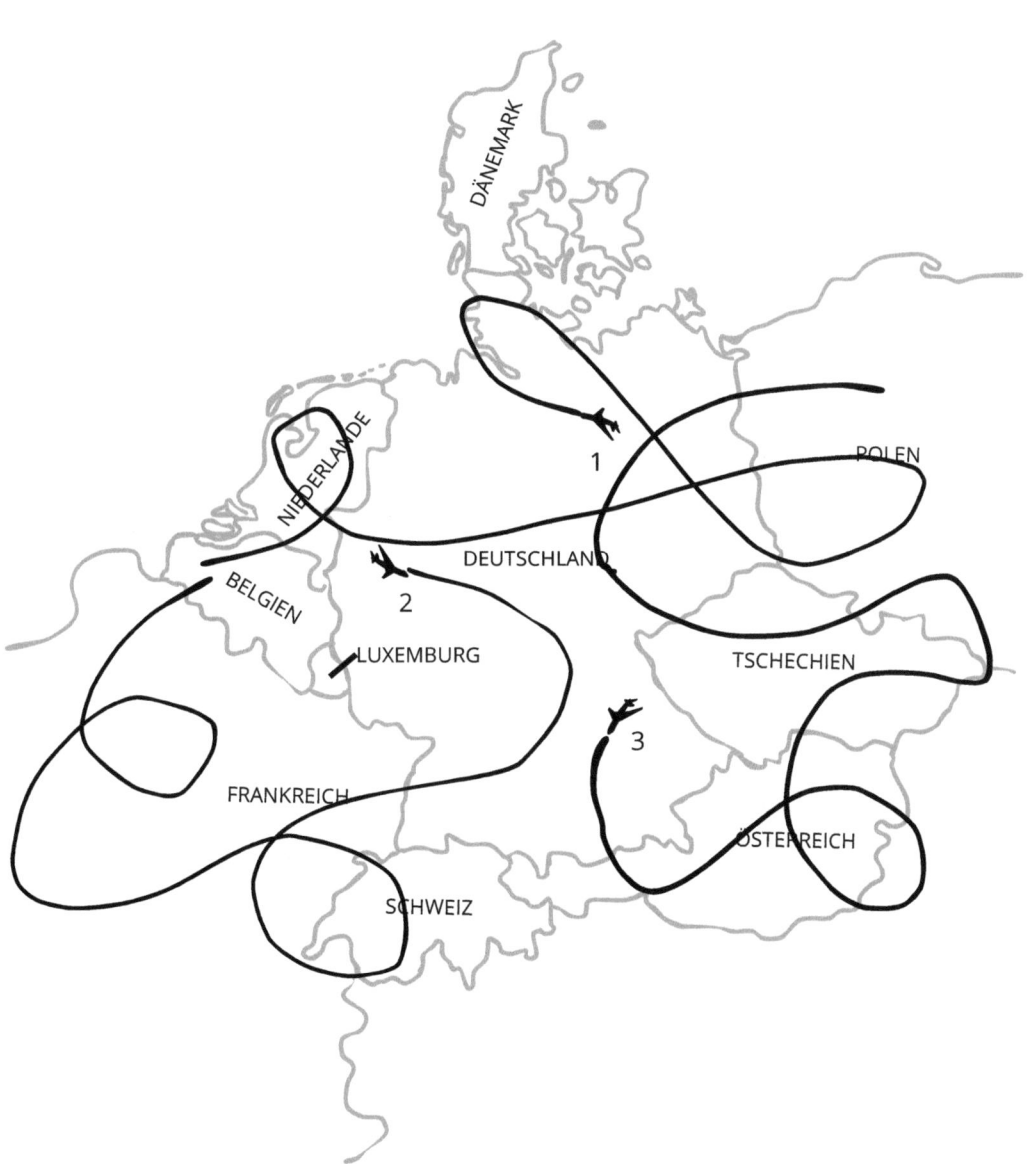

Welches Flugzeug wird Frankreich erreichen?

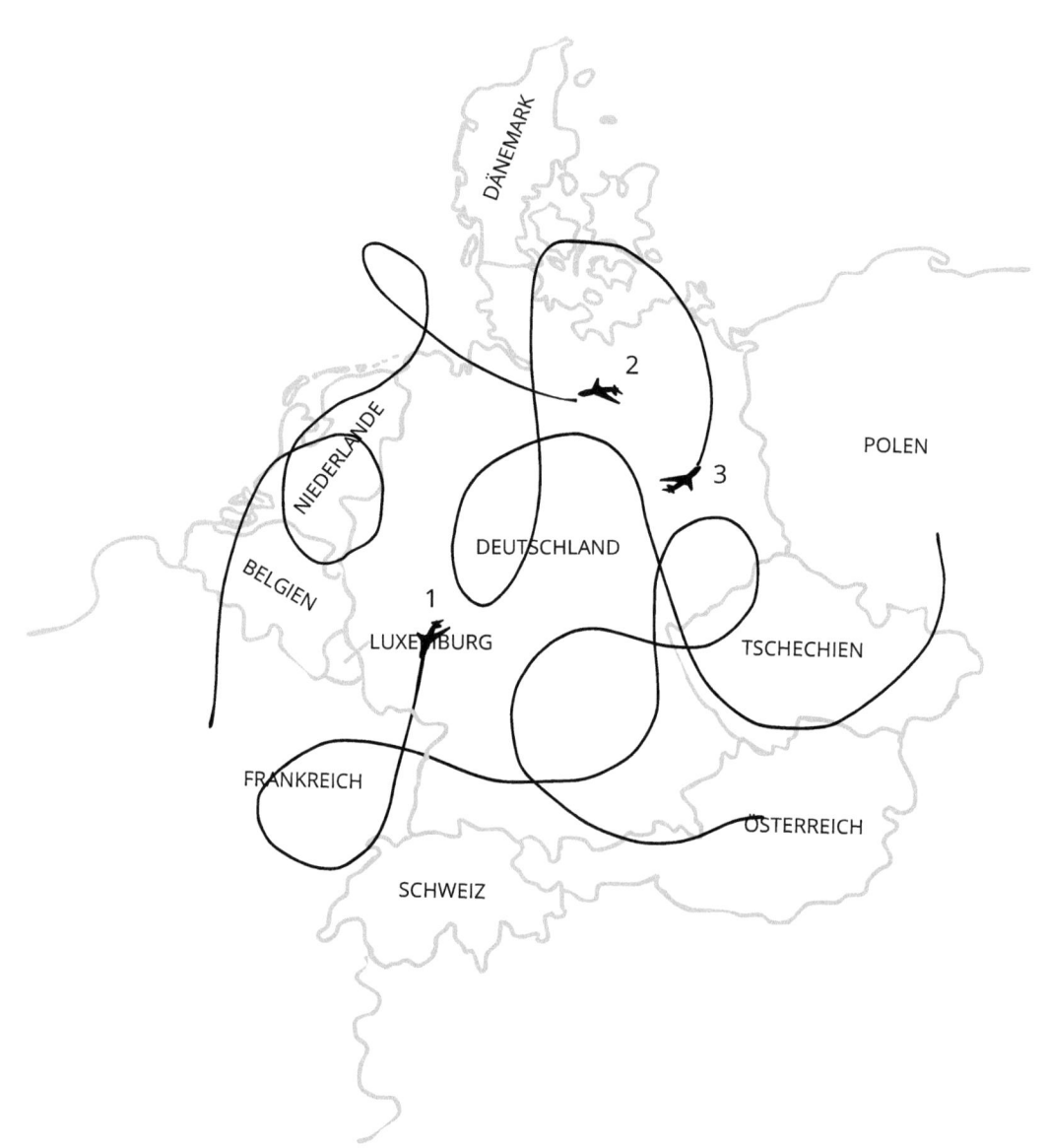

Welches Flugzeug wird Dänemark erreichen?

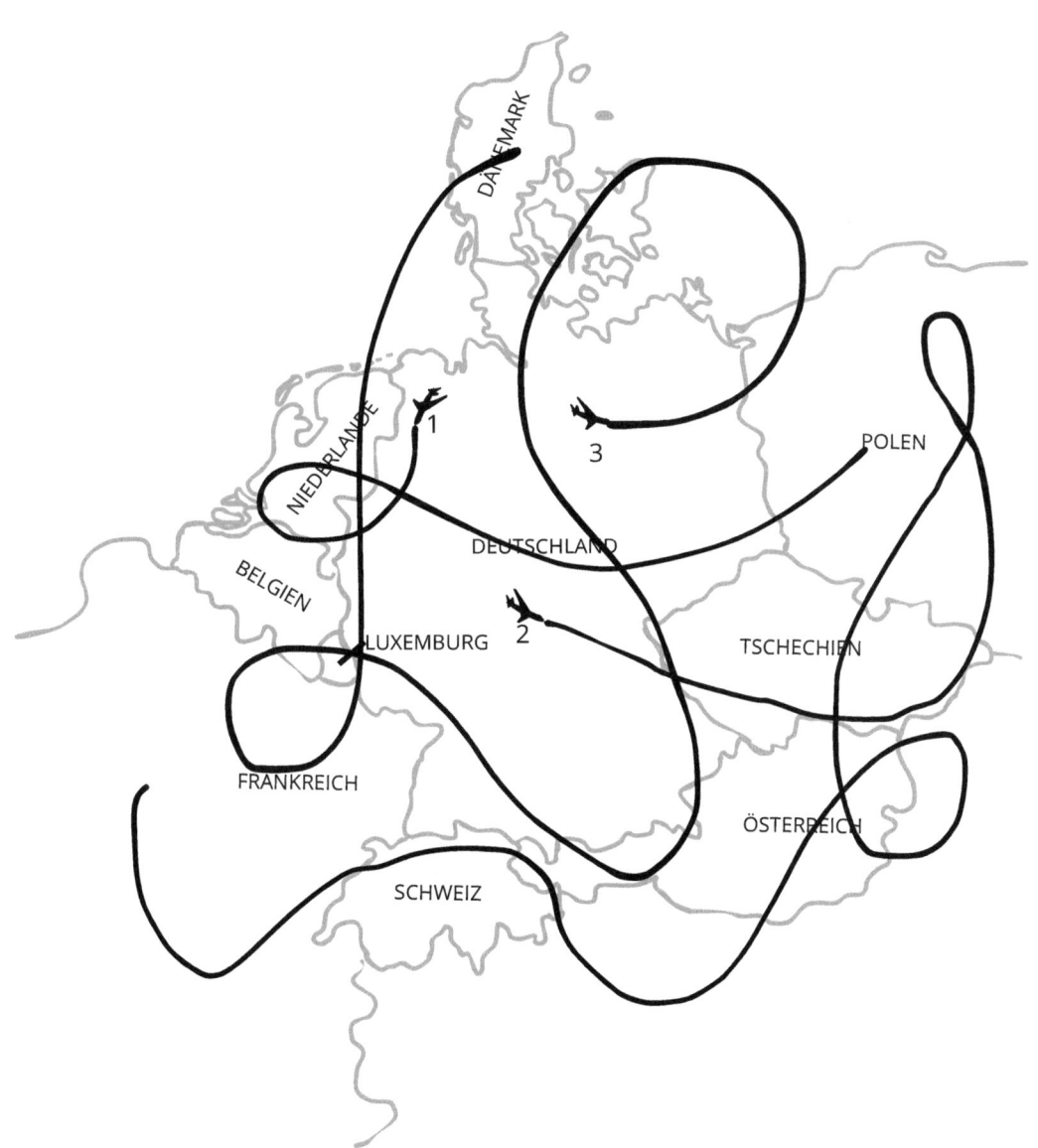

Welches Flugzeug wird Belgien erreichen?

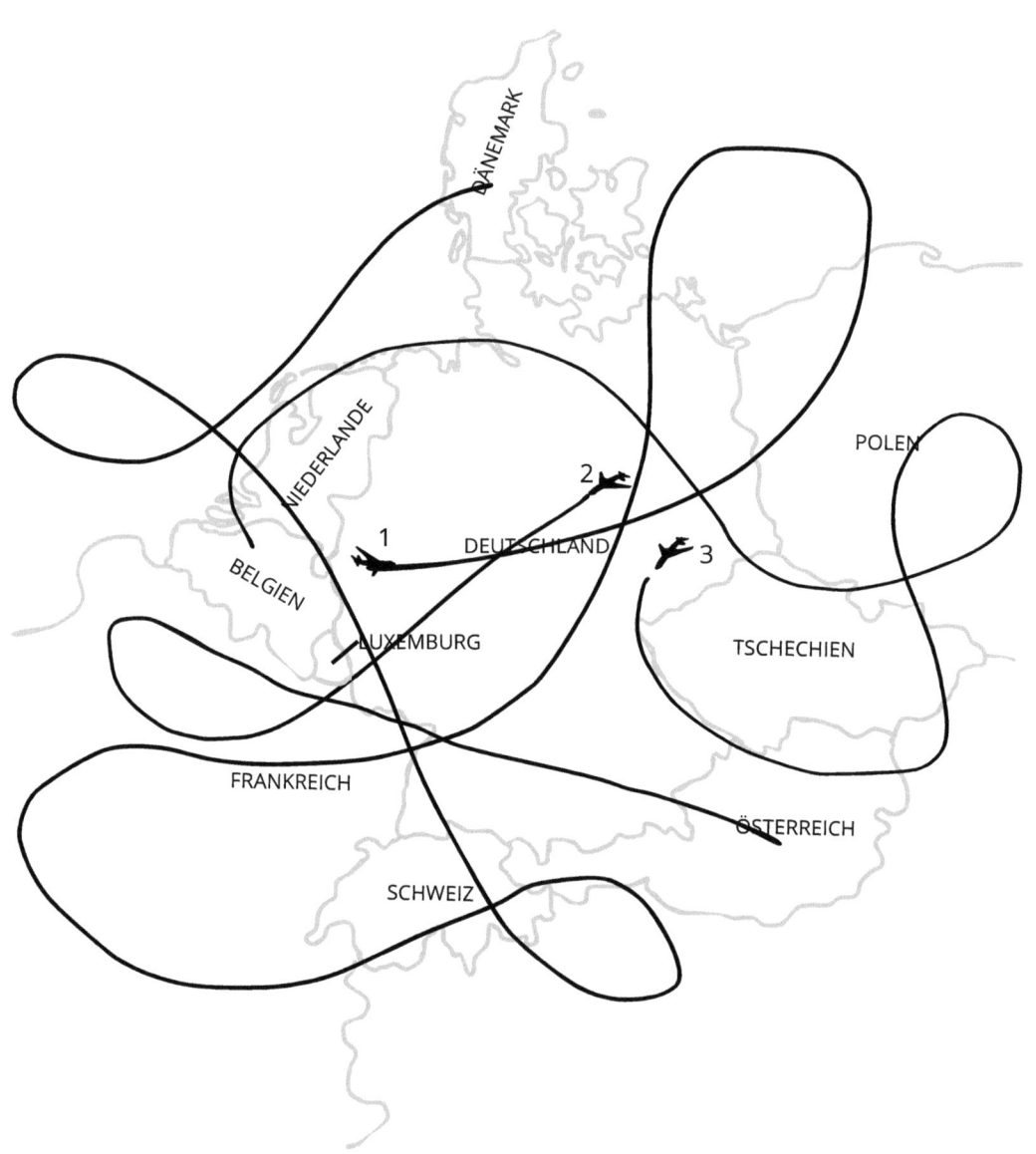

Welches Flugzeug wird Dänemark erreichen und durch Österreich fliegen?

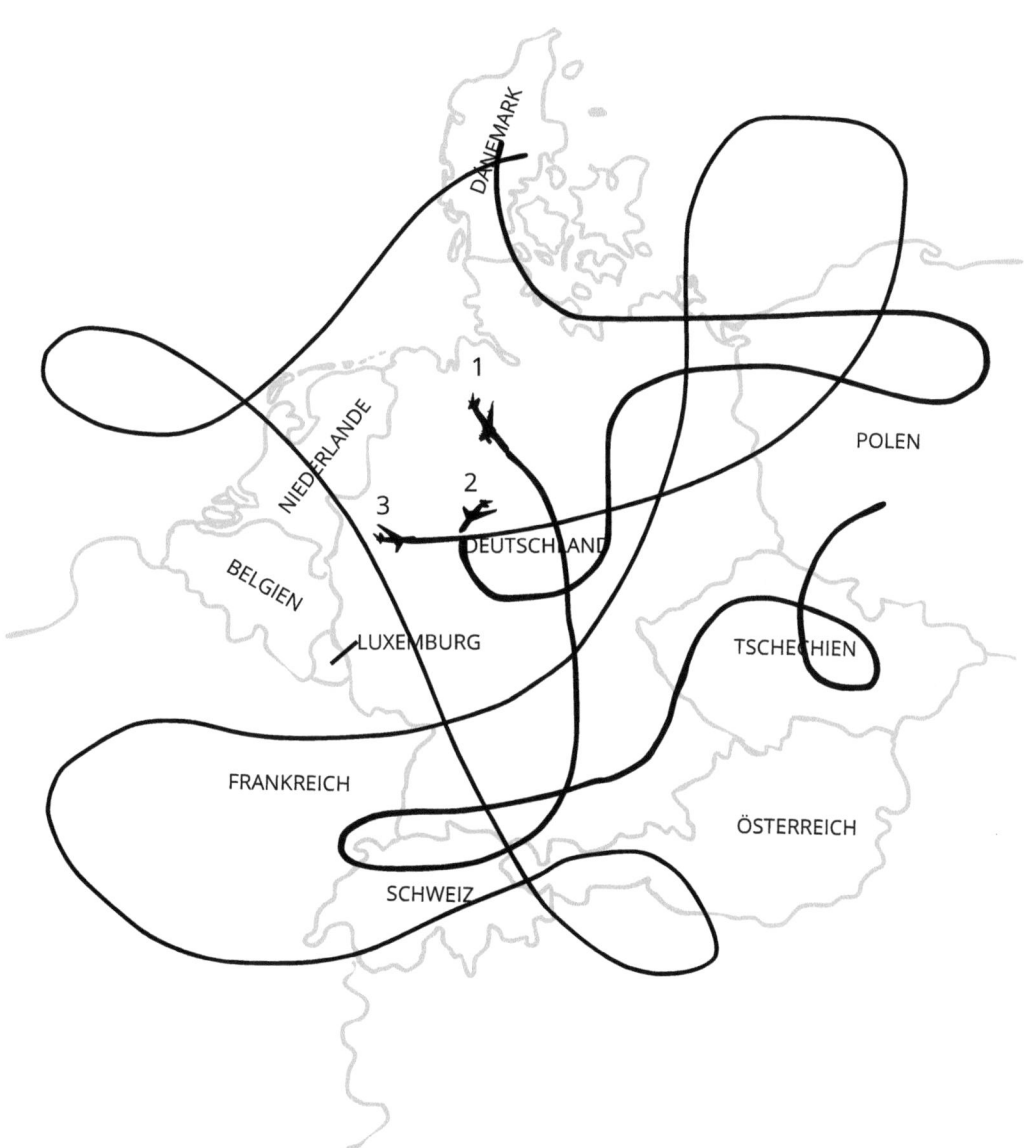

Welches Flugzeug wird Polen erreichen?

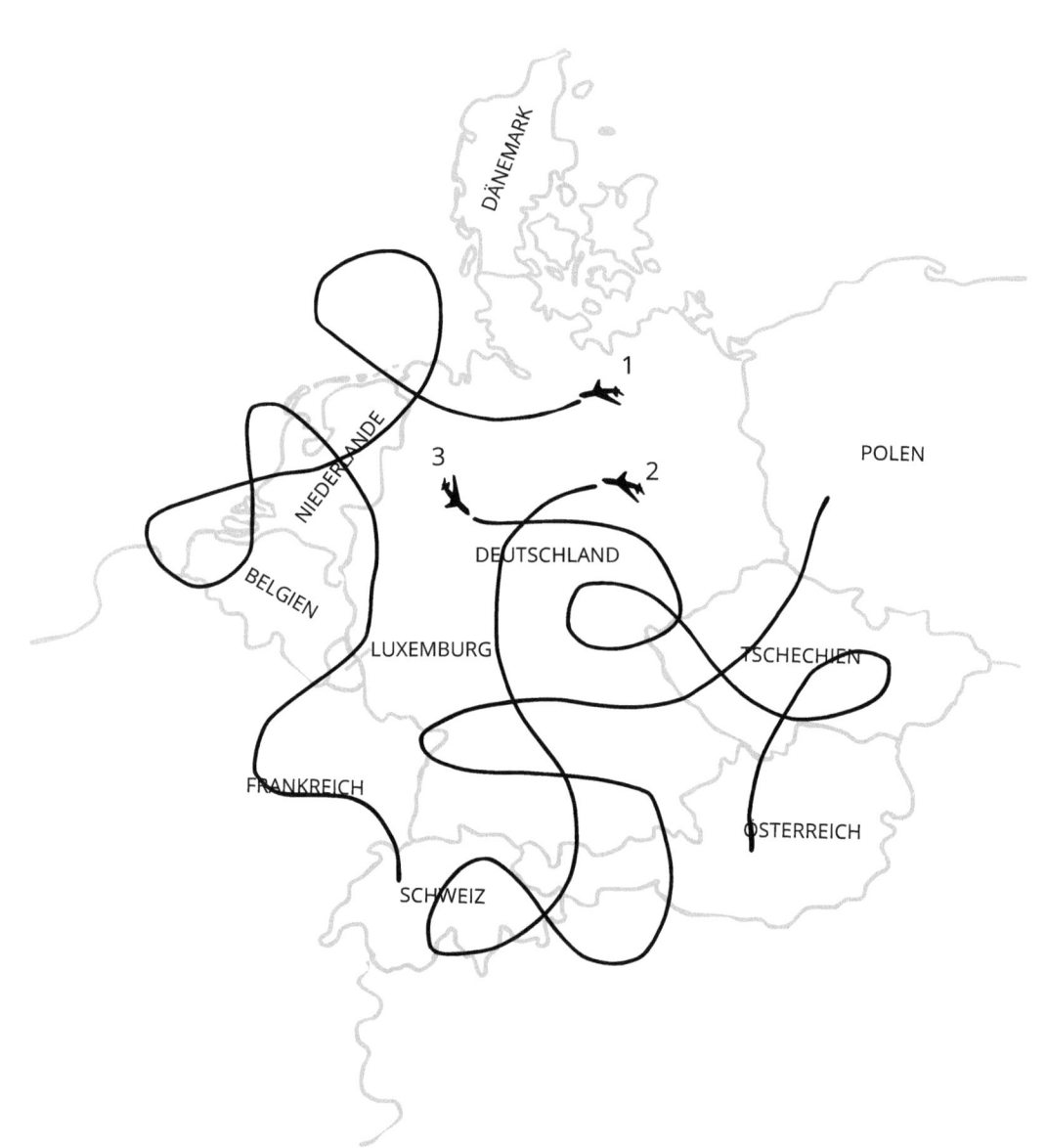

Welches Flugzeug wird die Tschechische Republik erreichen und durch die Schweiz fliegen?

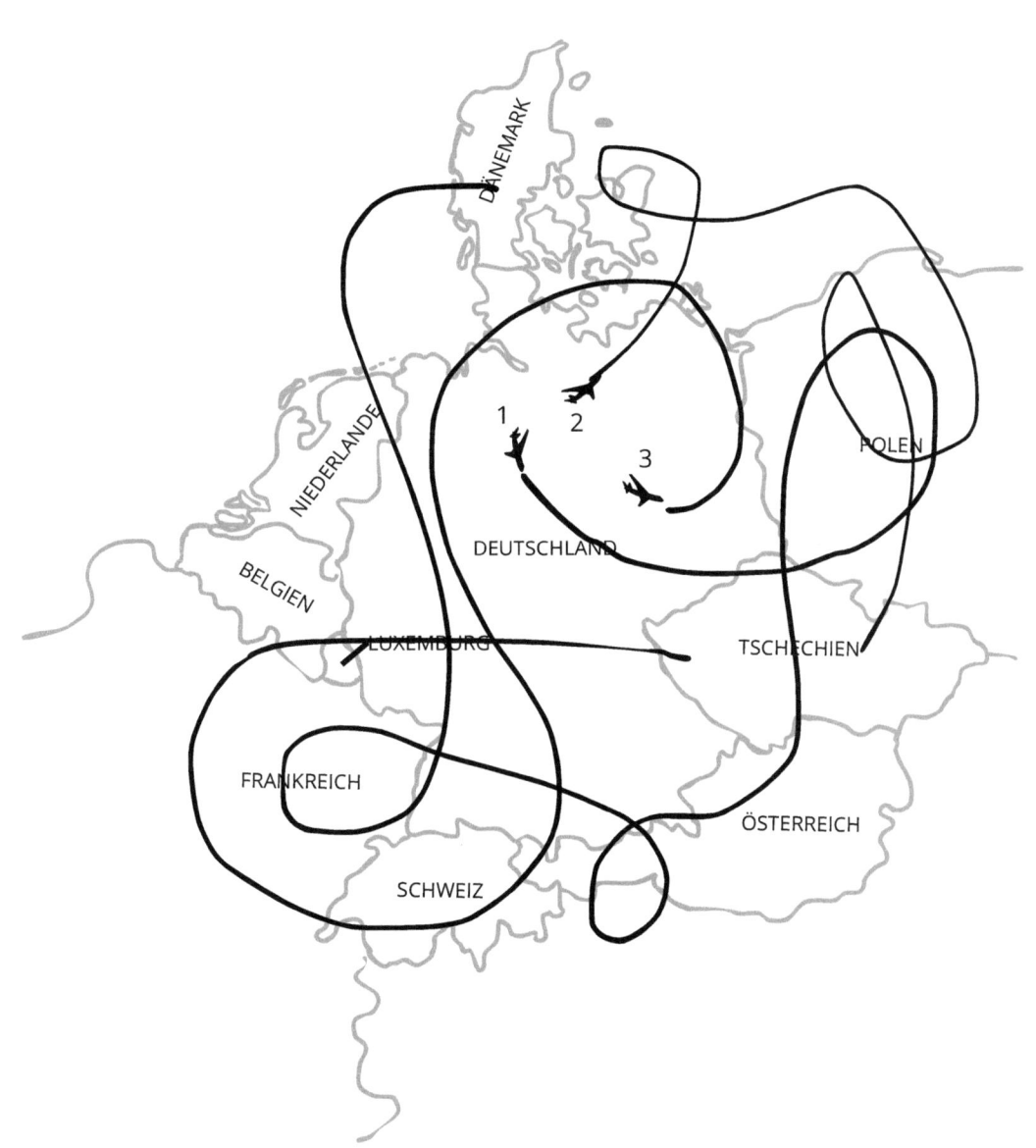

Welches Flugzeug wird Frankreich erreichen und durch Dänemark fliegen?

Welches Flugzeug wird die Tschechische Republik erreichen und durch Belgien fliegen?

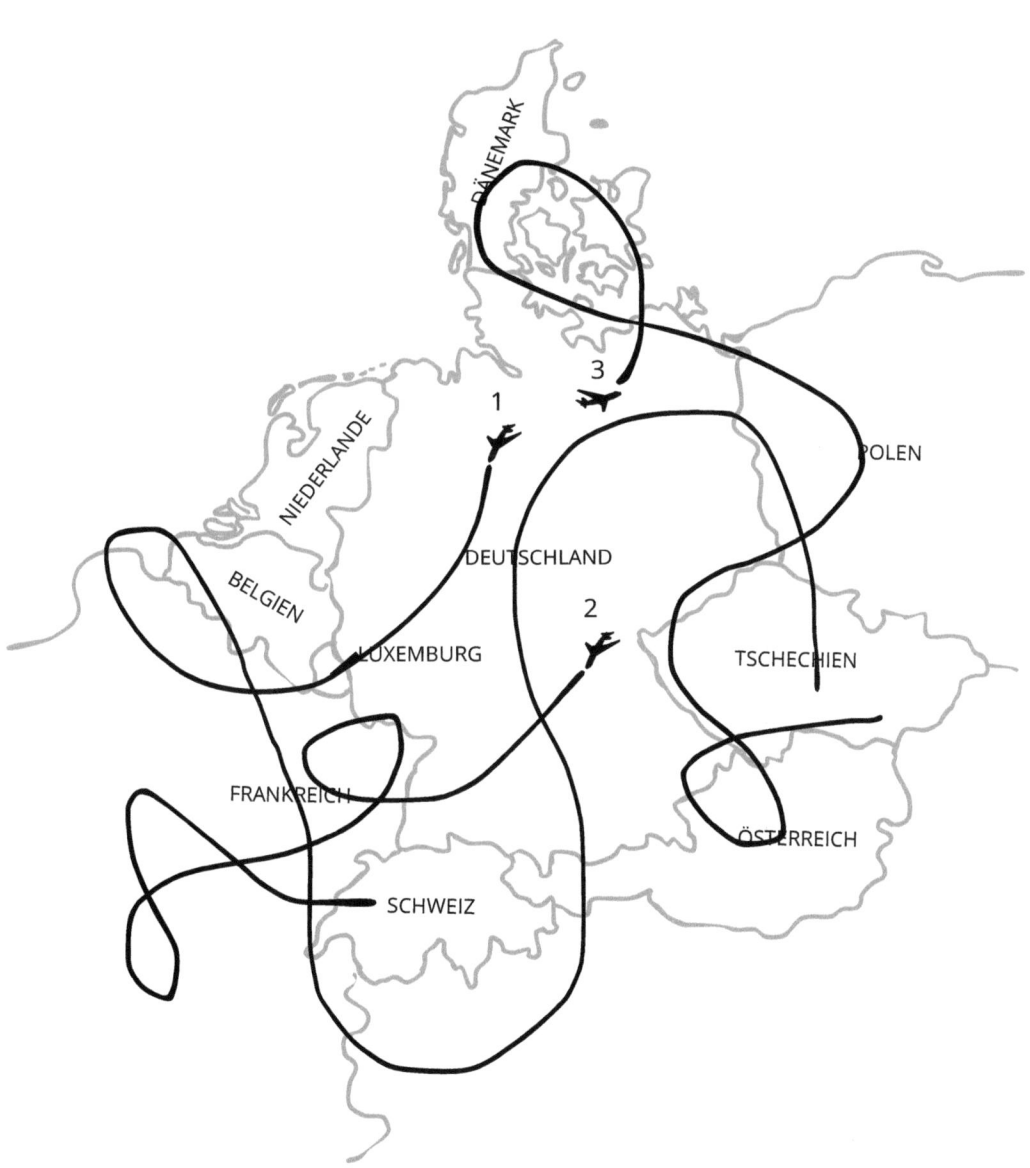

Vervollständige das Kreuzworträtsel mit den Namen Deutschlands Nachbarländer. Einige Buchstaben sind bereits gegeben.

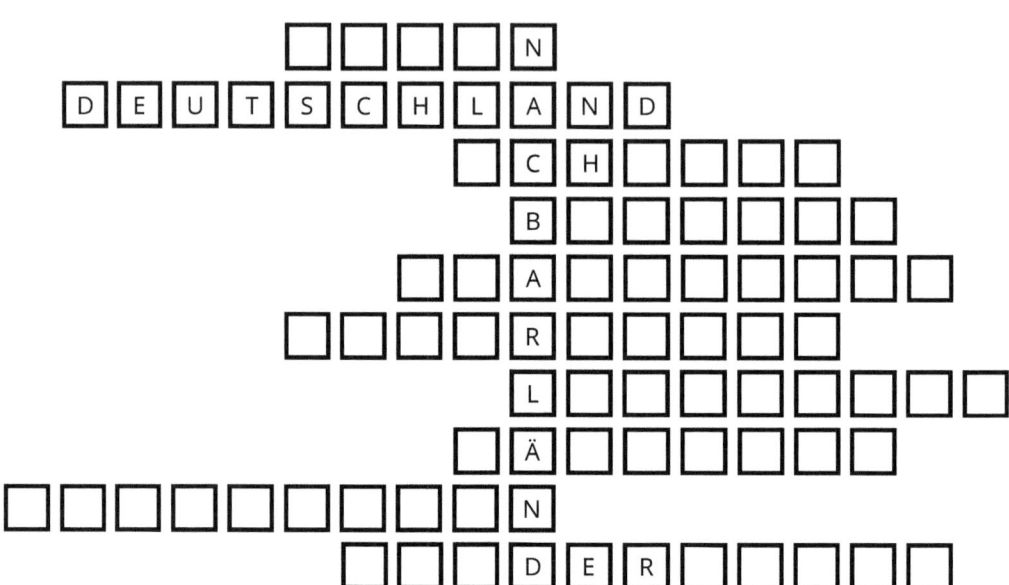

Finde heraus um welches Land es sich handelt und streiche dann dessen Namen von den gegebenen Buchstaben. Die übrigen Buchstaben werden dir den Namen der Hauptstadt verraten.

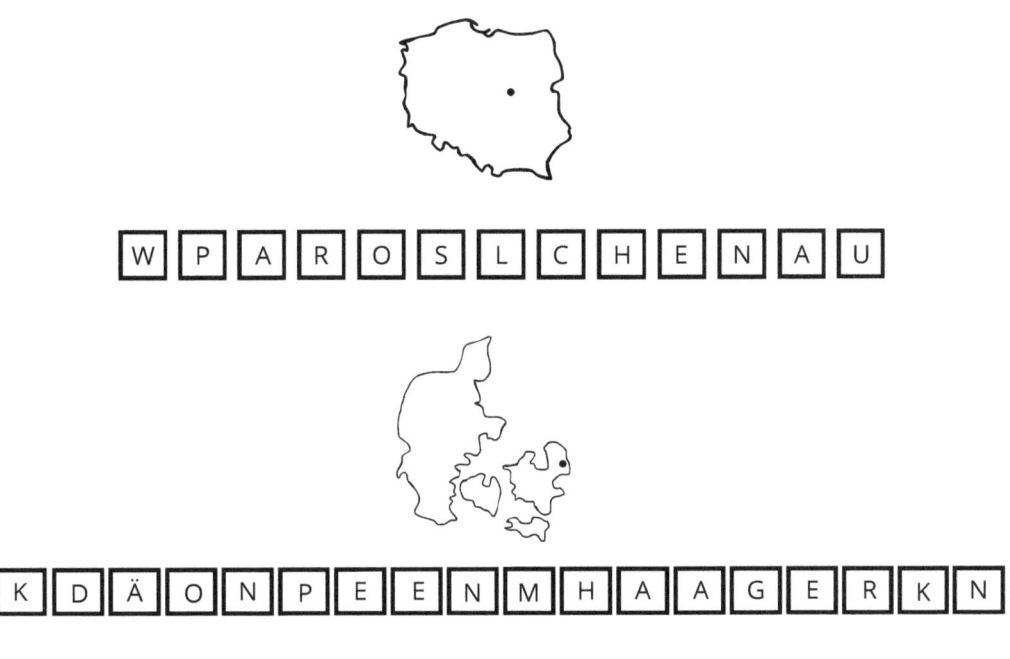

W	P	A	R	O	S	L	C	H	E	N	A	U

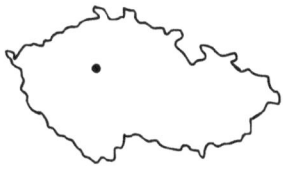

K	D	Ä	O	N	P	E	E	N	M	H	A	A	G	E	R	K	N

P	T	R	S	C	H	A	E	C	H	G	I	E	N

Finde heraus um welches Land es sich handelt und streiche dann dessen Namen von den gegebenen Buchstaben. Die übrigen Buchstaben werden dir den Namen der Hauptstadt verraten.

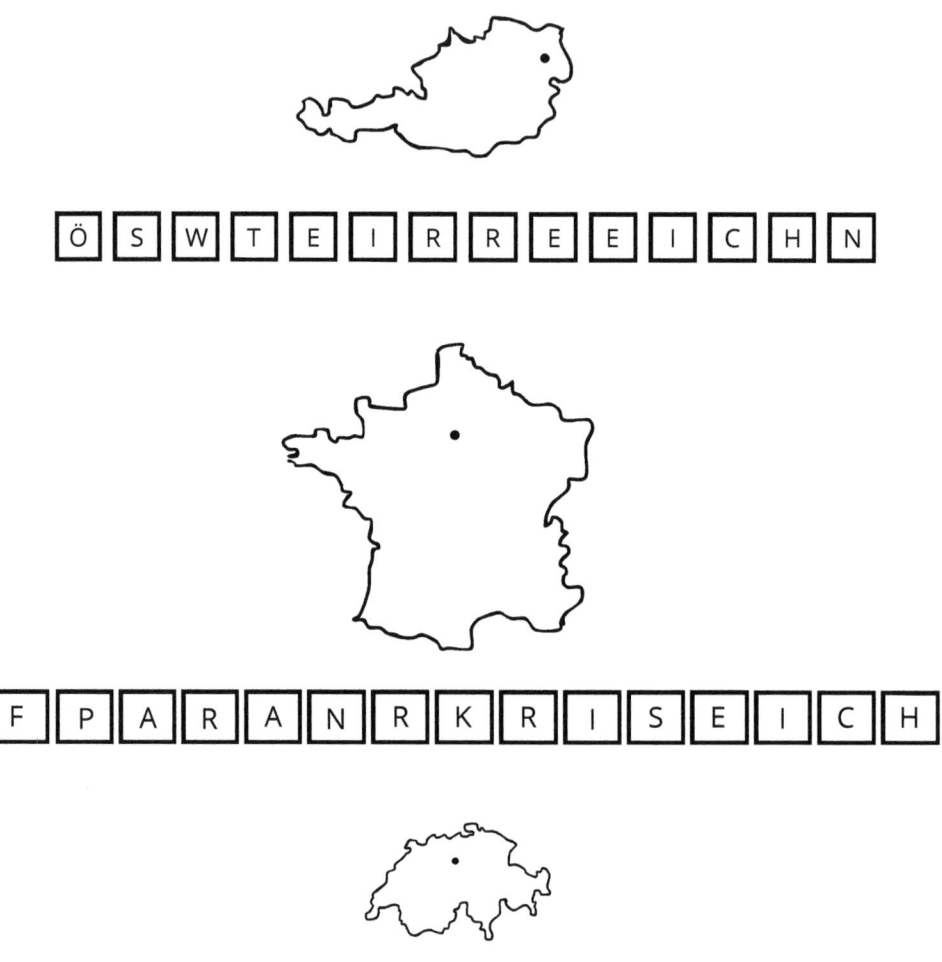

Ö S W T E I R R E E I C H N

F P A R A N R K R I S E I C H

B E S C H R W E I N Z

Finde heraus um welches Land es sich handelt und streiche dann dessen Namen von den gegebenen Buchstaben. Die übrigen Buchstaben werden dir den Namen der Hauptstadt verraten.

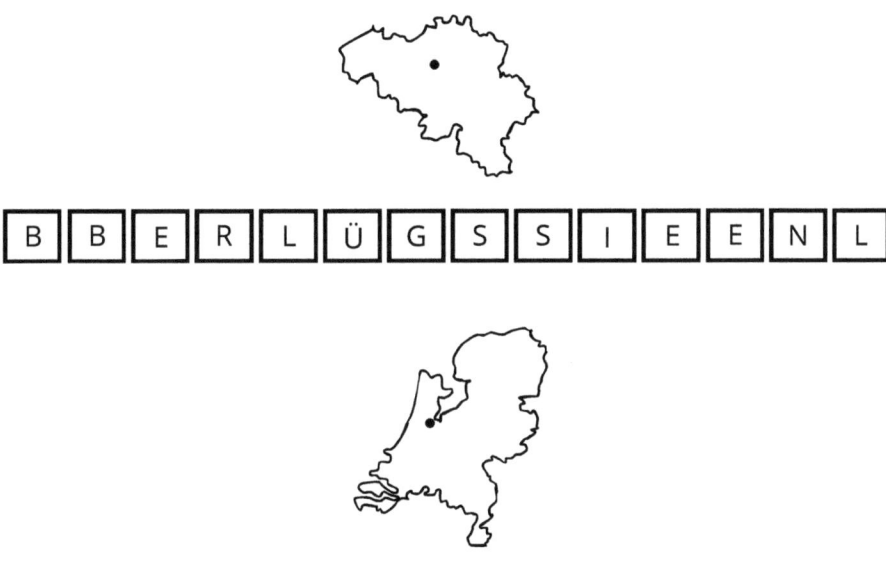

B B E R L Ü G S S I E E N L

A N M I E S D T E E R R L D A A N D E M

L L U U X X E E M M B B U U R R G G

Färbe die Flaggen der Länder mit den richtigen Farben.

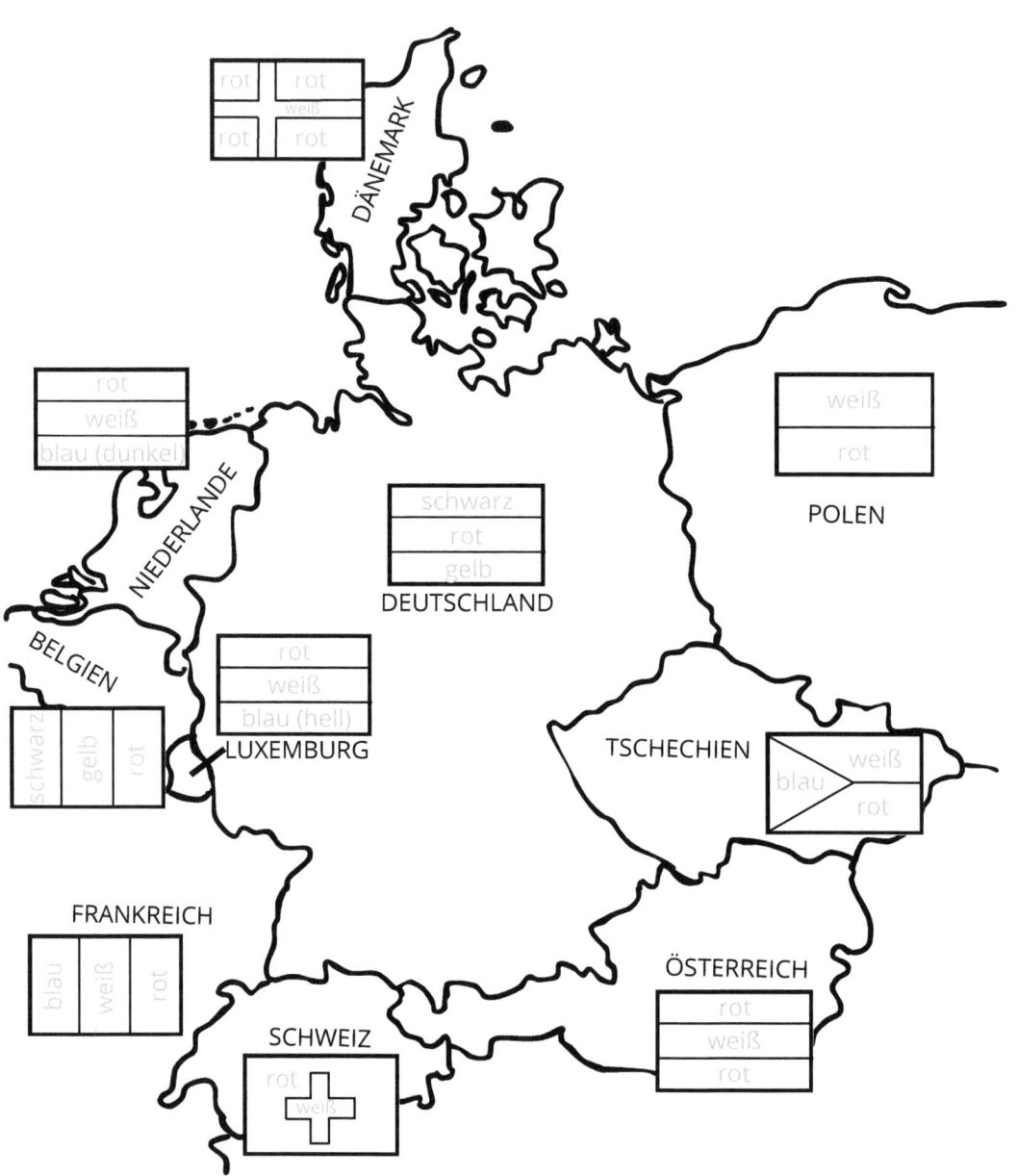

Zeichne die Flagge Österreichs und
fülle sie mit den richtigen Farben aus.

Zeichne die Flagge Belgiens und
fülle sie mit den richtigen Farben aus.

Zeichne die Flagge der Niederlande und
fülle sie mit den richtigen Farben aus.

Zeichne die Flagge Frankreichs und
fülle sie mit den richtigen Farben aus.

Zeichne die Flagge Polens und
fülle sie mit den richtigen Farben aus.

Zeichne die Flagge Luxemburgs und
fülle sie mit den richtigen Farben aus.

.

Zeichne die Flagge Dänemarks und
fülle sie mit den richtigen Farben aus.

Zeichne die Flagge der Tschechischen Republik und
fülle sie mit den richtigen Farben aus.

Zeichne die Flagge der Schweiz und
fülle sie mit den richtigen Farben aus.

Zeichne die Flagge Deutschlands und
fülle sie mit den richtigen Farben aus.

Copyright © 2024. All rights reserved.